基礎の基礎からよくわかる

おいしく育てる

五十嵐 透 著

野菜づくり
失敗しないコツと対策

ナツメ社

はじめに

野菜づくりで心豊かに健康な生活を！

　私は、平成11年に練馬区農業体験農園「イガさんの畑」を開園しました。この農業体験農園は、通常の市民農園と違い、農家が野菜づくりを教える農園です。タネのまき方や、肥料をどのくらいまけばよいか、どのように管理をすればよいかなど、説明を聞きながら野菜づくりをします。ですから、初心者の方でも農家が栽培する野菜に負けないくらいのものが育てられます。開園して以来、皆さんと一緒に、野菜づくりを行ってきました。

　農園では、いろいろな方が野菜づくりを楽しんでいます。定年になり時間的に余裕ができたので野菜づくりを始めた方、食の安全に関心があって自分で野菜を育てたいと思った方、子供に農業体験をさせてみたいと考えた方等々、きっかけや目的は千差万別です。しかし、皆さんが、まいたタネが発芽しているのを見るとうれしくなり、野菜が育っていくことにワクワクします。収穫のときは最高に楽しく、自分で育てた野菜を美味しく食べています。ほんとうに、

楽しそうです。

　野菜づくりは魅力的ではありますが、実は何もわからないままでは、意外と失敗しやすいものです。市民農園で野菜を育てたけれど、まったく収穫できなかったという方が、結構いらっしゃると思います。やはり、野菜づくりは、ある程度の知識と育てるコツを知らないと、なかなか上手くいきません。でもそれさえ知っていれば、そんなに難しいものではないのです。家に栽培できるスペースや、近くに市民農園があれば、野菜づくりは気軽に楽しむことができます。ぜひ、一度挑戦してみて下さい。喜びや感動を味わうことができるはずです。

　そんな方々に、もし、本書がお役に立つことができたら幸いです。そして、皆さんの野菜づくりのある生活が、健康で心豊かになることを願っています。

著者

おいしく育てる野菜づくり 失敗しないコツと対策
Contents

野菜づくりをはじめよう！ ………………… 6
栽培カレンダーと野菜の花 ………………… 10
揃えたい基本の道具 ………………………… 14

Part 1 春まき野菜

ナス科
トマト、ミニトマト ………………………… 18
ナス ……………………………………………… 28
シシトウ、ピーマン、パプリカ、トウガラシ … 36
ジャガイモ …………………………………… 41

ウリ科
キュウリ ……………………………………… 46
ゴーヤ ………………………………………… 54
カボチャ ……………………………………… 58
ズッキーニ …………………………………… 64
スイカ ………………………………………… 68
メロン ………………………………………… 73

マメ科
インゲン ……………………………………… 78
エダマメ ……………………………………… 84
ラッカセイ …………………………………… 88

イネ科
トウモロコシ ………………………………… 92

アオイ科
オクラ ………………………………………… 98

ゴマ科
ゴマ …………………………………………… 100

ユリ科
ネギ …………………………………………… 102
ニラ …………………………………………… 106
アスパラガス ………………………………… 109

キク科
ゴボウ ………………………………………… 112

サトイモ科
サトイモ ……………………………………… 114

ショウガ科
ショウガ ……………………………………… 118

ヒルガオ科
サツマイモ …………………………………… 120
クウシンサイ ………………………………… 124

シナノキ科
モロヘイヤ …………………………………… 126

●菜園だより
栄養価も高く、美容効果もあるとされる、
注目のつる植物「シカクマメ」 ……………… 83

Part 2 夏・秋まき野菜

アブラナ科
カリフラワー ………………………………… 130
ブロッコリー ………………………………… 133
メキャベツ …………………………………… 136
ハクサイ ……………………………………… 138
ナバナ ………………………………………… 142

マメ科
エンドウ ……………………………………… 144
ソラマメ ……………………………………… 148

バラ科
イチゴ ………………………………………… 151

ユリ科
タマネギ ……………………………………… 154

キク科
シュンギク …………………………………… 157

セリ科
ニンジン ……………………………………… 159

Part 3 通年まき野菜

アブラナ科
ダイコン ……………………………………… 164
ラディッシュ ………………………………… 170
カブ …………………………………………… 172
キャベツ ……………………………………… 175
コールラビ …………………………………… 180
ミズナ ………………………………………… 182
コマツナ ……………………………………… 184
チンゲンサイ ………………………………… 186
ルッコラ ……………………………………… 188

アカザ科
ホウレンソウ ………………………………… 190

4

キク科
レタス、リーフレタス･････････････････192

育てておきたい香りの食材
おすすめのハーブ類

シソ科（一年草）
シソ、バジル ･･････････････････････196

セリ科
パセリ ････････････････････････････197

シソ科（宿根草）
レモンバーム、タイム、ミント ･･･････････198

●菜園だより
　地方野菜として全国的に知られる
　練馬育ちの練馬ダイコン ････････････169

Part 4　野菜づくりの基本作業

1　元気な野菜をつくる土づくり ････････････200
2　肥料の種類と施し方 ･･････････････････202
3　水はけを良くする畝づくり ････････････････204
4　生育を良くするマルチング ･･･････････････206
5　知っておきたいタネの知識 ････････････････208
6　畑へ直まきするタネまき ･･･････････････210
7　タネから育てる苗づくり ･･････････････････212
8　苗選びから始まる苗の植えつけ ････････215
9　目的に合った寒冷紗・不織布の利用 ･･････216
10　野菜に合わせた支柱の立て方 ･････････218

Part 5　生育中の管理

間引き ･･････････････････････････････222
水やり ･･････････････････････････････224
追肥と土寄せ ･･････････････････････････224
中耕と除草 ････････････････････････････226
わき芽かきと摘芯 ･････････････････････227
誘引と摘葉 ････････････････････････････228
収穫 ････････････････････････････････229
鳥や病害虫の防ぎ方 ･･････････････････232
薬剤散布で病害虫を防ぐ ････････････････234

園芸用語 ････････････････････････････237
植物名索引 ･･････････････････････････238

本書の見方

　巻頭は、これから野菜づくりをはじめる人を対象に、「一年間の作付け計画」の基本的な立て方を詳しく解説、「栽培カレンダー」では本書で取り上げた野菜のタネまきや苗の植えつけ、収穫時期の作業目安、連作障害を避ける休栽年限が一覧表となっています。
　野菜は作付け時期から、Part1「春まき野菜」、Part2「夏・秋まき野菜」、春から秋まで数回栽培できる野菜を Part3「通年まき野菜」として、大きく3つに分けて紹介しています。

● 野菜の頁では、「栽培カレンダー」をさらに作業ごとに3つのStep に分け、各 Step の作業内容をイラストや写真で詳しく解説しています。

① おすすめの品種…家庭菜園向けに、育てやすい品種を紹介しています。

② 失敗しないコツ…各野菜で、知っておきたい栽培ポイントです。

③ 栽培カレンダー…1～3の Step 内容は、作業頁に対応しています。

④ 病害虫カレンダー…栽培時期に被害を受けやすい病害虫の発生と多発期間を示しています。

⑤ 作付け図…植え床や株間など、一般的な仕立て方を表しています。

⑥ 作業手順…作業の流れを、写真やイラストで解説しています。

●「よくある失敗とコツ Q&A」のコーナーでは、栽培途中で起こりやすい問題や疑問を3つの Step の作業時期にあわせて紹介、さらに「ドクター Q」では病害虫のトラブル解消に役立つ内容がアドバイスされています。

※科名は APG 分類体系ではなく、従来の分類によるものです。
※栽培時期は、関東南部の露地栽培を基準にしています。地域や、品種の特性などによって違ってきます。
※休栽年限は、畑の条件や気候などによって変わるので、目安としてください。
※「土づくりの目安」の「/㎡」は1㎡当たりの使用量を示しています。
※掲載している品種は2016年3月当時のものです。

野菜づくりをはじめよう！

野菜づくりは、まず、どんな野菜を畑のどこにどのくらい植えるかの作付け計画を作ってみましょう。
それによってタネや苗、肥料や資材などの必要な量が解ります。
また、連作障害の出ない元気な野菜づくりは、数年先も考えた計画が必要です。

1: 野菜は食べる部分で3つに分けられる

野菜の分類は、一般的に食べる部分で「果菜類」、「根菜類」、「葉菜類」の3つに大きく分けて呼ばれています。その他、植物学上の分類では、ナス科、ウリ科などのように「科」で分ける方法があります。

カブは食べる部分では「根菜」、ハクサイは「葉菜」ですが、「科」の分類では同じアブラナ科に属しています。同じ科の野菜を連作すると、共通の病気や害虫の被害を受ける連作障害を起こすので、栽培上は「科」の分類を知ることが大切です。

果菜類 ●ナス科 ●ウリ科 ●マメ科 ●イネ科 ●その他

根菜類 ●アブラナ科 ●ナス科 ●セリ科 ●その他

葉菜類 ●アブラナ科 ●アカザ科 ●ユリ科 ●キク科 ●その他

2. 輪作で連作障害を防ぐ

連作障害は、病気や害虫のほか、いろいろな理由でよく育たなくなる障害です。この連作障害を出さないためには、育てる場所を順番に変えていく「輪作」という方法が有効です。

科名	連作障害の出やすいもの	科名	連作障害の出にくいもの
ナス科	ナス、トマト、ピーマン、シシトウ、ジャガイモ	アブラナ科	キャベツ、ブロッコリー、カリフラワー、カブ、ダイコン、コマツナ、ミズナ、チンゲンサイ
ウリ科	キュウリ、ゴーヤ、スイカ、メロン	ウリ科	カボチャ
マメ科	インゲン、エダマメ、ラッカセイ、エンドウ、ソラマメ	ユリ科	ニラ、ネギ、タマネギ
その他	ゴボウ、オクラ、サトイモ、モロヘイヤ	その他	サツマイモ

3. 輪作プランの考え方

畑を3つの区画に分けます。野菜を同じ科で分類してグループ化し、連作障害の出やすいグループを3区画のどこかに割り当て、年ごとに順番にずらしていきます。他の区画には、連作障害の出にくいグループを割り当てて、同じように年ごとにずらします。

春

	1年目	2年目	3年目
1区画	1	3	2
2区画	2	1	3
3区画	3	2	1

↓

秋

	1年目	2年目	3年目
1区画	4	6	5
2区画	5	4	6
3区画	6	5	4

野菜づくりをはじめよう！

4: 一年に作付けする野菜例

作付け計画は、連作の出やすいナス科の野菜を軸にして連作にならないように考えるとつくりやすくなります。春作の早く片付けが終わった場所から、秋作は、早い作付けが始まります。

●輪作プランのつくり方

春の作付け案の流れ

1 連作を避けたいナス科の野菜区画を決める。
　トマト（ナス科）とキュウリ（ウリ科）は同じ支柱仕立てなので、同じ区画に割り当てる。

2 次に、マメ科の区画を決める。
　同じ区画にイネ科（トウモロコシ）も組み合わせるとプランをつくりやすい。

3 3つめの区画に、アブラナ科を割り当てる。

4 〔その他の野菜〕
　その他の野菜でホウレンソウなどは、マメ科・イネ科、またはアブラナ科の区画に割り当てる。
　オクラ、モロヘイヤは、センチュウを増やして土を悪くするので、次の作付けは連作を気にしなくてすむ品目が植えられるようなところに割り当てる。

〔面積に余裕がある場合〕
　ウリ科の区画にスイカ、カボチャを割り当てる。
　マメ科の区画にラッカセイ、マメ科あるいはアブラナ科の区画に、サツマイモ、クウシンサイ、サトイモ、ショウガなどを割り当てる。

▶ 春の作付け例 ◀

区画	科	基本の野菜	その他の野菜	面積に余裕がある場合
1区画	ナス科	トマト ナス ピーマン		スイカ カボチャ
	ウリ科	キュウリ		
2区画	マメ科	エダマメ インゲン	ホウレンソウ	ラッカセイ サツマイモ クウシンサイ
	イネ科	トウモロコシ		
3区画	アブラナ科	コマツナ ダイコン キャベツ	（ホウレンソウ） ※オクラ ※モロヘイヤ	サトイモ ショウガ

※オクラやモロヘイヤは連作を気にしなくてよい場所

秋の作付け案の流れ

1 ナス科・ウリ科の後は、遅めに作付けするアブラナ科のダイコン、コマツナなどを割り当てる。

2 マメ科・イネ科の後は、早めに作付けするアブラナ科のキャベツ、ブロッコリーなどを割り当てる。

3 アブラナ科の後に、苗植えやタネまきの早いユリ科のネギ類、セリ科のニンジンなどを割り当てる。

4 〔その他の野菜〕
キク科のシュンギクやレタスなどは、作付け時期に合わせてどこかの区画、例えばアブラナ科の区画に割り当てる。

〔面積に余裕がある場合〕
秋に作付けして、収穫が翌年の春から夏になるタマネギ、エンドウ、ソラマメ、イチゴなどは、連作にならない場所を考慮した区画に作付けする。

〔数年間栽培が続く野菜〕
アスパラガスやニラは、数年間同じ場所で栽培できるので、輪作のじゃまにならない場所に作付けする。ニラは区画の端で十分栽培できる。

▶ 秋の作付け例 ◀

区画	科	基本の野菜	その他の野菜	面積に余裕がある場合
1区画	アブラナ科	ダイコン ハクサイ カブ コマツナ ミズナ チンゲンサイ	レタス シュンギク	
2区画	アブラナ科	キャベツ ブロッコリー カリフラワー	春からの続き ラッカセイ サツマイモ クウシンサイ	※エンドウ ※ソラマメ
3区画	ユリ科	ネギ	春からの続き オクラ モロヘイヤ サトイモ ショウガ	タマネギ イチゴ
3区画	セリ科	ニンジン		

※エンドウやソラマメは、春のマメ科を避けた場所

9

栽培カレンダーと野菜の花

●越冬した野菜の花
アブラナ科　ダイコン　ミズナ　カブ　カリフラワー

	科名	種類	休栽年限	頁
春まき野菜	ナス科	トマト、ミニトマト	3年	P.18
		ナス	5年	P.28
		シシトウ、ピーマン、パプリカ、トウガラシ	3年	P.36
		ジャガイモ	3年	P.41
	ウリ科	キュウリ	3年	P.46
		ゴーヤ	2年	P.54
		カボチャ	0年	P.58
		ズッキーニ	0年	P.64
		スイカ	5年	P.68
		メロン	3年	P.73
	マメ科	インゲン（つるあり、つるなし）	3年	P.78
		エダマメ	3年	P.84
		ラッカセイ	3年	P.88
	イネ科	トウモロコシ	0年	P.92
	アオイ科	オクラ	3年	P.98
	ゴマ科	ゴマ	3年	P.100
	ユリ科	ネギ	0年	P.102
		ニラ　翌年から収穫	0年	P.106
		アスパラガス　3年目から収穫	0年	P.109
	キク科	ゴボウ	4〜5年	P.112
	サトイモ科	サトイモ	4〜5年	P.114
	ショウガ科	ショウガ	4〜5年	P.118
	ヒルガオ科	サツマイモ	0年	P.120
	ヒルガオ科	クウシンサイ	1年	P.124
	シナノキ科	モロヘイヤ	2年	P.126
	シソ科	シソ、バジル	0年	P.196
	セリ科	パセリ	1年	P.197

■果菜　■根菜　■葉菜　■タネまき　■苗の植えつけ　■生育　■収穫

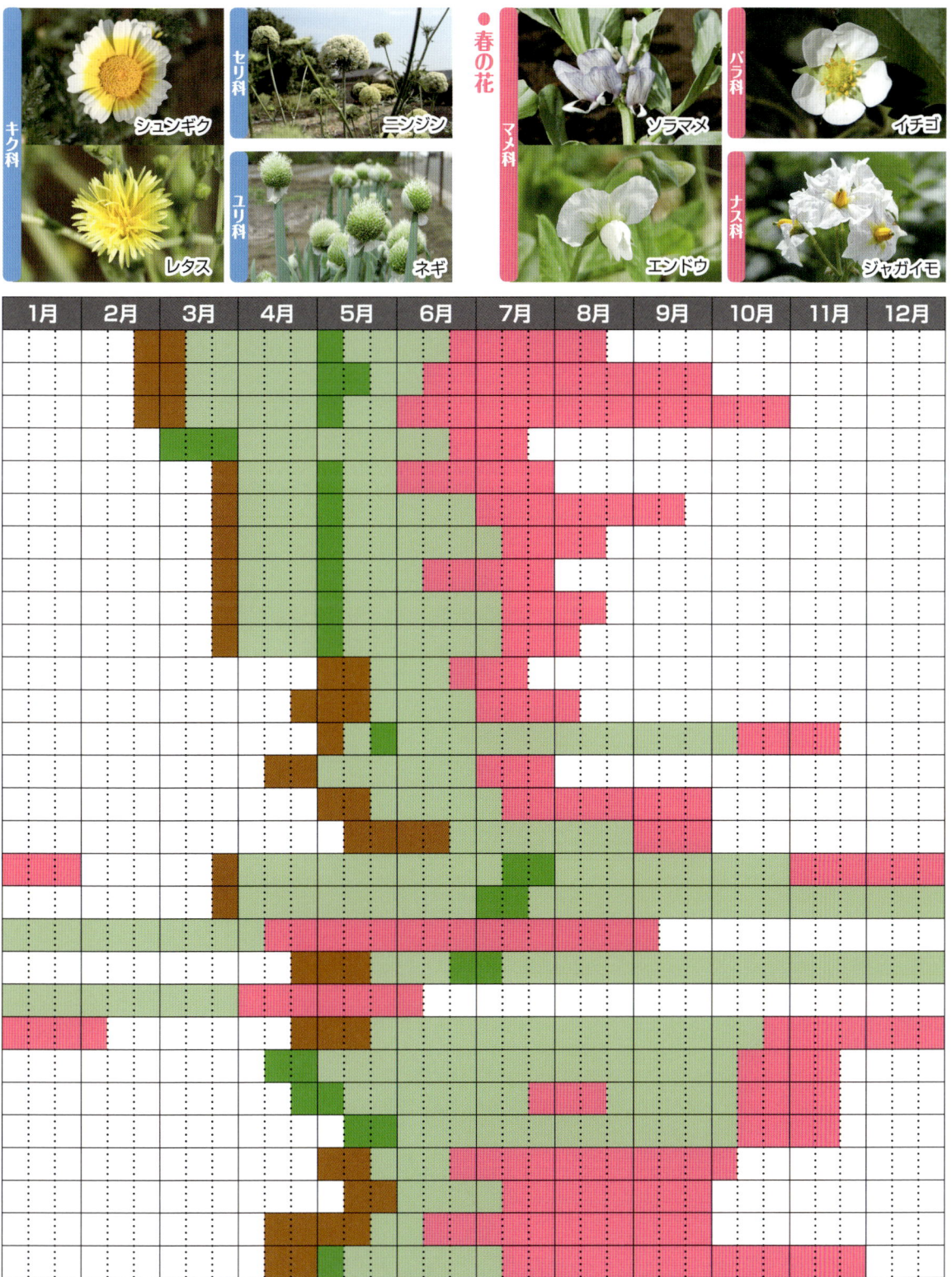

- 栽培時期は、関東南部の露地栽培を基準にしています。地域や、品種の特性などによって違ってきます。
- 休栽年限は、畑の条件や気候などによって変わるので、目安としてください。

栽培カレンダーと野菜の花

● 夏の花

	科名	種類		休栽年限	頁
夏・秋まき野菜	アブラナ科	カリフラワー		0年	P.130
		ブロッコリー、茎ブロッコリー		0年	P.133
		メキャベツ、プチベール		1〜2年	P.136
		ハクサイ ミニハクサイ		3年	P.138
		ナバナ		0年	P.142
	マメ科	エンドウ		3〜5年	P.144
		ソラマメ		3年	P.148
	バラ科	イチゴ		1年	P.151
	ユリ科	タマネギ		0年	P.154
	キク科	シュンギク		1年	P.157
	セリ科	ニンジン		1年	P.159
通年まき野菜	アブラナ科	ダイコン、ベニダイコン	春まき 秋まき	0年	P.164
		ラディッシュ	春まき 秋まき	0年	P.170
		カブ	春まき 秋まき	1〜2年	P.172
		聖護院カブ	秋まきのみ		
		キャベツ　秋まき（トンネル育苗） キャベツ、レッドキャベツ　夏まき		0年	P.175
		コールラビ	春まき 夏まき	2年	P.180
	アブラナ科	ミズナ	春まき 秋まき	1年	P.182
		コマツナ	春まき 秋まき	0年	P.184
		チンゲンサイ	春まき 秋まき	1年	P.186
		ルッコラ	春まき 秋まき	0年	P.188
	アカザ科	ホウレンソウ	春まき 秋まき	0年	P.190
	キク科	レタス リーフレタス　春植え、秋まき	秋まき	1年	P.192

■ 果菜　■ 根菜　■ 葉菜　　　　■ タネまき　■ 苗の植えつけ　■ 生育　■ 収穫

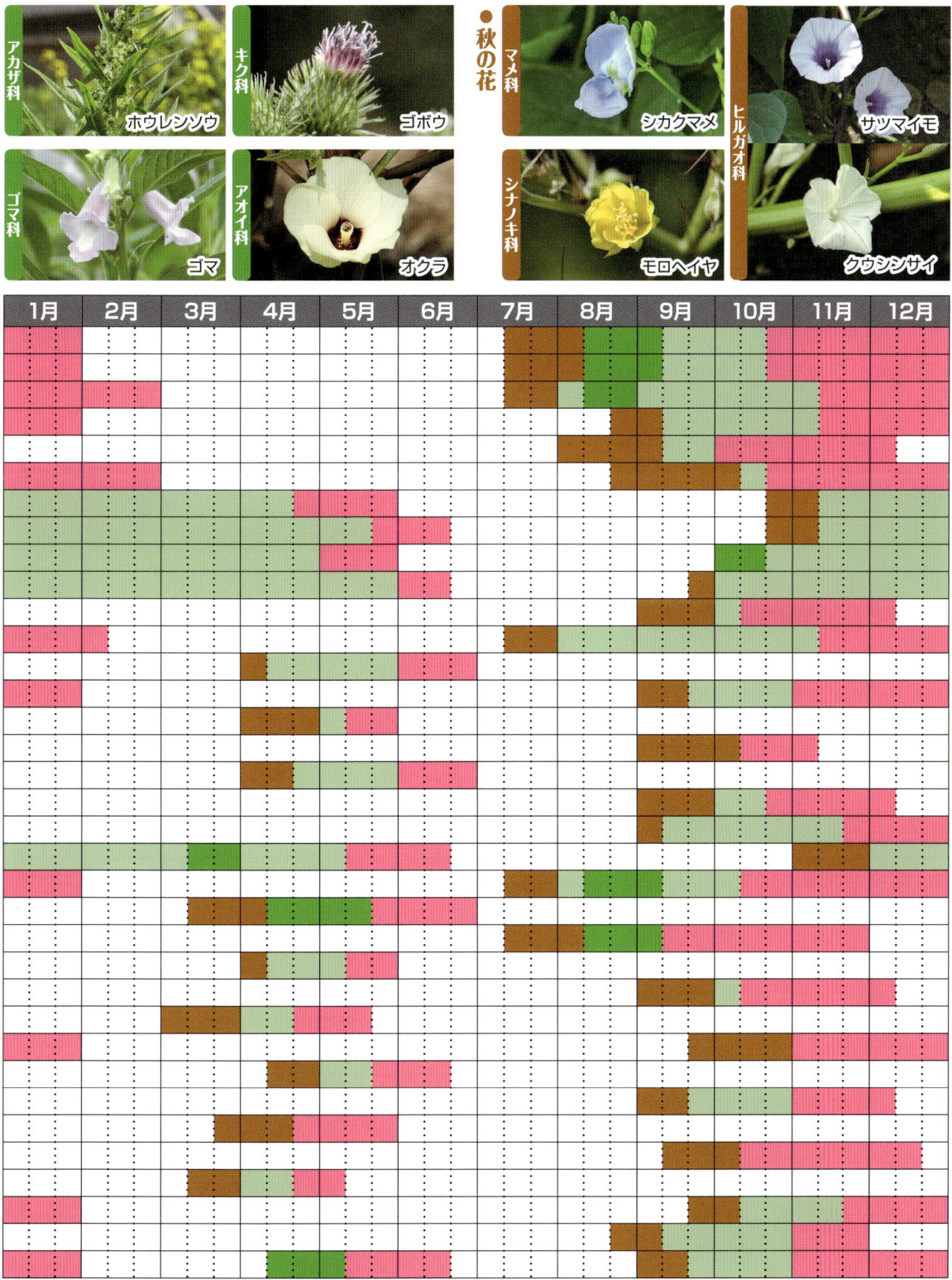

揃えたい 基本の道具

野菜づくりに使う道具は、いろいろ便利なものがありますが、必要に応じて購入していきましょう。道具選びは色やデザインなど、好みのものを選ぶ楽しみもあります。店頭で手に取って、大きさや使い勝手を確認しておきましょう。

クワ
最も多く使う道具で、大きさや重さの違うものがある。畝立てや溝づくりなど、作業しやすいものを選ぶとよい。

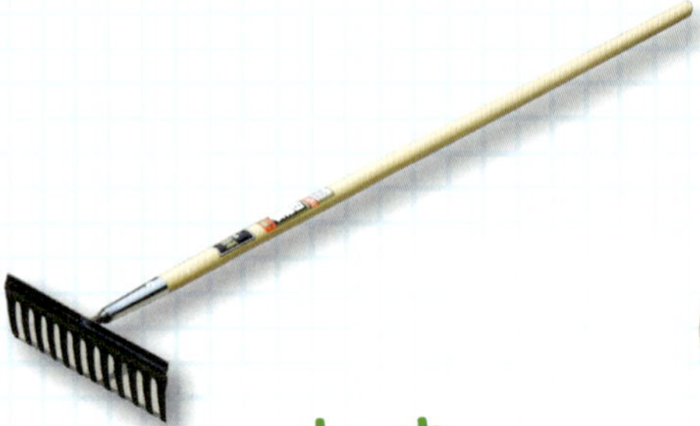

レーキ
畑を耕したあと、表面を平らにならすのに便利。野菜くずを、掻き寄せるときにも利用できる。

草かき
ホーとも呼ばれ、小さな草を除草するために、表面の土を削るようにして使用する道具。土寄せなどにも使用できる。

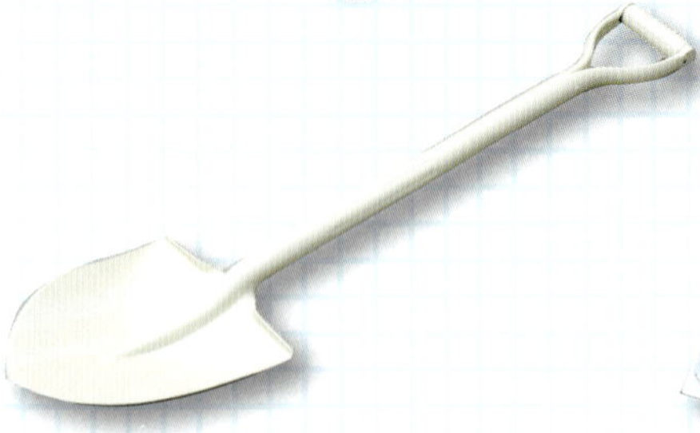

スコップ
穴を掘ったり、固くなった土を深めに耕すときに使用する必需品。軽いものよりやや重いものが安定して使いやすい。

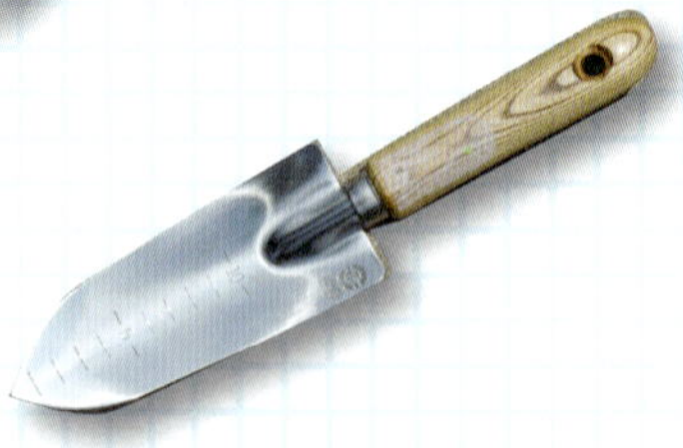

シャベル
苗の移植のときなどに、穴を掘るのに便利。幅のあるものや狭いもの、深さの目盛りつきのものもある。ステンレス製は錆びにくい。

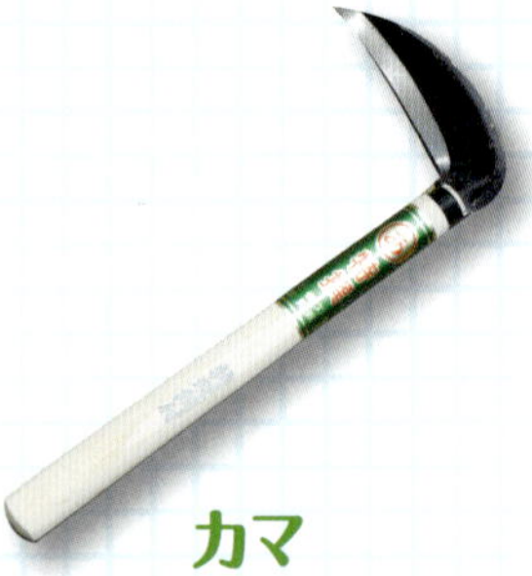

カマ
葉菜を収穫するときの刈り取りや、雑草の根を切って除草に使う。小さな草の除草には、表面の土を削るようにも使用する。

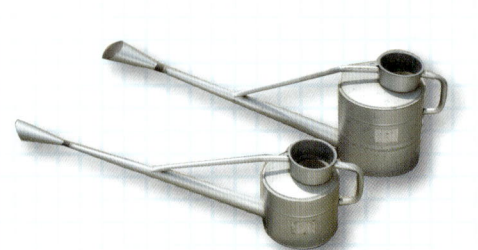

ジョーロ
中に入る水の量は重た過ぎると使いづらいので体力にあわせて選ぶ。ハス口からでる水滴は、細かい方がよい。

バケツ
堆肥を量ったり、水を運んだり、収穫物や野菜くずを入れたりと、いろいろと活躍する。8リットルくらいが使いやすい。

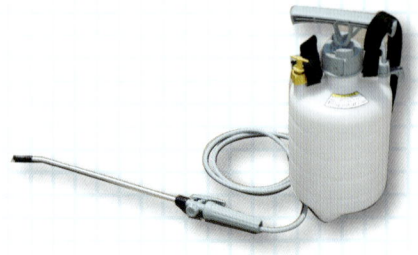

噴霧器
手動のスプレー式やポンプ式、電動式などいろいろなタイプのものがあり、容量も様々。3～4リットルくらいのものが手軽に使用できる。

フォーク

キャベツなどの苗床を持ち上げて、根を切って発根をうながすために使用。堆肥づくりではほぐしたり、天地の入れ替えなどに使用。

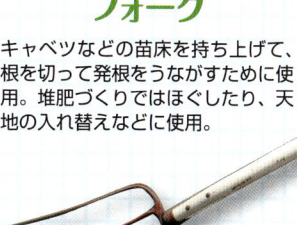

ハサミ

収穫のときに茎や根などを切ったり、果菜類の整枝をしたりするときにも使う必須の道具。ホルダーがあると便利。

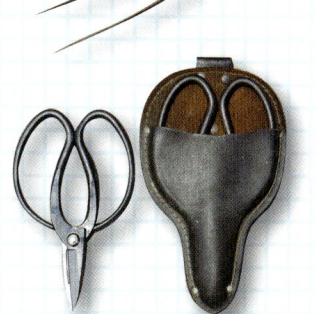

カッター

ビニールマルチを敷くときのビニールやヒモを切るときに使用。カッターホルダーを腰に付けて、すぐ使えるようにすると便利。

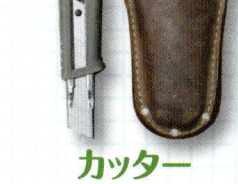

包丁

ハクサイやキャベツ、ブロッコリーなどの収穫に必須な道具。ジャガイモの、タネイモを切るときにも使用する。

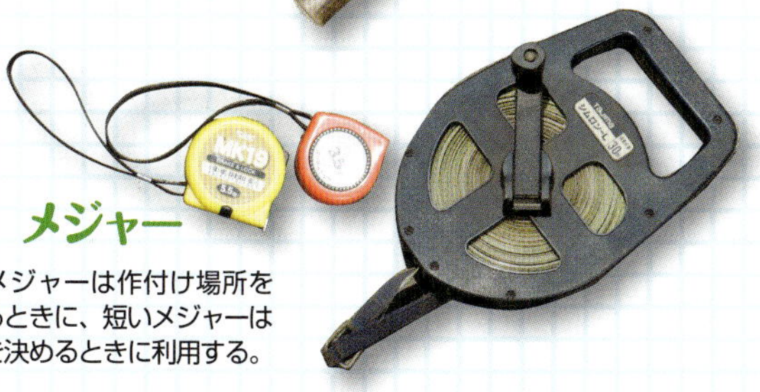

メジャー

長いメジャーは作付け場所を決めるときに、短いメジャーは株間を決めるときに利用する。

プロの道具

農家の使用しているクワ（左）は、ホームセンターで販売されている家庭菜園用（右）のものに比べ、サイズが大きく重いものです。慣れてくると、クワの重さを利用して作業ができるので、やりやすくなります。

左のクワは、柄も長く重いので、振り下ろす力も大きい。

道具の手入れと管理

クワやカマ、シャベルなど、作業後に土がつく道具は、木か竹のヘラで土を削り落としてから水洗いをして、乾燥できる状態で保管します。

カマや包丁は、切れにくくなったら研いでおきます。刃物は危ないので、畑に置き忘れないように注意して、安全な場所に保管します。

使用後に、刃を傷つけない木のヘラなどで、土を削り落とす。

刃の裏表をブラシなどでこすって土を洗い流す。使ったまま、土がついた状態で放置すると、錆びる原因になる。

春まき野菜

- **ナス科**
  - 18……トマト、ミニトマト
  - 28……ナス
  - 36……シシトウ、ピーマン、パプリカ、トウガラシ
  - 41……ジャガイモ
- **ウリ科**
  - 46……キュウリ
  - 54……ゴーヤ
  - 58……カボチャ
  - 64……ズッキーニ
  - 68……スイカ
  - 73……メロン
- **マメ科**
  - 78……インゲン
  - 84……エダマメ
  - 88……ラッカセイ
- **イネ科**
  - 92……トウモロコシ
- **アオイ科**
  - 98……オクラ
- **ゴマ科**
  - 100……ゴマ
- **ユリ科**
  - 102……ネギ
  - 106……ニラ
  - 109……アスパラガス
- **キク科**
  - 112……ゴボウ
- **サトイモ科**
  - 114……サトイモ
- **ショウガ科**
  - 118……ショウガ
- **ヒルガオ科**
  - 120……サツマイモ
  - 124……クウシンサイ
- **シナノキ科**
  - 126……モロヘイヤ

春まき野菜　ナス科

トマト、ミニトマト

学　名／*Lycopersicom esculentum* Mill.
分　類／ナス科トマト属
原産地／南米ペルー、エクアドルなどのアンデスの高原地帯
別　名／トウガキ（唐ガキ）、アカナス（赤茄子）、ツルナスビ

原産地はアンデスの高原地帯で、昼と夜の温度差のある比較的冷涼な乾燥した環境です。日当りと排水性のよい場所が栽培適地です。

トマトが日本に渡来したのは江戸時代で、「唐ガキ」の名前で観賞用として栽培されていました。食用として用いられるようになったのは明治初期。昭和初めにアメリカから桃色系の品種が導入されて、広く栽培されるようになりました。

おすすめ品種

かつては大玉で桃色系の品種が主流でしたが、現在では赤く完熟する糖度の高い大玉や中玉種、ミニトマト、料理用も栽培されるようになりました。甘くて酸味もあり食味が良く育てやすい大玉の「おどりこ」や「サンロード」、ミニトマトは「アイコ」や「ラブリーさくら」などがおすすめです。

（上）「おどりこ」、（右下）「アイコ」、（左下）「ラブリーさくら」

失敗しないコツ！

- 連作は避け、3年ほどあける
- 元肥は控えめにして、追肥をしっかり施す
- 果実を収穫する野菜は土づくりが大切
- 病害虫の被害に注意！

▼栽培カレンダー

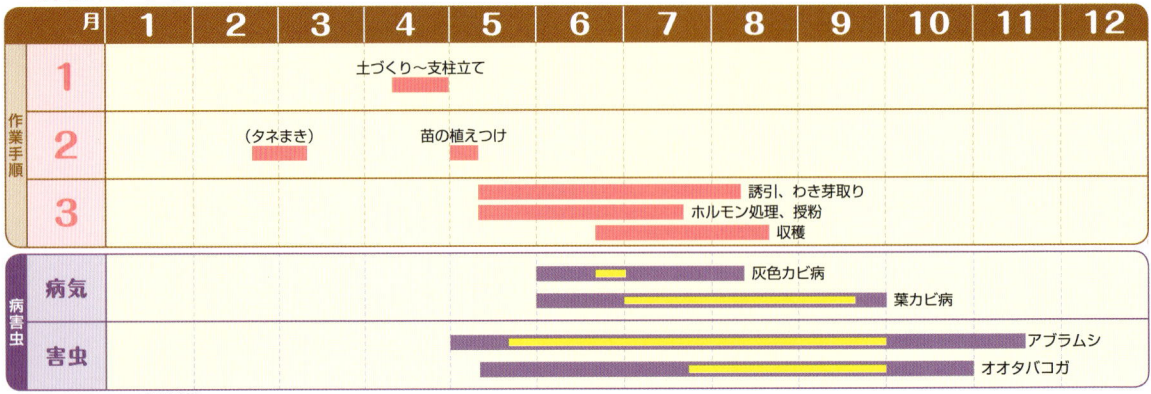

18

トマト、ミニトマト

Step 1 畑の準備

①土づくり → ②畝づくり → ③マルチング → ④支柱立て

苗の植えつけは、遅霜の心配のない5月初旬〜中旬が適期です。植えつけの1〜2週間前に30cmほど深く耕し、苦土石灰や堆肥、配合肥料を混ぜ込んでおきます。トマトは過湿を嫌うので、畝をつくって排水性を高め、マルチシートを敷いて地温を高め、丈夫な合掌づくりに支柱を立てておきます。

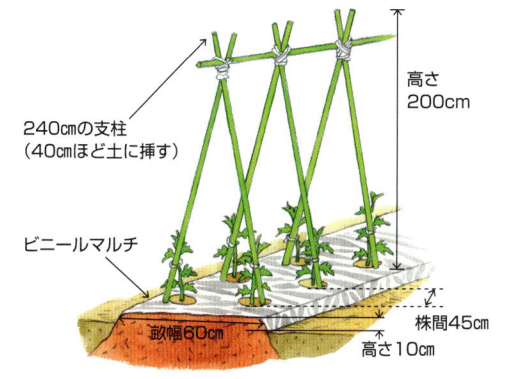

①土づくり

日当りと排水性の良い場所を選んで、事前に土づくりをしておくのが基本です。

長期間、実をとるトマトは、堆肥などの有機質を多く入れて土づくりをしっかりと行います。元肥はやや少なめに、追肥で肥料切れを起こさないように施します。

土づくりの目安
酸度調整……苦土石灰　100g/㎡
元肥…………堆肥　4kg/㎡
　　　　　　配合肥料　150g/㎡

追肥
化成肥料……50g/㎡×3回

1 メジャーで測って支柱を立てる。

2 植えつけ場所全体に堆肥や石灰、配合肥料を均等にまく。

3 クワでしっかりと混ぜ込み、平らにならす。

②畝づくり

排水性や通気性を高めるために、高さ10cmほどに畝をつくります。支柱を立てる野菜は、南北に立てた方が均等に日が当たります。

1 支柱を両手で押して、畝立てのラインをつける。

2 ラインに沿って、外側に土をかき出していく。

3 四方の土をかき出すと、高さ10cmほどの畝ができる。

春まき野菜　ナス科

③マルチング

マルチシートは地温を上げるとともに、梅雨時に土の過剰な湿気を防ぎ、土のはね返りで起こりやすい病気予防にもなります。また夏の土壌の極端な乾燥をも防ぎます（マルチシートの敷き方の詳細は207頁参照）。

マルチシートの周りに土を寄せて、風に飛ばされないようにしっかりと固定する。

1 ビニールマルチの先端の両端を、支柱で固定する。

2 ビニールマルチを敷きながら、土を寄せて仮り止めする。

3 たるみのできないように、左右交互に土を寄せる。

4 畝の最後まで敷いたら、カッターナイフで切る。

5 ビニールマルチを足で踏んで引っ張りながら、クワで土寄せする。

④支柱立て

トマトの生育は旺盛で、最盛期には2mを超えるほど成長します。実も次第に大きくなり、しっかりと支えておかないと強風などで倒れて茎が折れてしまうこともあります。

支柱は太い直径15mm以上で、長さ2.4mのものを用いて、深さ40cmくらい挿して、合掌づくりにします。

1 植え穴の横に、支柱を斜めに挿して交差する。

2 交差した部分に支柱を1本横に渡してしっかりと固定。横支柱は、必要ならトマトの成長に合わせて下から追加する。

トマト、ミニトマト

Step 2 植えつけ
①苗選び → ②苗の植えつけ

市販苗は4月中旬頃から出回り始めます。一番花の咲き始める頃の苗が植えつけの適期なので、植えつけの時期に合わせて苗を購入します。
苗の植えつけは、晴れた日の午前中に行います。

①苗選び

良い苗の選び方は、つぼみのついたもので茎が太く、節間の短い葉色の濃緑のものです。つぼみの見えない幼苗を植えると、枝葉ばかり茂って花が咲きにくくなることがあります。

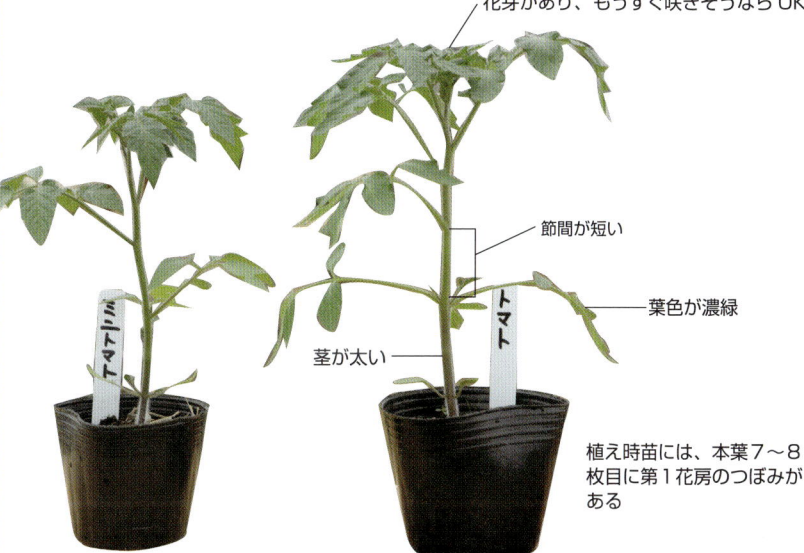

- 花芽があり、もうすぐ咲きそうならOK
- 節間が短い
- 葉色が濃緑
- 茎が太い
- 植え時苗には、本葉7〜8枚目に第1花房のつぼみがある

②苗の植えつけ

晴れた日中作業なので、葉がしなびてきますが、ポットの土を十分湿らせて植えていれば水やりの必要はありません。むしろ、水分を求めて根を伸ばそうとするので、根の張りが良くなります。夕方にピンとしてくれば、水やりの心配はありません。水をたくさん与えると土が固まり、根腐れを起こしやすくなります。

1 ポット苗をバケツの水に沈めて、たっぷりと水をしみ込ませる。

2 植え穴を、カッターナイフなどで切り広げて、植えやすくする。

3 根鉢をポットから抜いて、深めに植えて株元を軽く押さえる。

4 茎を折らないように、支柱に麻ヒモで誘引する。

コツ!

花房は茎の同じ側につく習性がある。通路側に配置することで収穫もしやすい。

春まき野菜　ナス科

Step 3　収穫までの管理

①わき芽取り ➡ ②誘引 ➡ ③ホルモン処理 ➡ ④追肥 ➡ ⑤収穫

　植えつけ後、気温の上昇とともに、ぐんぐん成長してきます。葉が3枚伸びるたびに第2花房、第3花房と花を咲かせていきます。大玉や中玉で、1つの花房に花は4〜6個くらいです。

　わき芽は早めに摘み取って、主枝を支柱に誘引し、ホルモン処理や追肥などを適期にすることで、収穫量も大きく変わるので、こまめな作業が大切です。

①わき芽取り

　苗の成長とともに葉のつけ根から、わき芽が次々と伸びてきます。わき芽はすべて摘み取り、1本仕立てにしていきます。

　ミニトマトは第1花房下のわき芽を1本残して、他のわき芽は摘み取り、2本仕立てにしていきます。

わき芽は、小さいうちに手で摘み取るのがコツ。大きくなると区別がしにくくなる。

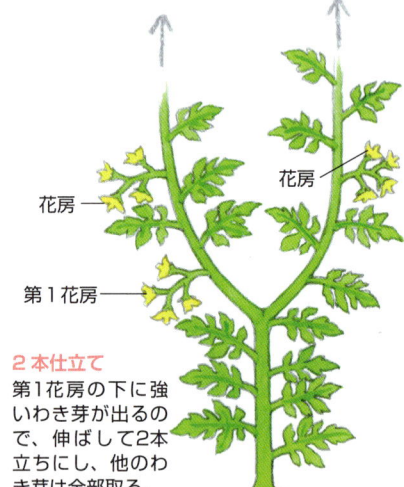

1本仕立て
葉のつけ根から出るわき芽は、全部取る。

2本仕立て
第1花房の下に強いわき芽が出るので、伸ばして2本立ちにし、他のわき芽は全部取る。

わき芽の元を持って、折り取るように摘む。ハサミはできるだけ使わない。

②誘引

　わき芽取りとともに大切な作業が、誘引です。

　主枝が30〜40cm伸びるたびに、麻ヒモで支柱に誘引して固定します。茎は次第に太く成長するので、きつく縛らず、ゆったりと余裕をもって縛るのがコツです。
（誘引ヒモの作り方は220頁参照）

1 ヒモの両端を持って輪にくぐらせて引っぱり、支柱に固定する。

2 ヒモで固定する部分は、花房の近くを避けて、葉柄の付け根の下側を通す。

3 茎を支柱にゆったりと余裕をもたせて結ぶ。

トマト、ミニトマト

③ホルモン剤散布

トマトの花は授粉しないと落花しやすいので、植物成長ホルモン剤（トマトーン）を散布して着果を助けます。

1つの花だけにかけるとその実だけが先に大きくなり、残りは小さい実になるので、第1花房に2～3花が咲いたらかけます。第2花房からも同様にかけますが、2度がけは奇形果になりやすいので注意します。

若葉にホルモン剤がかからないようにガードして、霧吹きで軽く2～3吹きする。

電動歯ブラシで振動を与えても授粉を助ける。

④追肥

一段目の実がピンポン玉くらいの大きさになったら、1回目の追肥をします。

株元から30cmほど離れた両側に溝を掘って、化成肥料50g/1㎡をまいて埋め戻します。

その後、3～4週間おきに追肥を行います。

1 浅い溝を掘って、肥料を均等にばらまく。

2 軽く土と混ぜ合わせながら、埋め戻す。

⑤収穫

花が咲いて40～60日で、収穫の適期になります。十分赤く熟したものから順にハサミで切り取って収穫します。

色づいた実は、鳥の食害にあう場合も多いので、防鳥ネットをかけておくと安心です。

完熟トマトの収穫は家庭菜園の楽しみの一つ。真っ赤に色づいたものから順に摘み取る。

春まき野菜　ナス科

よくある失敗とコツ Q&A

Step 1

Q タネから育てるのは難しいですか?

A 透明の衣装ケースを利用して保温

果菜類のタネまきのスタートは2月下旬で、苗は加温設備などが必要ですが、透明の衣装ケースを利用してタネから育てることができます。

セルトレーにタネをまき、衣装ケースの中で保温をしながら発芽させ、さらに本葉が2〜3枚になったらポットに植え替えをして苗を育てます。

衣装ケースの管理は、昼間は日の当たる場所に置いてケースの中の温度を上げ（25〜30℃で、発芽したら25〜18℃くらいに。上がり過ぎるようなら蓋を開けて換気する。)、夜は屋内に入れて（3℃以下にならない）、霜に当たらないようにします。曇りや雨の日は温度を上げることができないので、屋内のできるだけ明るい場所（暗いと徒長する）に置きます。この方法は通常の加温設備のあるところで育てるよりゆっくりですが、栽培してみたい品種のタネが入手できる場合は、その苗を育てることができます。自根の苗なので、連作障害の出る畑には適していません。

Q おいしいトマトづくりのコツは?

A やわらかく、健康な土づくりです

おいしいトマトづくりのコツは、堆肥を十分に入れ、有機肥料を使用して、やわらかく微生物が多く住んでいる健康な土で育てます。

また、初心者の方は、肥料をたくさん施せば施すほど、収穫量が増えて美味しいトマトになると思っている場合がありますが、それは間違いです。肥料の施し過ぎは、要注意！　肥料が多過ぎると、実の付きや形が悪くなり、トマトの糖度が下がって食味も悪くなります。

Step 2

Q 苗の植えつけのタイミングは?

A 最初の花が咲き始めた頃

トマトの苗の植えつけは、花がチラホラ咲き始めた頃が植えつけの時期です。これは、植えてからすぐに実をつけ始めるので、枝葉が伸び過ぎずバランス良く生育させることができるためです。

植える適期から早過ぎる若い苗の場合、枝葉が良く伸びて繁り過ぎ、実のつきが悪くなる場合があります。若い苗を植える場合は、元肥を減らして追肥をしっかりするようにします。逆に、花が咲き終わって実がつき始めた遅い苗は、実を取って植えます。これは、実がついていると、実の方に栄養を摂られて生育が遅れるためです。

セルトレーにタネをまいて保温

本葉2〜3枚になったら、ポットに植え替える

トマト、ミニトマト

Step 3

Q 一つの花房に何個くらいがよいのですか?
A 4～5個くらいがよいでしょう

　実を多くつければ、1個1個が小さくなり、実の数が少なければ大きくなりますが、4～5個くらいがよいでしょう。
　実の数を減らす場合は、形が悪かったり、穴が空いていたりしているものを優先に選んで取ります。また、大きさが極端に小さい実は取って、大きい実の方に栄養がいくようにしてもよいでしょう。

Q わき芽を摘み取る、よいタイミングは?
A 晴れた日の午前中に、小さいうちに手で摘む

　わき芽を摘み取る作業は、なるべく晴れた日の午前中に行います。これは、わき芽を取った傷口が早く乾いて、病気が入りにくくなるためです。
　わき芽は小さいうちに手で折るように取って、ハサミを使わないようにします。わき芽が伸びて、茎が太くなってしまうとハサミを使う必要がでてきます。病気のトマトの管理をしたハサミの刃には、病気の菌やウィルスが付いていて健康なトマトに病気を移す可能性があります。
　わき芽は、元から摘み取って茎が長く残らないようにします。特に花の直下のわき芽は強い芽が出てきて、この茎が長く残っていると実を傷つけてしまうことがあります。

Q 追肥は何回くらい必要ですか?
A 樹の勢いが落ちてきたら施肥します

　追肥は目安として、およそ3～4週間に1回程度行います。樹の勢いが落ちてくると、葉の緑色が薄くなったり、先端の茎の太さが急に細くなったりします。
　逆に、肥料過多で樹の勢いが強過ぎる場合は、追肥を少し先延ばしします。肥料過多だと、茎が太くなり過ぎたり、先端付近の葉が強くねじれて巻いたりします。また、花房の先から枝葉が出てくるのも肥料過多です。

先端から枝葉が出てきた花房

Q 収穫が始まり、下葉は切ってもよい?
A 実の直下にある葉より下は取ってもよい

　植物の葉は、光合成をするので、生育にはとても大切です。特に実の近くの葉は大切だといわれていますが、収穫が終わってしまった茎の部分にある葉は、かき取ってしまっても問題ないので、実の直下にある葉より下は取ってもかまいません。
　葉を取る利点は、下の方に老化した葉が残っていると病気がつきやすくなるので、葉を取って風通を良くすると、病害虫の発生を抑えることができることです。また、収穫後の樹の片づけ時も楽になります。

春まき野菜  ナス科

Q 花房は何段まで?

A 露地栽培の場合、花房は およそ5段目まで収穫できれば成功

どこまで収穫できるかは、その年の気候によっても変わりますが、花房はおよそ5段目まで収穫できれば成功といってよいでしょう。早い時期に高温乾燥になってしまうと、トマトには合わない気候条件になるので、早く樹がダメになってしまいます。また、病気や害虫の被害が多い場合も、樹の状態が悪くなり収穫が少なくなります。

病害虫の多い少ないについては、気候の影響もありますし、栽培で農薬を使用しているか、しないかでも違ってきます。

Q プロの収穫方法は?

A 完熟した実を手で摘み取り、 果柄はハサミで切り取る

市場出荷のトマトは、まだ青めの未熟なときに収穫しますが、家庭菜園で育てているからこそできる収穫は、樹で完熟してから採ることです。

実の摘み取り方は、トマトの果柄の離層あたりに親指をあてて押しながら、実全体を握り、角度を変えるようにすると、ハサミがなくても取ることができます。この場合、果柄が出ていて、実を重ねると傷つけてしまうので、果柄はハサミで短く切り取ります。

Q 片付けるコツはありますか?

A 5つのポイントに 注意しましょう

①数日前に根を 抜いておく

栽培後のトマトを片付けるとき、根だけを抜いて数日おいてから片付けることをおすすめします。根を抜けば、トマトの樹が枯れて、体積が減り軽くなります。

根だけ抜いておく

②根こぶがついてないかチェック

根を抜いたとき、根の状態を観察しましょう。根こぶがついているようだと、根こぶ線虫の密度が上がっているので、後の作付けなどの参考にします。

根をしっかりチェックする

③誘引ヒモはハサミで切る

トマトを誘引したヒモを切るときは、カッターではなくハサミをおすすめします。カッターでヒモを切ると、支柱をカッターで傷つけることがあります。ビニールのコーティングが傷ついてしまった支柱は、そこからさびてしまうので、支柱が長持ちしなくなります。

④支柱は真っすぐ上に抜く

支柱を畑から抜くときは、両手でしっかり持ってまっすぐ上に抜くようにします。抜きにくいからと前後左右にグリグリ動かすと、支柱が曲がってしまいます。

⑤畑の外へ処分する

トマトの樹や残渣は、なるべく畑の外に出して処分します。特に、病気にかかっているものは、残っていると畑に病気の菌が増えてしまうので、丁寧に片付けましょう。

トマト、ミニトマト

 ドクターQ

Q 成長が遅いのですが、原因は?
A 根こぶ線虫の被害かもしれません

トマトの生育が悪いとき、根に根こぶ線虫の被害が見られることがあります。線虫が根に寄生してこぶを作ると、根の働きが悪くなって生育が遅い原因になります。また、線虫が寄生すると根に傷ができるので、そこから青枯れ病や萎凋病の菌が侵入して病気にかかりやすくなります。

根こぶ線虫の被害がある場合は、線虫の密度が上がっているので、連作を避けて輪作を行うようにします。特にひどく土壌病害が発生する場合は、農薬（ネマトリンなど）の使用も検討します。

コブが多数見られる根

Q 実に穴が空いているのは?
A オオタバコガの幼虫の食害です

温度が高くなってきた時期、トマトの実に穴が空いて、そこから実が腐ることがあります。これは、オオタバコガの幼虫の食害の場合があります。このときは、害虫防除の農薬（アファーム乳剤など）を散布します。

オオタバコガの幼虫

Q 葉が白くなるのは?
A うどんこ病です

梅雨の時期になると、トマトの葉に白い粉がついたようになることがあります。これは、うどんこ病の症状です。このときは、農薬（銅剤など）の散布を行います。

うどんこ病

Q 実の先端が黒くなる原因は?
A 生理障害でおこる尻腐れ果です

トマトの実の先端が黒くなることがあります。これは、Ca（カルシウム）の欠乏による生理障害です。Ca欠乏は、土の中のCa成分が不足しているときに起こりますが、他に、土の乾燥によって十分にCaが吸収できない場合や、N（窒素）やK（カリウム）が過剰にあることで、Caが吸収しにくくなり症状が出る場合もあります。

尻腐れ病

Q 茎の先端が黄色く縮れるのは?
A モザイク病です

茎の先端が、黄色くまだらに縮れる症状は、ウィルスの感染によるモザイク病です。残念ながら、モザイク病を治す農薬はありません。

モザイク病のウィルスは、アブラムシなどのごく小さい虫が運んでくるので、アブラムシを増やさないように防除します。また、感染したトマトの樹の汁にはウィルスが入っているので、汁がついたハサミで健康なトマトの枝を切ると、ウィルスが感染する可能性があります。感染しているかもしれない株の管理作業は最後に行い、症状がひどく出ている場合は、抜いて焼却処分にするのが好ましいでしょう。

モザイク病

27

春まき野菜　ナス科

ナス

学　名／*Solanum melongena* L.
分　類／ナス科ナス属
原産地／インド
別　名／ナスビ

ナスは、日本で1200年以上も前から親しまれてきた野菜です。形も丸や卵、中長、長形など様々な品種が全国で栽培されています。ナスの原産はインドとされる高温性の野菜で、日当りのよい場所であれば、夏から秋まで長く収穫できます。

おすすめ品種

一番ポピュラーな長卵型の「千両2号」は、果皮がやわらかく、美味しい品種です。市民農園では、土壌病害に強い接ぎ木苗をおすすめしています。

左から、中長ナスの「千両2号」、細長タイプでヘビナスのF1品種「マー坊」、長ナスの「南竜本長ナス」。一般的に出回るのは、「千両2号」の苗で入手もしやすい

失敗しないコツ！

- 連作障害があるので、3～5年あける
- 栽培期間が長いので土づくりをしっかり行う
- アブラムシやダニに注意する
- 梅雨明けして、花が咲かなくなったら、強く剪定する
- 追肥はしっかりと行う

▼栽培カレンダー

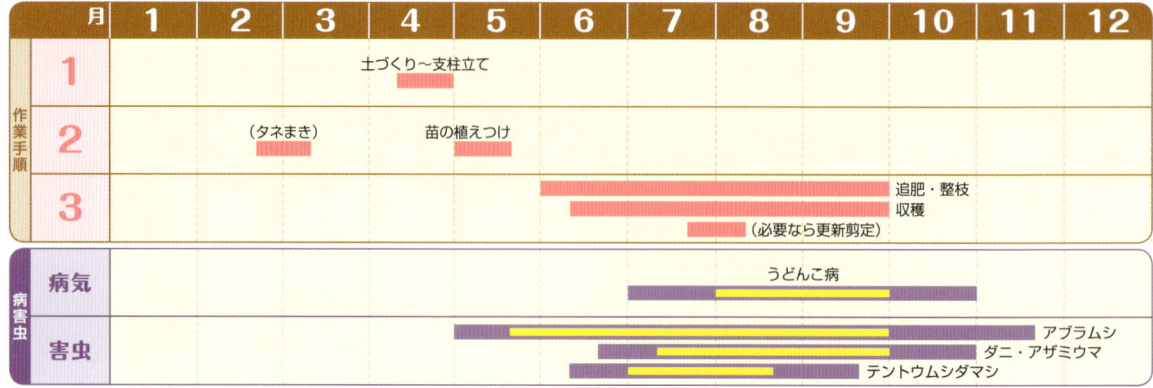

28

ナス

Step 1 畑の準備

①土づくり → ②畝づくり → ③マルチング〜支柱立て

苗を植えつける1〜2週間前に行い、乾燥を防いで地温を高めるためにビニールマルチを敷きます。

植えつける株間を測り、支柱をパラソルのように3本ずつ立てます。

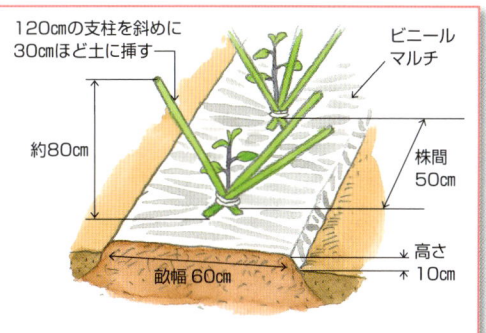

①土づくり

畝幅を測り、堆肥や苦土石灰、配合肥料を、植えつけ場所に均等にまいて耕します。

土づくりの目安

酸度調整……苦土石灰　100g/㎡
元肥…………堆肥　4kg/㎡
　　　　　　配合肥料　200g/㎡

追肥

化成肥料……50g/㎡×4回

1 ビニールマルチの幅に畝幅を測る。

2 堆肥を、植えつけ場所に均等にまく。

3 ナスは根を深く伸ばすため、深めにしっかりと耕す。

②畝づくり

支柱で畝立てのラインをつけて、ラインに沿って土をかきだして畝をつくります。

1 土は外側へかき出す。

2 高さ10cmくらいの畝をつくる。

③マルチング〜支柱立て

植えつけ前に地温を高め、その後の乾燥防止にマルチングを敷きます。初期の苗の生育がよくなるので効果が大きいです。

ナスは、主枝とわき芽2本を伸ばし、3本仕立てにするのが基本です。枝は横に大きく広げるように成長するので、支柱を3本パラソルのように立てます。

1 透明のビニールマルチを、畝に沿って敷いていき、周りに土を寄せて固定する。

2 株間50cmを測り、植えつけ場所に支柱を株元で交差するように3本斜めに30cmほど挿し込む。

3 交差した部分を、ヒモで結んで固定する。

植えつけ準備完了。

春まき野菜 ナス科

Step 2 植えつけとその後の管理

①苗選び → ②苗の植えつけ → ③誘引とわき芽取り

ナスは低温に弱いので、苗の植えつけは遅霜の心配がなくなった5月上旬～中旬のゴールデンウィーク頃がよいでしょう。店頭に苗が並び始めると、早く植えたくなりますが、過度の早植えは遅霜にあたる危険があります。苗は早い時期に寒さにあたると、初期の生育が悪くなるので、必要な場合はビニールのトンネルかけをするなど、必ず寒さ対策をしましょう。

①苗選び

苗の購入は、できれば耐病性の高い接ぎ木苗で、ヒョロヒョロと間延びしたものは避けて、節間の詰まった葉や茎の色の濃いものを選びます。

苗は、土壌病害に強い接ぎ木苗が好ましい

②苗の植えつけ

ナスは、日差しが株全体の葉に当たる面積によって収穫量が決まります。株間をしっかりとって、苗を植えつけます。

コツ!

トナシムなどを台木にした接ぎ木苗。台木の芽がついていたら、摘み取っておく。

コツ!

接ぎ木苗は、接いだ部分が土に埋まらないように注意。

1 ポットごとバケツの水につけて、たっぷりと水を含ませる。

2 支柱わきに、ナイフで十文字にマルチを切り深さ10cmくらいの穴を掘る。

3 鉢土を崩さないようにポットを抜いて穴に入れ、土を寄せて株元を軽く押さえる。

4 苗が倒れないように、支柱にヒモで軽く結んでおく。

5 植えつけ完了。

ナス

③誘引とわき芽取り

わき芽が伸びてきたら、一番花のすぐ下のわき芽とその下のわき芽だけを残して、他のわき芽は摘み取って3本仕立てにします。

チェック！

わき芽が伸びてきたらわき芽取りや誘引を始める。

3 一番花の咲く頃はまだ苗も小さく、実を収穫するには負担も大きいので摘み取る。

コツ！

ヒモの結び方
誘引ヒモとして、麻ヒモの束（作り方は220頁参照）をつくっておくと便利。

1 麻ヒモを束ねて、一か所を結んでおくと抜きやすい。

2 ヒモの端を揃えて、輪をつくる。

3 輪に端をくぐらせて支柱にしっかりと固定する。

4 茎を締めつけないように、ヒモをゆったりと結ぶ。

1 枝の成長に合わせて、支柱にゆったりとヒモで誘引する。

2 一番花の下のわき芽を2本残して、下側のわき芽はすべて摘み取る。

4 不必要なわき芽を取り、3本仕立てで伸ばしていく。

● 3本仕立て

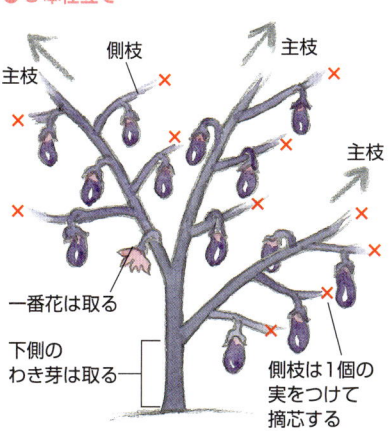

主枝／側枝／主枝／主枝
一番花は取る
下側のわき芽は取る
側枝は1個の実をつけて摘芯する

● 植えつけから1か月後

株の成長も盛んになり、次々と花をつける。

31

春まき野菜　ナス科

Step 3 収穫期の管理

①収穫と整枝 → ②追肥 → ③更新剪定

　ナスは、開花後2週間前後で収穫できる大きさになります。収穫の遅れや肥料不足になると草勢が弱くなるので、定期的に追肥を施します。側枝は収穫後に切り戻し、枝の混み合いで光線不足になることを防ぎます。

①収穫と整枝

　側枝には1個だけ花を咲かせて、その先の葉を1枚残して芯を止めておきます。実の収穫が終わったら枝元の1芽残して切り戻します。この作業を収穫期に繰り返すことで、枝葉が混み合って光線不足になることも防げます。生育中に水分の不足や光線不足になると、果皮の着色が悪くなります。

実は大きくなり過ぎないうちに収穫する。ナスの実は、まず縦に伸びてから横に太るため、草勢の強いときは長めのナスになり、弱いときは短いナスになる。

●側枝のナスの収穫

側枝は花（1果）の上の葉を1枚残して切り、花のすぐ下からは、強いわき芽が出るのでかき取る

収穫が終わったら、1芽残して側枝は切り戻す

②追肥

　3～4週間に1回くらいに、化成肥料をビニールマルチの両脇にまいて土にすき込んでおきます。
　ナスの花は、肥料切れなどを起こして草勢が落ちてくると、花の柱頭が雄しべの中に入って見えなくなってきます。追肥間隔を短くするなどして、草勢を回復させます。

雌しべの柱頭が雄しべから出ているのが健全な花

③更新剪定

　夏の時期は、高温と乾燥によって実の質が落ちたり、花が咲かなくなったりしてきます。思い切って早めに更新剪定を行い、良い秋ナスを収穫するのも1つの方法です。
　剪定をして半月くらいで再び花が咲き始め、約1か月くらいで実を収穫できるようになります。更新剪定は、遅すぎると秋ナスの収穫に間にあわないので気をつけましょう。

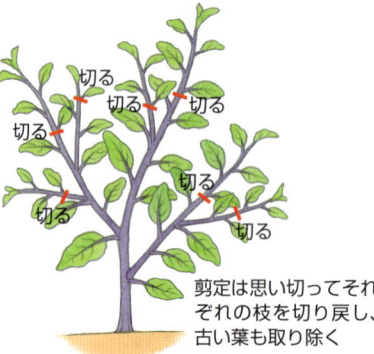

剪定は思い切ってそれぞれの枝を切り戻し、古い葉も取り除く

更新剪定後には、再びわき芽が伸びる。

ナス

よくある失敗とコツ Q&A

Step 1

Q タネから育てるには?

A 早めのタネまきスタートを

通常、ナスは苗を購入して栽培しますが、育ててみたい品種の苗がない場合、タネから苗を育てることができます。ナスの育苗は、トマトよりやや長いので、苗を購入するのと同じように栽培するには、より早めにタネまきをして、管理をする必要があります。ただし、ナスの栽培は収穫期間も長いので、スタートが少し遅れても、秋まで十分楽しめます。育苗は、トマトと同じように衣装ケースを利用して育てることができます（24頁参照）。

プラグトレーなどにタネをまき、本葉3～4枚くらいになったらポットに植え替える

Q どんな肥料がよいのでしょう?

A 有機質が配合された肥料でゆっくりと

ナスなどの長期に管理をしながら収穫する野菜は、有機質が配合された肥料をおすすめします。有機質は徐々に分解されながら、肥料としてゆっくり長く効くので果菜類には適しています。また、有機質が分解されるとき、微生物も増えるので、病気を引き起こす土壌中の菌と拮抗して、土壌病害を抑える効果も期待できます。

肥料切れを起こして、早く追肥の効果を得たい場合は、化学肥料での追肥をおすすめします。化学肥料は、すぐに根が吸収できる肥料成分を土壌に入れることができるので、早く肥料を効かすことができます。化学肥料には、鉢植え用の肥料で、ゆっくり効くタイプもあるので、肥料袋などの表示を読んで、適切な使い方をしましょう。

Step 2

Q 接ぎ木苗と自根の苗の違いは?

A 土壌病害に強いのは接ぎ木苗

ナスの接ぎ木苗は、土壌の病気に強い根を持っているナス科の植物を台木として、上の部分は通常のナスを接いだものです。通常、苗の購入値段は、一般的に高価になります。一方、自根のナス苗は、普通にタネをまいて育てたものなので、ナスの根を持っています。土壌病害が発生しない畑に植えるときは、自根の苗でまったく問題がありませんが、土壌病害が発生している、あるいは発生が心配の畑には、接ぎ木苗を選んだ方がよいでしょう。

接ぎ木苗

Q 株元から葉の形の違う枝が伸びてきました

A 生育を妨げる台木の芽は取りましょう

接ぎ木のナス苗を植えた場合、台木から芽が伸びてくることがよくあります。これは、当然、ナスはならない枝なので、見つけたら早めに取りましょう。取り遅れると、風通しが悪くなり、無駄な枝に栄養分が使われるので、ナスの生育にはマイナスになります。

株元から伸びた台木の葉と花

Q 苗の成長が悪いのは?

A 一番花の実に栄養が使われたためでしょう

樹が小さい段階で実をつけると、栄養が実の方にも行ってしまい樹の成長が遅れます。このため、一番花を取って実をつけないことで、成長することに栄養が使われ、初期の生育をよくすることができます。

一番花の実が大きくなって、成長が遅れた株

春まき野菜　ナス科

Step 3

Q 高温乾燥時の対応は？
A 株元の乾燥防止や水やりを心がける

梅雨明けしてからの高温乾燥時は、できれば水やりを心がけましょう。また、根元の地面に稲ワラなどを敷くと、土の乾燥を防ぐ効果があります。稲ワラが手に入りにくい場合は、トウモロコシの収穫が終わった茎や葉を敷いてもよいでしょう。トウモロコシはイネ科の植物で、ワラの代用として十分使用できます。

乾燥防止に利用できる天然素材（左からゴザ、トウモロコシ、麦ワラ、稲ワラ）

Q 台風対策は？
A 誘引固定などで、強風のダメージを最小に

夏から秋にかけて、台風が来て強い風が吹くことがあります。ナスの周りに防風ネットを張ることができれば理想的ですが、なかなか難しいかもしれません。強い風で、ナスの実は傷つき、枝葉も傷みます。台風が近づいたら誘引固定をしっかりして、ナスが傷つく前に少し小さめの実も収穫してしまいましょう。

台風が過ぎて風が落ち着いても、傷ついたところから病気の菌が侵入することがあるので、殺菌剤をまいておくと病気予防効果が期待できます。

Q 更新剪定をするタイミングは？
A 秋ナスに間に合うのは8月上旬まで

梅雨明けするとアブラムシやダニで葉が黄色くなり、花が咲かなくなることがあります。このようなときは、思い切って更新剪定をすることで、新しい芽が伸び、秋ナスを収穫することができます。樹の状態がよいときはそのまま秋まで管理して、更新剪定をする必要はありません。更新剪定は、8月の上旬頃までに行います。

葉が黄色くなり、花芽が出ない

Q 曲がったナスができるのはなぜ？
A 肥料切れのサインです

ナスの樹が疲れてきて、肥料切れになってくると、形の悪いナスができやすくなります。このようなときは、追肥を行い、樹の状態を回復させます。肥料切れの兆候としては、花の雌しべが雄しべより短くなり、雌しべが見えなくなったり、花が成長点（枝の先端）に近いところで、咲くようになったりします。

Q 片付けのタイミングは？
A 実の成長が遅くなったら、そろそろ終了

秋になり温度が下がってくると、ナスの実の成長も遅くなってきます。割れているのが多くなったり、堅いまま大きくならないようになってきたら、そろそろ収穫も終了です。ナスの樹を片付けるときは、根を観察して、根こぶ線虫の被害があるかなどを確認して、来年の作づけの参考にします。

ナスを片付けた後作は、コマツナやホウレンソウを栽培できます。10月の中旬頃にタネをまくと、12月に収穫できます。片付けと、タネまきのタイミングが遅くならないように注意しましょう。

ナス

もしかして病害虫!? ドクターQ

温度が上がるに従って、アブラムシが増えてきます。枝葉が混み過ぎないようにして、風通しを良くしておきます。梅雨明け頃から、アザミウマやダニ類も増えてきます。また、オオタバコガやテントウムシダマシも発生するので、手でつぶすか、薬剤散布して防除します。

灰色かび病は梅雨の時期、うどんこ病は8月頃より発生が多くなります。

Q 実の表面が傷だらけなのですが
A アザミウマの被害です

実の先端部分が、傷だらけになっていることがあります。これはアザミウマという小さな害虫が、花が落ちてすぐの小さな実のときに傷をつけたのが原因で、実が大きくなって目立ってきたものです。花の下に手のひらを置いて、花を指ではじいて落ちてくる虫があるか確認します。小さな虫が落ちてきたらアザミウマが発生しているので、害虫防除をした方がよいでしょう。

Q 根こぶ線虫対策は?
A 接ぎ木苗で被害を軽減できます

ナスの株を片付けるときに根を観察すると、こぶができていることがあります。これは、根こぶ線虫の被害によるもので、ナス科の野菜を連作することにより被害がひどくなります。根こぶがひどくなると根の働きが悪くなり、生育が低下します。また、根こぶがあると、土壌からの病原菌が侵入しやすくなり、病気も出やすくなります。根こぶ線虫対策は、強い根を持っている接ぎ木苗を植えることで、被害を減らすことができます。

左側の根は、根こぶ線虫の被害が見られる

Q 葉が萎れて枯れてきたのは?
A 半身萎凋病（はんしんいちょうびょう）です

葉が萎れて、葉の周りが茶色く枯れるようになる症状は、半身萎凋病です。ナス科の野菜を栽培してから、次の栽培をするまでの期間が短くなると、出やすくなります。病気になった株は、小さい実まで全部取って、ベンレートなどの農薬を株元の土にしみ込ませることで回復する場合があります。半身萎凋病の出やすい畑は、接ぎ木苗を利用することで被害を減らすことができます。

農薬の使用は、ラベルの使用基準や注意をよく読んで行ってください。

Q 葉を食害したのは…
A テントウムシダマシです

ナスの葉が、網のように食害されていることがあります。これは、テントウムシダマシによるものです。見つけたら、手で捕殺するか、農薬防除を行います。

Q 葉の色が悪くなり、花が咲きません
A アブラムシやハダニの被害です

梅雨明け時期に多く、花が咲かなくなり、葉の色が悪くなって葉裏には小さな虫がついていることがあります。これは、アブラムシやダニが発生して、樹の状態が悪くなった状態なので、農薬による防除を行います。特にひどい場合は更新剪定をして新しい芽を出させることで復活することができます。

葉裏にびっしりついたアブラムシ

春まき野菜　ナス科

シシトウ、ピーマン、パプリカ、トウガラシ

学　名／*Capsicum annuum* L.
分　類／ナス科トウガラシ属
原産地／熱帯アメリカ
別　名／ナンバン、甘トウガラシ、バンショウ

シシトウ　ピーマン

パプリカ　トウガラシ

シシトウやピーマンの花を比べてみるとほとんど区別がつきません。すべてトウガラシの仲間です。この仲間には、甘味種と辛味種があり、甘味種はピーマンやパプリカ、シシトウ、辛味種をトウガラシと呼び分けています。熱帯アメリカ原産で、ナスと同様に高温でよく育ちます。

おすすめ品種

ピーマンは濃緑色の「京波」、シシトウは「翠光」などが収穫量も多く、栽培も容易です。

パプリカは甘みが強く、耐病性があり栽培しやすい「フルーピーレッド」、トウガラシは上向きに実をつけ、着色が良い「鷹の爪」などがおすすめです。

ピーマン「京波」(上)と
シシトウ「翠光」(下)

失敗しないコツ！

- 連作は避け、3年くらいあける
- 有機質をたっぷり入れ、土づくりをしっかり行う
- 栽培期間が長いので、緩効性肥料を使う
- 無理な早植えはしない
- アブラムシに注意

▼栽培カレンダー

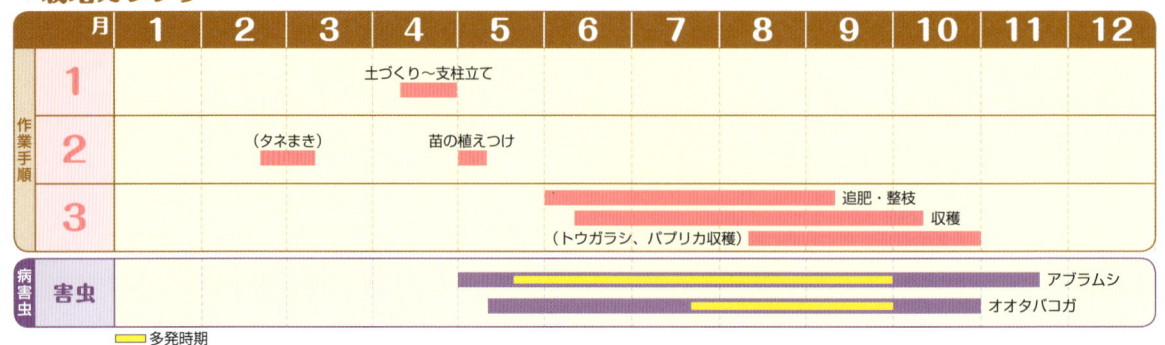

月	1	2	3	4	5	6	7	8	9	10	11	12
作業手順 1				土づくり〜支柱立て								
作業手順 2		(タネまき)		苗の植えつけ								
作業手順 3						追肥・整枝 → 収穫						
						(トウガラシ、パプリカ収穫)						
病害虫 害虫					アブラムシ / オオタバコガ							

多発時期

シシトウ、ピーマン、パプリカ、トウガラシ

Step 1 畑の準備

①土づくり → ②畝づくり〜マルチング → ③支柱立て

連作は避けて、3年くらい間隔をあけて栽培します。ナスと同様に栽培期間が長いので、土づくりをしっかり行います。土壌の乾燥を抑え、地温を上げるためにマルチングをします。

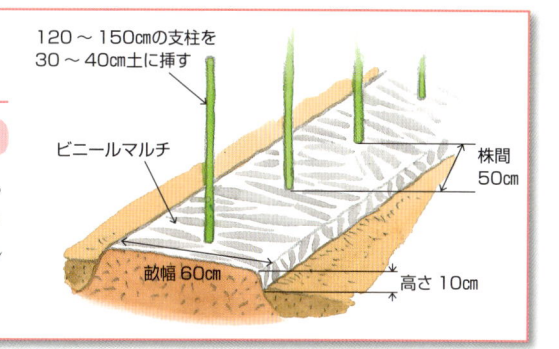

- 120〜150cmの支柱を30〜40cm土に挿す
- ビニールマルチ
- 株間50cm
- 畝幅60cm
- 高さ10cm

①土づくり

土づくりは、1〜2週間前に行います。収穫が秋まで続くので、堆肥などの有機質は多く入れ、緩効性肥料を使うと肥効が長く続きます。

土づくりの目安
酸度調整……苦土石灰　100g/㎡
元肥…………堆肥　4kg/㎡
　　　　　　配合肥料　150g/㎡

追肥
化成肥料……50g/㎡×4回

1 畝幅60cmを測り、目安に支柱を立てる。

2 畝幅より広く、堆肥を均等にばらまき、さらに石灰と肥料を順にばらまいて、クワで耕しながらしっかりと混ぜる。

②畝づくり〜マルチング

ナスと同様に高温性野菜なので、植えつけ前にマルチングをして、地温を高めておきます。

1 畝を立てる目印線を、支柱などを使ってつける。

2 目印線に沿って、土を外側にかき出して畝をつくり、畝に沿って、穴なしのビニールマルチを敷いて、畝の回りに土を寄せて、しっかりと固定する。

③支柱立て

苗の植えつけ時には支柱を1本立てておきます。ピーマンやシシトウは、二又に分かれる性質を繰り返して枝が増えるので、2回の分枝で4本になります。

枝が折れないようにしっかり管理したい場合は、ナスのように支柱をV字に上に向かって広がるように、4本仕立てになるように挿します。枝が伸びてきたら、V字に広がるように支柱にヒモで縛り誘引します。

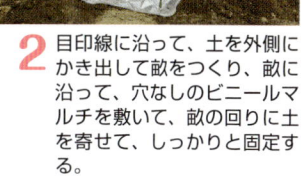

支柱を1本、50cm間隔に立て、倒れないように深めに支柱を挿しておく。

春まき野菜　ナス科

Step 2　苗の植えつけとその後の管理

①苗選び → ②苗の植えつけ → ③わき芽取り

　ピーマン類は暑さには強く、寒さには弱いので、遅霜の心配のなくなった5月上旬～中旬が、植えつけの適期です。

　苗はピーマンもシシトウも区別がつかないのでラベルをなくさないように注意し、植えつけ後にラベルを立てておきます。

①苗選び

苗は、病害虫のないしっかりしたものを選びます。

②苗の植えつけ

苗は枝が折れやすいので扱いに注意し、植えつけ後は苗を支柱にヒモで誘引しておきます。

コツ！
苗が倒れないように、支柱にゆとりをもって誘引する。

1　ポット苗の土に、たっぷり水を吸わせておく。

2　支柱の側に、ビニールマルチを十字に切って植え穴をあけ、土をかき出す。

3　ポットを外して、植え穴に入れ、土を戻して株元を軽く押さえる。

4　支柱にヒモで誘引し、ラベルを立てて植えつけ完了。

③わき芽取り

　成長とともに、多くのわき芽が伸びてきます。一番花の節で枝分かれして伸びるので、その下のわき芽はすべて摘み取ります。
　その後に伸びた枝は、混みすぎないように、間引く程度でかまいません。

1　植えつけて2週間後、多くのわき芽が伸びてきた株。

2　一番花の下に伸びたわき芽は、すべて摘み取る。

3　わき芽取りの終わった株。

シシトウ、ピーマン、パプリカ、トウガラシ

Step 3 収穫期の管理
①収穫 ➡ ②追肥

ピーマンやシシトウの収穫は、6月～10月上旬まで続きますが、トウガラシは赤く色づく秋に収穫します。

株が小さいうちは、実は早めに収穫して株への負担を少なくします。また、赤く着色するまでおくと、株への負担が大きくなります。

①収穫
収穫の適期はそれぞれ異なります。

チェック！ 
収穫期を過ぎて、赤く色づき始めたピーマン。

コツ！ 
トウガラシはしっかり乾燥して、実は缶の中などに入れて保存する。

●シシトウ  
早めに収穫した方が柔らかく、香りもよい。開花から15日くらいを目安に収穫する。写真は極早生品種「翠光」。

●トウガラシ
日本の代表的なトウガラシの品種「鷹の爪」は、上向きに実をつける。収穫は真っ赤に色づいたら株元から切って収穫。

●ピーマン 
品種によって収穫の大きさが異なるが、中型種で約30～40gくらいを目安に収穫する。収穫はハサミで実を切り取る。写真は中型品種「京波」。

●パプリカ
株を早く成長させるために、一番花は取っておく。収穫時期に草勢が落ちているようなら、青いうちに収穫してもよい。 

②追肥
肥料切れしないように、3～4週間に1回、追肥を施します。1回に化成肥料50gくらいを、畝の両脇にまきます。

39

春まき野菜　ナス科

よくある失敗とコツ Q&A

Step 1

Q タネから育てるには？

A 早めのタネまきスタートを

ピーマン類も、トマトと同じように、衣装ケースを利用して、タネから苗を育てることができます（24頁参照）。いろいろな品種のピーマン、シシトウ、トウガラシ類があるので、育ててみたい品種のタネを購入して苗づくりをするのもよいでしょう。

通常のトマトと同じように植えつけるには、タネまきの時期はやや早めの2月下旬頃です。ただ、ピーマン類も秋まで長期に栽培する野菜なので、苗の定植が遅れても、十分収穫することができます。複数の品種の苗づくりをするとき、苗だけではまったく区別がつきません。タネまき後に品種名を書いたラベルを付けましょう。

タネ（トウガラシ）

ピーマン 　　トウガラシ

Q いろいろなトウガラシの苗が店頭に並んでいますが、育て方は同じ？

A 同様に栽培できます

通常と同じように栽培すれば、問題なく育てることができます。ただし、苗によっては、ラベルにその品種の育て方のコツなど載っていることがあるので、そのときは説明をよく読んで、その品種に合った育て方をしてください。

激辛のハバネロ

Step 2

Q 辛いシシトウができるのはなぜ？

A 乾燥や肥料切れが原因

ときどき、「当たり！」といわれる辛いシシトウができることがあります。これは、樹の勢いがなくなったり、シシトウが受けるストレスによって、隠れた性質として残っているトウガラシの辛さが、顔を出すためです。夏の時期の乾燥がストレスになるので、極度に乾燥しないようにしたり、肥料切れを起こさないように注意しましょう。

もしかして病害虫!? ドクターQ

Q 葉裏にアブラムシが…

A 枝を間引いて、風通しよく

雨の少ない高温乾燥の時期になると、アブラムシが発生します。発生したら、農薬で防除します。また、枝が混んで風通しが悪くなると発生しやすくなるので、混み過ぎた枝を間引いて風通しをよくします。

アブラムシの忌避効果のある銀色に光るビニールマルチの使用も効果が期待できます。

Q 実に穴をあけたのは？

A オオタバコガの被害です

オオタバコガが、実に穴をあけたり、中に入ったりして食害します。7月に入ると発生して夏の高温期から秋にかけて被害が続きます。発生したら農薬で防除します。

Q 葉に模様が入り、縮んだような症状は？

A モザイク病です

アブラムシなどがウィルスを運んできて、モザイク病になります。アブラムシが多く発生しないように、風通しを良くしたり、光ってアブラムシの忌避効果のあるビニールマルチを使用したりすることで、病気を減らす効果が期待できます。

ジャガイモ

学　名	Solanum tuberosum　L.
分　類	ナス科ナス属
原産地	中南米〜南米
別　名	バレイショ、ジャガタライモ

ナス科なので、連作を避けた作付け計画に気を遣いますが、家庭菜園ではぜひ育ててみたい人気野菜のひとつです。ジャガイモはアンデス山脈の高地原産。冷涼な気温を好み、生育適温は20℃前後です。

おすすめ品種

近年では、黄や紅色など多彩な品種が出回っています。よく知られる早生品種の「男爵」や、ホクホクした食感と甘さで人気の「きたあかり」などが、つくりやすくおすすめです。

「男爵」のタネイモ

やや小ぶりで果肉が黄色い「インカのひとみ」

失敗しないコツ！

- 石灰は、多く入れない
- トマトやナスも含めナス科なので、連作は避ける
- タネイモは、健全なものを購入する

▼栽培カレンダー

月	1	2	3	4	5	6	7	8	9	10	11	12
作業手順 1			植えつけ									
作業手順 2				追肥	芽かき							
作業手順 3							収穫					

病害虫・害虫：アブラムシ、ヨトウムシ、テントウムシダマシ

多発時期

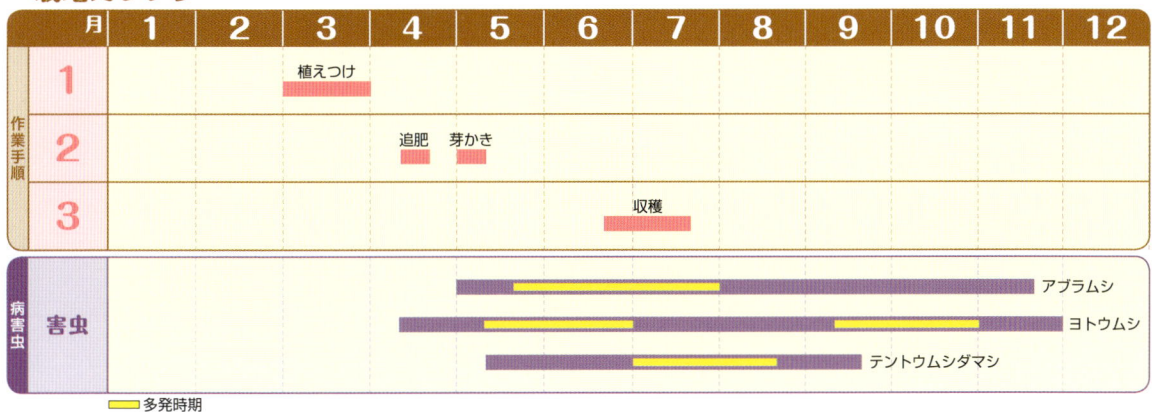

春まき野菜　ナス科

Step 1　苗の植えつけとその後の管理

①タネイモの準備 → ②植えつけ

　3月上旬～下旬に、病斑のない健全なタネイモを購入し、植えつける前にほどよい大きさに切り分けてから植えつけます。

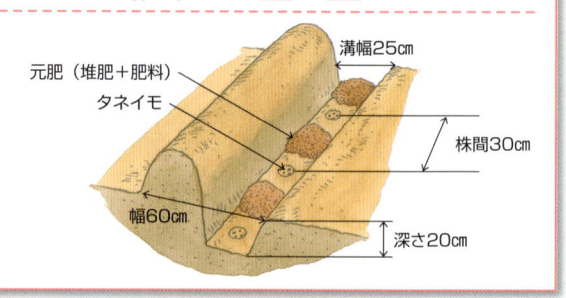

（図：元肥（堆肥+肥料）、タネイモ、溝幅25cm、株間30cm、幅60cm、深さ20cm）

①タネイモの準備

　芽が均等になるように、頂部から縦に切り分けます。大きいものなら3～4個に、小さいものなら半分に切ります。切り口は腐らないように草木灰をつけるか、日に当てて乾かします。

コツ!

芽が多くある方が頂部

基部

基部は親イモから伸びたストロン（ふく枝）の跡。伸び過ぎた芽はとってもよい。

1 基部を下にして、頂部から下へ縦に切る。

2 大きい場合は、さらにそのまま縦に半分に切る。

3 タネイモが腐らないように、切り口に防腐と殺菌効果がある草木灰をつける。

②植えつけ

　ジャガイモはやや酸性を好むので、石灰は入れません。溝を掘ってタネイモを並べて、間に堆肥と配合肥料を混ぜた元肥を入れて植えつけます。

土づくりの目安

元肥………堆肥　2kg/㎡
　　　　　配合肥料　150g/㎡

追肥

化成肥料……50g/㎡×2回

コツ!

バケツ（10ℓ）に、堆肥と配合肥料を入れて混ぜ合わせて元肥を準備する。

1 深さ20～25cmくらいの溝を掘る。

2 30cmくらいの間隔で、切り口を下にして並べる。

3 芽の出そうな部分を同じ方向に並べると、芽の出方が揃う。

4 タネイモに元肥がつかないように、間に一握り程度ずつ置く。

5 掘り上げた土を、平らに埋め戻し、植えつけた上を軽く踏んで鎮圧する。

ジャガイモ

Step 2 植えつけ後の管理

①追肥（1回目）→ ②芽かき → ③追肥（2回目）と土寄せ

4月中旬頃になると、土の中から芽を出してきます。この時期、追肥を施して土寄せをします。ジャガイモの芽は霜にあうと傷んでダメになるので、遅霜がありそうなときは、土をかけて保護します。5月に入ったら、余分な芽を抜く、芽かきを行います。

①追肥（1回目）

1㎡当たり50gほどの化成肥料を、上からパラパラまき、1回目の追肥をして土寄せをします。土寄せは、芽が隠れるか隠れないかくらい薄く土を寄せます。

1 株回りに、肥料をパラパラとまく。肥料と土を混ぜながら、薄く土をかける。

2 芽に土はかけ過ぎないように、株元に寄せる。

②芽かき

5月上旬頃になると、芽数も増えて成長してきます。1株に2本くらい残して、余分な芽は抜きます。

芽を多く残すと、イモの数は多くできますが、小さくなります。

1 大きな芽を、2本くらい残して、余分な芽はタネイモが抜けないように、株元を片手で押さえて引き抜く。

抜いた茎には、すでに小さなジャガイモがついていた。

③追肥（2回目）と土寄せ

芽かき作業の後、2回目の追肥を施します。化成肥料1㎡当たり50gくらいを、株の両側にまいて土寄せします。ジャガイモは土寄せした畝の中にできるので、ジャガイモが顔を出さないように、しっかり土寄せします。

1 肥料は、株元からやや離れた両側にまく。

2 土と肥料を混ぜながら、株元に土を引き上げて土寄せする。

3 株元にたっぷりと土寄せして、ジャガイモが土の表面に出ないようにする。

春まき野菜　ナス科

Step 3 収穫

①新ジャガの収穫 ➡ ②収穫

6月下旬頃、地上部の茎葉はまだ緑ですが、皮が柔らかく、美味しい新ジャガが収穫できます。しかし、新ジャガは長期保存には向かないので、梅雨明けして地上部が枯れてくる頃、本格的に収穫します。

①新ジャガの収穫

花もすでに咲き終わり、1か月くらいすれば、そろそろ新ジャガが採れる頃です。

チェック！

ジャガイモの花と実。

実はまれにつく。

1 新ジャガの収穫方法は、全体を抜く方法と手で大きなイモを探って手掘りする方法がある。

2 株ごとの収穫は、株元を持って、ゆっくりと引き抜く。

3 新ジャガは小ぶりで個数も少ないが、美味しさは格別。

②収穫

梅雨明けをして、地上部が枯れてくる頃になれば、収穫の適期です。この時期まで待って肥大したジャガイモは翌年の春頃まで保存できます。7月いっぱいまでには、収穫を終わらせます。

1 地上部が枯れて、天気のよい日が2～3日続いた後が収穫のタイミング。

2 収穫したジャガイモは軽く土を落として、風通しのよい日陰で乾燥してから冷暗場所で保存する。収穫したジャガイモは休眠状態に入るので、植えても芽は出ない。

ジャガイモ

よくある失敗とコツ Q&A

Step 2

Q 3月に植えつけて、葉が茶色になったのは?

A 遅霜の被害です

早過ぎる時期にジャガイモの芽が伸びると、遅霜の被害にあうことがあります。遅霜にあうと、ジャガイモの葉が凍害で茶色く枯れたようになり、生育が遅れることがあります。遅霜の心配があるときは、ジャガイモの芽に土寄せをして、土の中に隠しておくと、被害を防ぐことができます。

普段から霜が降りたときの朝の最低気温をチェックしておくと、気象情報で翌朝の予想最低気温を知れば、遅霜の可能性がわかるようになります。

Q 緑色になったジャガイモは?

A 日光にさらされると緑色になります

日が当たって緑色になったジャガイモは、その緑色の部分にソラニンという毒になる成分が増えます。緑色の部分を取ってしまえば問題はないのですが、好ましいことではありません。

イモが肥大してきて雨などで土が流れると、土から出てしまう場合があります。土をかけてイモに日が当たらないようにして、緑色になるのを防ぎます。

Step 3

Q 秋にも収穫するには?

A 秋植え品種を選び、8月下旬に植えつけます

タネイモは、秋植えに適した品種を選びます。植えつけは8月下旬頃が適期。植えつけが遅れると生育に影響が出るので、時期を必ず守ります。

タネイモを切ると腐れやすいので、小さめのイモは切らずに植え、大きめのイモは、切り口を2〜3日風通しの良い場所で、しっかり乾燥させてから植えつけます。

その後の管理は春植えのジャガイモと同様ですが、イモを肥大させるために、なるべく長く育てます。収穫は11月中旬〜下旬頃で、霜がひどくならないうちに収穫を終えます。

もしかして病害虫!? ドクターQ

温度が上昇してくると、ジャガイモの葉に、テントウムシダマシやヨトウムシ、アブラムシなどの害虫が発生します。発生したら、対応する農薬で防除します。

葉を食害するテントウムシダマシ

Q イモの表面が痘痕に?

A そうか病です

イモの表面がかさぶたのようになるのは、そうか病です。そうか病は、pHが高くなり土がアルカリ性になると発生しやすくなります。また、未分解有機物を入れると多発するといわれています。pHが高く、アルカリ性にならないようにして、必要なら登録のある殺菌剤を使用します。

Q イモに穴をあけたものは?

A ハリガネムシやネキリムシの食害です

ハリガネムシやネキリムシなどが多く発生する畑の場合は、植えつけ前に、対応する粒剤を土に混ぜて、植えつけをします。

春まき野菜　ウリ科

キュウリ

学　名／ Cucumis sativus L.
分　類／ウリ科キュウリ属
原産地／インド北部ヒマラヤ山麓
別　名／カラウリ

インド原産のキュウリは、シルクロードを通って世界に広がりました。日本でも平安時代にすでに食べられていた記述があり、古くから親しまれてきた歴史のある野菜です。

新鮮な、とれたてキュウリには、痛いくらいのトゲがあり、みずみずしくパリッとした食感が楽しめます。

おすすめ品種

実つきの良い「夏すずみ」や「シャキット」は、うどんこ病やべと病に耐病性があって、収穫量が多く栽培しやすい品種です。鉢やプランターでも栽培できる「ベランダきゅうり」は、イボなしのミニキュウリでおすすめです。

キュウリの品種は多く、地域には昔からある伝統的なキュウリも残っています。果皮の白い半白キュウリなど、ちょっと変わった品種を育ててみるのも家庭菜園ならでは楽しみです。

歯切れの良い食感で、サラダや漬物に最適な「シャキット」

長さ12～13cmのミニサイズで収穫できる「ベランダきゅうり」

失敗しないコツ！

- 連作を避け、3年ほどあける
- 有機質を多く入れ、土づくりをしっかり行う
- 整枝をきちんと行い、枝を混ませ過ぎない
- 実は小さめのうちに収穫する
- 追肥をしっかり行い、肥料切れにしない

▼栽培カレンダー

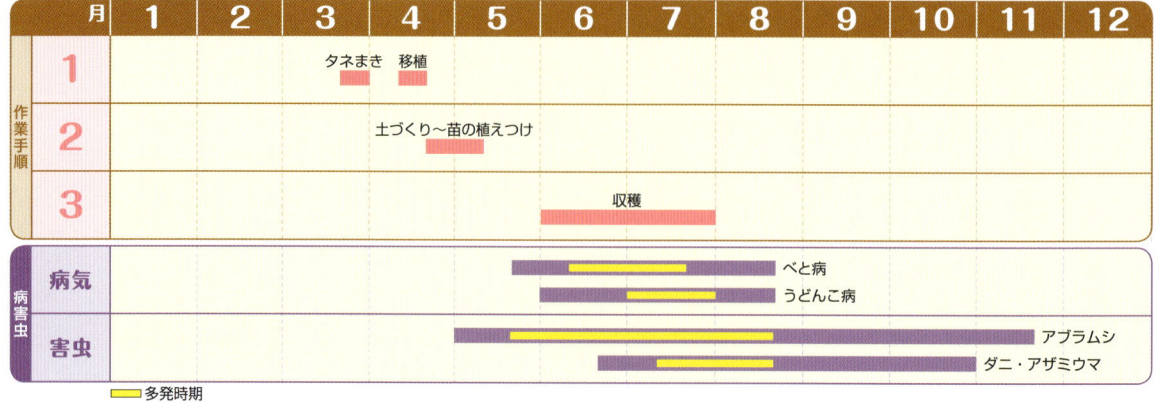

月	1	2	3	4	5	6	7	8	9	10	11	12
作業手順 1			タネまき	移植								
作業手順 2				土づくり～苗の植えつけ								
作業手順 3						収穫						
病害虫 病気						べと病／うどんこ病						
病害虫 害虫						アブラムシ／ダニ・アザミウマ						

■ 多発時期

キュウリ

Step 1 苗づくり ①タネまき ➡ ②移植

トマトなどのナス科のタネまきは2月下旬〜3月上旬スタートでしたが、ウリ科のキュウリは温度が上がってくる3月下旬のスタートなので、育苗期間が短く、苗づくりしやすくなります。タネまきから移植までに約2週間、定植まで約3週間です。苗づくりの詳細は212〜214頁も参照してください。

①タネまき

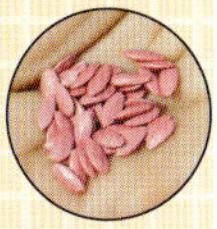

発芽するまで高めの25〜30℃くらいに、発芽したら日中は20〜25℃前後に温度を保ちます。夜は最低3℃以下にならないようにします。

コツ! 上から軽く押さえて、土になじませるとよい。

1 セルトレーに育苗用の土を入れる。
2 指で軽く押して、凹みをつくる。 
3 タネを1粒ずつ、中央に落としていく。 
4 タネの上に軽く盛るように覆土し、軽く押さえる。 

②移植

本葉1枚くらいで3号ポット（直径約9cm）に移植します。茎が伸びて、ポットに移植しづらくなるので、移植は適期に行います。

コツ! タネまきから2週間後の苗。本葉1枚が移植の目安。

1 清潔な用土を準備して、ポットに少し入れる。
2 茎を折らないように、苗の株元を持って抜く。 
3 苗を中心に置いて、周りに土を足し入れる。 
4 株元を軽く押さえて、土を落ちつかせる。 
5 ポットに移植した後、IB化成を2〜3粒、ポットの縁側に置いておく。

春まき野菜　ウリ科

Step 2　畑の準備と苗の植えつけ

①土づくり〜畝づくり ▶ ②マルチング ▶ ③支柱立て ▶ ④苗の植えつけ

　一家族で4本くらいの苗を植えれば、十分収穫量があります。植えつけ場所は、連作を避けて3年ほどあけるか、接ぎ木苗を購入します。

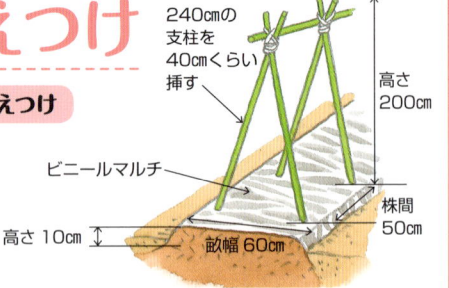

240cmの支柱を40cmくらい挿す
高さ200cm
ビニールマルチ
株間50cm
高さ10cm
畝幅60cm

①土づくり〜畝づくり

　1〜2週間前に、有機質をたっぷりと入れて土づくりをします。キュウリの根は、酸素要求度が高く、浅く根を張る性質があります。広く深く根を張らせるため、深めに耕して畝をつくります。

土づくりの目安
酸度調整……苦土石灰　100g/㎡
元肥…………堆肥　　　4kg/㎡
　　　　　　配合肥料　200g/㎡

追肥
化成肥料……50g/㎡×2回

1 畝幅60cm×長さ200cmを測って、目印の棒を立てる。

2 畝よりも広く、堆肥をしっかりとばらまき、さらに、苦土石灰と配合肥料を均等にまく。

3 全体を耕して混ぜ合わせて、平らにならす。

4 棒を目安に、四面の土を外側にかき出して、畝をつくる。

②マルチング

　2列に穴のあいたビニールマルチを敷きます。地温を上げて、土のはね返りを防ぎます。

1 2列のマルチ穴を、畝幅に均等な位置に配置して敷く。

2 風ではがされないように、しっかりと土で周囲を固定する。

48

③ 支柱立て

栽培期間が長く、最盛期には加重もかかるので、しっかりとした合掌づくりに支柱を立てる。

コツ！

交差した部分に渡した支柱と共にヒモでしっかり締めながら固定する。

1 マルチの穴の脇に、それぞれ両側から斜めに支柱を挿し込んで交差させる。

2 交差した部分に上から支柱を一本渡して交差した部分をヒモで結んで固定する。（支柱の立て方の詳細は、219頁を参照。）

④ 苗の植えつけ

5月上旬が、苗の植えつけ適期です。本葉4～5枚ついたポット苗を準備します。接木苗を購入して植える場合は、節間のつまった葉色の濃いしっかりしたものを選びます。

コツ！

苗はまだ短いので、支柱に誘引できるようにマルチ穴を切って近づけると誘引しやすい。

1 ポットを水につけて、たっぷり水を含ませる。

2 植え穴の土を、ポットの入る深さまで掘り上げる。

3 水をきって根鉢を崩さないようにポットから抜いて植え穴に入れ、株元を持って掘り上げた土を戻し、軽く土を押さえる。

4 茎が折れないように、支柱にゆったりとヒモで誘引する。接ぎ木苗は、接ぎ木部分を折らないように要注意！

5 植えつけ完了。風で折れやすいので、成長に合わせて支柱にこまめな誘引をする。

春まき野菜　ウリ科

Step 3 収穫期の管理

①わき芽取り → ②誘引と整枝 → ③収穫 → ④追肥

キュウリのつるやわき芽は、かなり早いスピードで伸びていきます。さらに、収穫が始まると少なくとも2～3日に1回、できれば毎日でも収穫しないと、実は適期を過ぎた大きさに成長します。

①わき芽取り

株元から本葉3～5枚くらいまでに出る子づると雌花はすべて取って、その上から出る子づるを伸ばします。

チェック！

キュウリの花は、小さな実をつけた雌花と、雄花がある。

雌花　　雄花

子づるは本葉2枚で摘芯する
親づる
子づる

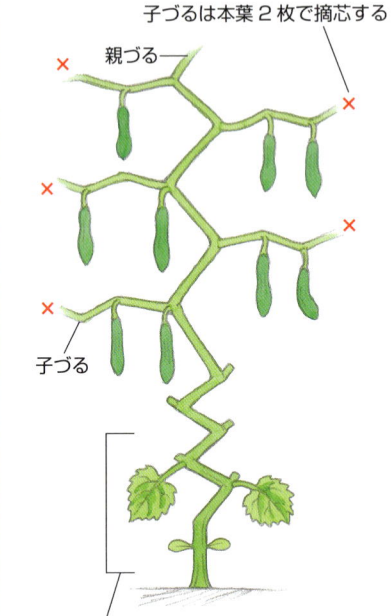

下から3～5枚目までのわき芽と実は全部摘み取るが、葉は取らない

1 成長に合わせて、親づるをこまめに誘引する。

2 株元近くの雌花やわき芽は、すべて摘み取る。

②誘引と子づるの整枝

伸ばした子づるは、本葉2枚を残して摘芯し、1～2果ならすことを基本に整枝します。子づるから伸びた孫づるは、樹の勢いを維持するために3～4本放任して伸ばします。

1 つるの誘引はゆったりと、傷めないように固定する。

2 子づるは、本葉を2枚残して摘芯する。

キュウリ

③収穫

早めの収穫がおすすめです。特に生育が初期の段階では、枝葉をしっかり育てるために負担がなくなるようにします。

コツ!

親づるを支柱の上まで誘引して、縛るところがなくなったら、摘芯する。

家庭菜園でもつくりやすい「夏すずみ」。

収穫は、清潔なハサミで摘み取る。

④追肥

肥料切れしないように、化成肥料を3週間おきに追肥します。
曲がったものや、形の悪いものが多くなるのは、株に勢いがなくなると増えるので肥料切れのサインです。

1 通路の両側に、浅い溝を掘る。

2 化成肥料を、両側の溝に均等にばらまく。

3 肥料に土をかぶせて埋め戻す。

キュウリの成長

キュウリは、実が大きくなる速度が非常に早く、まだ小さいかなと思っていたものも2〜3日すると収穫適期を過ぎて大きくなり過ぎます。早め早めの収穫がおすすめです。

6月18日 — 花がさいた!
6月19日 
6月20日 
6月24日 — 食べごろサイズ
6月21日 
6月22日 
6月23日

春まき野菜　ウリ科

よくある失敗とコツ Q&A

Step 1

Q 苗選びのポイントは？

A 病害に強い接木苗を選んだ方が無難

　一般的には、自根の苗の方がキュウリの皮がやわらかく美味しいといわれていますが、土壌病害の出やすい畑では、病気に強い接ぎ木苗を購入しましょう。また、市民農園などで、前年の作付け状況が解らない畑に植えつける場合も、接ぎ木苗を選んだ方が無難です。

Q 直まきをするには？

A 地温が十分に上がった時期になれば、直まきもできます

　キュウリは、地温が上昇した時期になれば、タネを直まきしても栽培できます。通常の苗植えの栽培が終了する頃に収穫ができるように、6月中〜下旬頃に直まきします。タネは、この時期に合った品種を選んで、暑さに有利な地這いで栽培するとよいでしょう。苗植えと直まき栽培を組み合わせることで、キュウリを長く収穫できるのでおすすめです。

Step 2

Q つるの先端を折ってしまったら？

A わき芽の一本を主枝として伸ばします

　キュウリの整枝、誘引の作業中に、つるの先端を折ってしまうことがあります。主枝の先端とわき芽の先端は同じ性質なので、わき芽のどれかを、主枝として伸ばせば大丈夫です。伸ばしたわき芽から、さらにわき芽が出てくるので、元から伸ばしていた茎と同様に整枝して管理します。

Step 3

Q 誘引の手間を省くには？

A キュウリネットがおすすめ

　支柱にネットを張って、這い上がらせるように誘引する方法があります。ネットを張っておけば、茎の先端を時々ネットに絡めて、まっすぐ這い上がるように誘導するだけで、巻きひげが巻き付くので、しっかり固定されます。欠点としては、ネットに実が当たって傷つく実が増えることです。

　ネットのサイズは数種類あるので、畑の大きさや植える本数に合わせて選びます。

キュウリネットの使用は誘引の手間を省く

葉のつけ根から、まきづるを伸ばして絡み付く

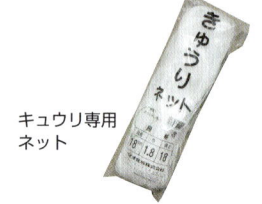

キュウリ専用ネット

Q 曲がりキュウリを防ぐには？

A サインが出たら早めの追肥

　肥料切れを起こすと曲がったキュウリが増えてくるので、追肥をして樹の勢いを回復させます。

　また、花が咲いたばかりの小さなキュウリでも、曲がりキュウリかどうかが解るので、摘果して負担を軽くします。栽培の終盤では、ほとんどが曲がりキュウリになりますが、これは時期的なものでやむを得ません。

キュウリ

Q キュウリに水やりは必要？
A 高温乾燥時には水やりを
　キュウリの実は水分割合が多く、根は比較的表面にあり、乾燥の影響を受けやすい野菜です。高温乾燥時には、水やりをします。また、根元にワラや収穫の終わったトウモロコシの茎や葉などを敷いて、乾燥を防ぐのも効果的です。

Q オバケキュウリになってしまった
A 樹に負担がかかるので早めの収穫を
　オバケキュウリは樹に負担がかかり、収穫本数が減ります。次の収穫まで何日も先になるようでしたら、かなり小さめのキュウリも収穫します。樹に負担をかけなければ、また次々にキュウリがなるので、安心して収穫してください。

Q 星型キュウリをつくりたいのですが？
A 早く肥大する性質を利用してつくります
　キュウリの実は、開花から収穫の大きさまで、1週間くらいで肥大します。この早く肥大する性質を利用して、型にいれると面白い形のキュウリをつくることができます。手作りで型を作ることもできますし、専用の型も販売されています。家庭菜園では、このような楽しみ方もできるので、挑戦してみてはいかがでしょうか。

開花後4日目の実を専用の型で挟む

型に入れて2日後のキュウリ

もしかして病害虫!? ドクターQ

Q どんな病気になりやすい？
A べと病やうどんこ病などです
　梅雨に入り雨が多くなり、温度が高くなってくると、べと病やうどんこ病など、病気の発生が多くなります。病気が発生したら農薬の散布を行います。農薬散布の頻度の目安は、2〜3週間に1回ほど。
　枝葉が混み過ぎると病気が出やすくなるので、整枝を適宜に行って風通しを良くしておきましょう。

ベと病にかかった葉

Q 葉の裏についた黒い虫は？
A アブラムシです
　気温が高い時期は、アブラムシが発生するようになり、雨の少ない年はより多い傾向があります。
　縮れている葉の裏には、たいていアブラムシがいます。アブラムシはウィルス病を媒介して運んでくるので、発生したらしっかり防除します。農薬散布の頻度の目安は、2〜3週間に1回ほどで、殺菌剤と殺虫剤を混合して散布すると、散布の作業が1回で済みます。ただし、銅剤と混合できない殺虫剤がありますので、農薬の注意書きをよく読んで使用してください。

Q 抜くと根に、こぶがついていました
A ネコブセンチュウが根に寄生していたようです
　ネコブセンチュウが根に寄生すると、根にこぶができます。被害がひどくなると、根の働きが悪くなるので、キュウリの生育が悪くなります。
　7月下旬頃、栽培が終了して片付けるとき、根を観察して根こぶができているか確認します。こぶができている場合は、植えつける場所の輪作をしっかりします。被害がひどいときは、根こぶ対策の農薬（ネマトリンエース粒剤など）の使用を検討します。

53

春まき野菜　ウリ科

ゴーヤ

学　名	Momordica charantia L.
分　類	ウリ科ツルレイシ属
原産地	熱帯アジア、東インド
別　名	レイシ、ニガウリ、ツルレイシ

巻きひげを伸ばして、他のものに巻き付いて登っていきます。明るい緑葉とユニークな実の形は、グリーンカーテンなどにしても楽しめます。

おすすめ品種

ゴーヤは、形が短くて太いものや細長いもの、白い実、苦みの強い実など、いろいろな品種があるので、お好みの品種をまきます。

苗の購入は、5月上旬に、しっかりした病虫害のないものを選びます。

ゴーヤの雌花。花後に大きく実が育つ

自家採種しているゴーヤのタネ

失敗しないコツ！

- ネットにはい上がらせると、誘引の手間がない
- 有機質肥料を入れて、土づくりはしっかり行う
- 追肥は、肥料切れしないように施す

▼栽培カレンダー

	月	1	2	3	4	5	6	7	8	9	10	11	12
作業手順	1			タネまき	移植								
	2				土づくり								
	3					苗の植えつけ		収穫					
病害虫	病気						べと病						
							うどんこ病						
	害虫						アブラムシ						

■ 多発時期

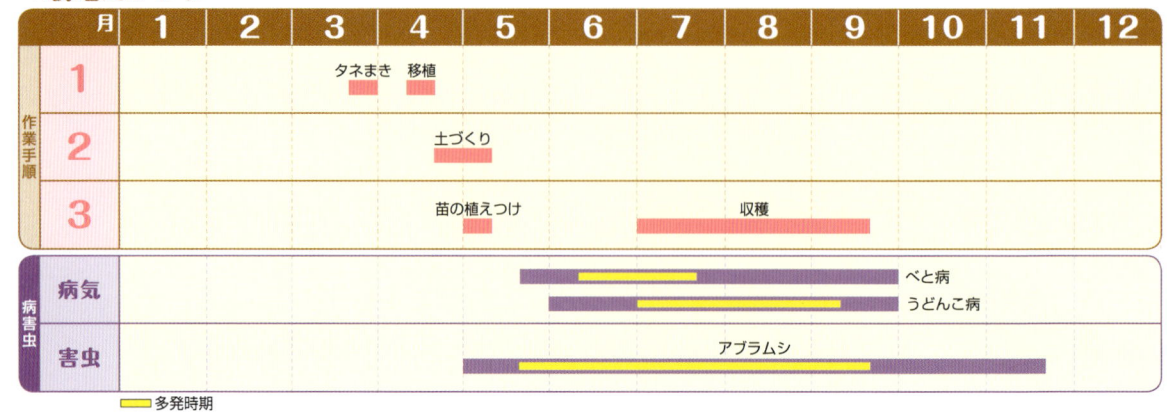

ゴーヤ

Step 1 苗づくり

①タネまき ➡ ②移植

発芽までは25〜30℃くらいに、発芽したら日中は25〜28℃前後に温度を保ちます。
夜は最低3℃以下にならないようにします（24頁参照）。

①タネまき

タネは、セルトレーなどに少し多めにまきます。

1 セルトレーに育苗用の土を入れ、指で軽く押して、凹みをつくる。

2 タネを1粒ずつ中央に落とす。

3 タネの上から、土を軽く盛るように、覆土する。

②移植

本葉が出てきたくらいで移植します。

チェック！ 
温度管理をして苗を育てる。タネをまいて1か月後の苗。

1 苗の株元を持って、セルトレーから根鉢を抜き、3号ポット（直径9cm）に植えつける。

2 ポットの縁に、IB化成を2〜3粒置く。

Step 2 畑の準備　土づくり〜マルチング

連作を避けた場所で、1〜2週間前に土づくりをします。有機質肥料をたっぷり入れ、ビニールマルチを敷いておきます。

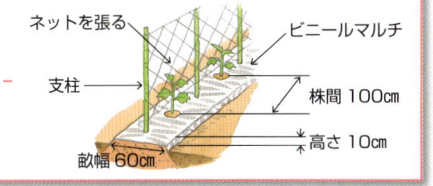

ネットを張る　ビニールマルチ
支柱
株間 100cm
高さ 10cm
畝幅 60cm

土づくりの目安
酸度調整……苦土石灰　100g/㎡
元肥…………堆肥　4kg/㎡
　　　　　　配合肥料　200g/㎡

追肥
化成肥料……50g/㎡×2回

1 堆肥と苦土石灰、配合肥料を均等にまいて、しっかりと耕して混ぜ合わせ、平らにならす。

2 ビニールマルチを敷いて、地温を上げておく。

55

春まき野菜　ウリ科

Step 3　苗の植えつけから収穫までの管理

①苗の植えつけ ➡ ②わき芽取り ➡ ③収穫

5月上旬に苗を植えつけると、7月上旬～9月中旬頃まで、収穫が続きます。肥料切れしないように追肥を施します。

①苗の植えつけ

支柱を立てて、ネットを張り、苗を植えつけます。

チェック！
巻きつるを伸ばして絡みつきながらよじ登る。

1 ポットを水につけて、たっぷり水を含ませる。

2 ビニールマルチを十字に切って、植え穴をつくる。

3 植え穴の土を、ポットの入る深さまで掘り上げる。

4 ポットを外して植え穴に入れて土を戻し、株元を軽く押さえる。

5 苗を、ネットにヒモで誘引する。

②わき芽取り

株元から本葉5～6枚くらいまでのわき芽は取って、風通しを良くしておきます。

上の方から伸びるわき芽（側枝）は放任し、混んだ部分は整枝して減らす。

③収穫

採り遅れると、黄色くなってしまうので、早めに収穫します。清潔なハサミで、摘み取ります。

ゴーヤ

よくある失敗とコツ Q&A

Q 摘芯は必要ですか?
A 側枝を伸ばした方が実なりは早い

ウリ類は、主枝に比べて側枝の方が、つるの根元に近い位置に実がつき始めるので、主枝を摘芯して側枝を伸ばした方が、早く実がつくことになります。10枚目くらいで主枝を摘芯して側枝を5～6本伸ばすと、より早く収穫できます。

グリーンカーテンとして栽培する場合は、摘芯しないで主枝を伸ばします。葉5～6枚目くらいまでの下の方から伸びるわき芽は取り除いて、主枝がより伸びるようにします。

Q タネは来年まけますか?
A 固定種のタネならタネ採りOK!

F1（一代交配種）ではない固定種のゴーヤならば、タネ採りをすることで、翌年もまくことができます。

ゴーヤの実をしっかり熟させると全体が黄色くなり、中のタネの周りについているゼリー状のものが赤くなります。タネをよく洗って、赤いゼリー状のものを落とします。白くて薄い未熟なタネは捨て、茶色い熟したタネを乾かして保存しておけば、翌年、まくことができます。

① 実が黄色くなって、割れてくるまで熟させる。
② 赤いゼリー状の中からタネを取り出す。
③ 洗って新聞紙の上などで干して、保存する。

Q 片付けるコツは?
A 根を抜いて根こぶチェックを

9月頃になると、実が小さく曲がったものが多くなり、そろそろ栽培も終わりです。先に根だけを抜いておき、枯れてから片付けると作業が楽になります。そのとき、根を観察し、根こぶの被害をチェックして翌年の参考にします。グリーンカーテンなど、翌年も植えつけ場所が変更できないときは、ネコブセンチュウ対策が必要です。

根こぶ被害をうけた根（上）と、ほとんどない根（下）

もしかして病害虫!? **ドクターQ**

Q 葉が縮れたのはなぜ?
A 葉裏に、アブラムシがいるかもしれません!

縮れている葉があったら、葉の裏をめくってアブラムシが発生していないか確認してください。発生しているときは、アディオン乳剤などの農薬散布をして防除します。

縮れた葉裏は、要チェック!

Q どんな病気にかかりますか?
A べと病やうどんこ病です

ゴーヤの病気は、べと病やうどんこ病などが発生します。病気が発生したら農薬で防除します。殺菌剤は、連用すると耐性菌を生じて効果がなくなることがあるので、同じ種類のものは連用しないようにします。

春まき野菜　ウリ科

カボチャ

学　名／*Cucerbita moschata* Duchesne（東洋種）
　　　　Cucerbita maxima Duchesne（西洋種）
分　類／ウリ科カボチャ属
原産地／アメリカ大陸
別　名／ナンキン、トウナス

「冬至にカボチャを食べると長生きする」といわれるように、冬至まで保存がきき、栄養価も高い野菜です。日本カボチャと西洋カボチャ、ペポカボチャの3種類に分かれ、特に西洋カボチャはクリのように甘いことから、クリカボチャと呼ばれて栽培の主流となっています。

おすすめ品種

クリカボチャの代表的品種「メルヘン」は、甘くて美味しい人気品種です。「栗坊」は、1回の調理にちょうどよいミニサイズで、ほとんど放任で育てられます。フェンスにからませて育てることもできます。

「メルヘン」（上）とミニカボチャの「栗坊」（下）

失敗しないコツ！

- 肥料が多いとつるぼけする
- 本葉5枚くらいで摘芯し、子づるを4〜5本伸ばす
- 株元から10〜14節あたりに着果させる
- 土壌病害に、比較的強い

▼栽培カレンダー

月	1	2	3	4	5	6	7	8	9	10	11	12
作業手順 1			タネまき	移植								
作業手順 2			土づくり		苗の植えつけ							
作業手順 3						追肥	収穫					
病気									べと病／うどんこ病				
害虫					アブラムシ							

■ 多発時期

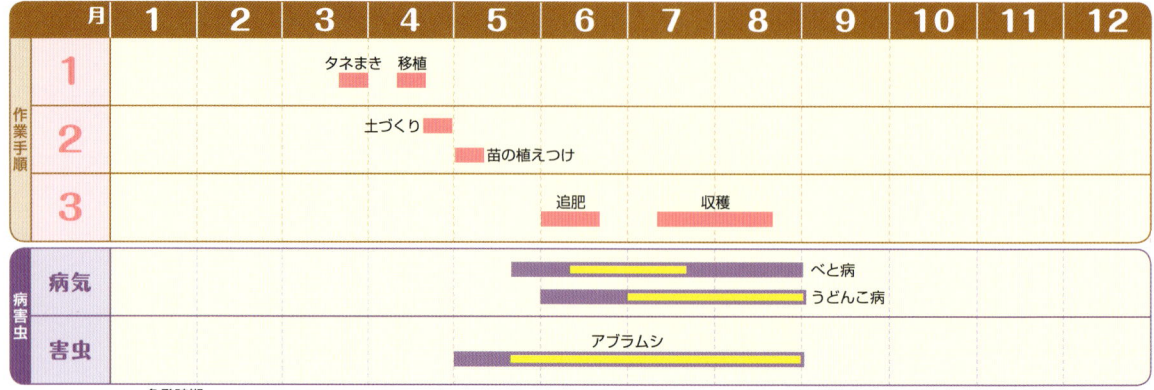

カボチャ

Step 1 苗づくり ①タネまき → ②移植

　5月上旬に植えつける苗づくりは、3月下旬にタネをまいて育苗します。ナス科の苗づくりに比べると、比較的育てやすい時期です。加温設備がない衣装ケースでも、生育は遅れますが、十分育苗することもできます。

　タネまき後は、衣装ケースごと日中は日なたに置いて温度を20〜25℃で管理します。温度が高くなったら換気をして、上がり過ぎに注意し、夜は霜にあたらないように屋内に入れます。

①タネまき

セルトレーにまいて、ポットに植え替えますが、直接、ポットにタネをまいても大丈夫。家に入れたまま日中も暗いところに置いておくと、ひょろひょろとした徒長した苗になりやすいので、なるべく日に当てます。

1 セルトレーに育苗用の土を入れる。

2 指で軽く押して、凹みをつくる。

3 タネを1粒ずつ、中央に落としていく。

4 タネの上に軽く盛るように覆土し、軽く押さえて、土になじませる。

②移植

本葉1枚くらい出た頃に、3号（直径約9cm）ポットに移植して、苗を育てます。

コツ！ 
タネまきから約3週間後の苗。本葉1枚くらい出た頃が移植のタイミング。

1 3号ポットを準備して、3分の1程度土を入れる。

2 茎を折らないように、苗の株元を持って抜く。

3 苗を中心に置いて、周りに土を足し入れ、株元を軽く押さえて、土を落ちつかせる。

4 ポットに移植した後、IB化成などの肥料を2〜3粒、ポットの縁側に置く。

春まき野菜　ウリ科

Step 2　畑の準備と苗の植えつけ

①土づくり → ②畝づくり〜マルチング → ③苗の植えつけ

5月上旬に、苗を植えつける1〜2週間前に土づくりをします。つるは広く伸びるので、植えつけ場所は余裕をもたせて広くとります。苗の植えつけ前にビニールマルチを敷いて、地温を高めておきます。

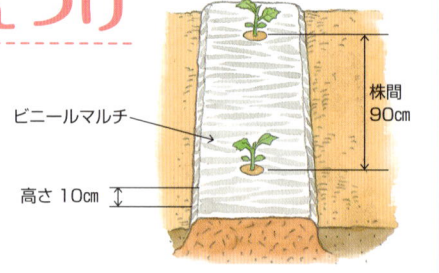

畝幅60cm　約2m
ビニールマルチ
株間90cm
高さ10cm

①土づくり

肥料が多いと、実のならないつるぼけになるので控えめに入れて、実がついたら追肥します。

土づくりの目安
酸度調整……苦土石灰　100g/㎡
元肥…………堆肥　4kg/㎡
　　　　　　配合肥料　150g/㎡

追肥
化成肥料……50g/㎡

1　ビニールマルチ幅を測り、つるの伸びる側を広くとる。

2　堆肥や苦土石灰、肥料を畝幅より広く均等にばらまいてしっかり耕す。

②畝づくり〜マルチング

幅60cmの畝をつくり、ビニールマルチを敷きます。

1　土の表面を平らにならし、畝をつくる。

2　ビニールマルチを敷いて、地温を高めておく。

③苗の植えつけ

苗は本葉4〜5枚出た頃が植えつけ適期。遅霜の心配がなくなったら、植えつけます。

市販苗を購入する場合は、緑葉の濃い、しっかりした苗を選びます。

植えつけ時に、ポットの土を十分湿らせて植えれば、水を与える必要はありません。

1　株間90cmくらいとって、植え穴をあけ、土を根鉢の入る深さに掘り上げる。

2　ポットをバケツの水につけて、水を十分に含ませる。

3　ポットを外して植え穴に入れ、掘り出した土を戻して、株元を軽く押さえる。

カボチャ

Step 3 収穫までの管理

①摘芯〜整枝 → ②授粉 → ③追肥 → ④収穫

植えつけ後に、本葉4〜5枚でつるの先端を摘芯して子づる（側枝）を出させ、伸びた子づるを4本残して整枝します。

花が咲いたら授粉して、実の肥大が始まったら追肥を施します。授粉から50〜60日くらいで、収穫できる実に育ちます。

①摘芯〜整枝

つるの葉を4〜5枚残して、先端を摘芯します。摘芯するとすぐに子づるが伸びてくるので、さらに4本に整枝します。

子づるから出る孫づるは、株元から実の間はすべて取ります。

株元から葉を4〜5枚残して、親つるの先端を摘芯する。

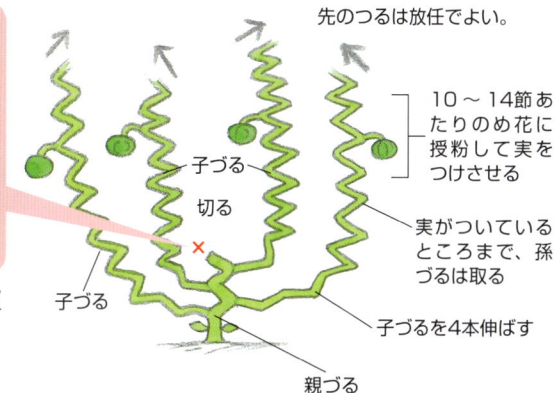

先のつるは放任でよい。
10〜14節あたりのめ花に授粉して実をつけさせる
実がついているところまで、孫づるは取る
子づるを4本伸ばす
子づる
切る
親づる

②授粉

同じ株に雄花と雌花が咲きますが、授粉は、他の株の雄花を取って行います。株元から数えて、葉が10〜14枚あたりの雌花に授粉して実をならせます。株元近くにならせると、早い段階で負担になって大きくならず、良い実は収穫できません。授粉は、花がしぼまない朝のうちに行います。

雌花は、花弁の下に小さな丸い実がついている。

雄花の花弁を取り、雌花の柱頭に授粉する。

③追肥

追肥を施すタイミングは、実が大きくなり始めた頃です。

マルチシートの通路部分か、つるの先端付近に溝を掘って、化成肥料をまいて埋め戻します。

茎や葉に、肥料をかけないようにまいて埋め戻す。

つるの先端近くでも茎から根を出して養分を吸収できる。

④収穫

授粉から30日くらいで、カボチャの大きさに育ちます。さらに2〜3週間まって完熟させると、実にデンプンが蓄積されてさらに美味しくなります。完熟したら、果柄をハサミで切って収穫します。

完熟したカボチャは、冬至の頃まで保存しておくことができます。

子づる1本に1果の収穫が目安。

春まき野菜　ウリ科

よくある失敗とコツ Q&A

Step 1

Q 苗選びのポイントは？

A 初心者の方にはミニカボチャがおすすめ

初心者の方には、ミニカボチャをおすすめします。ミニカボチャは、実の付きも良く、ほとんど放任でも栽培することができます。5月上旬に、病虫害のないしっかりした苗を選びます。

そのほか、いろいろなタイプの品種があるので、挑戦してみてください。

ミニカボチャ「栗坊」

甘みも強い「雪化粧」

ラグビー型の「ロロン」

長首カボチャ「ながちゃん」

Q 直まきで育てられますか？

A 無理な早まきは禁物です

苗から植えつける栽培に比べて収穫が遅くなりますが、直まきでも育てられます。

直まきは無理な早まきはせず、十分温度の上がった5月頃にタネをまきします。2〜3粒まいて1本に間引き、あとは通常の栽培と同様です。

Step 2

Q 限られた場所での栽培法は？

A 支柱栽培ができます

市民農園の限られた面積では、つるを這わせるカボチャは栽培しにくい野菜です。スペースを有効に使って栽培する方法として、支柱栽培ができます。

苗を植えつけたら、本葉3枚ほどで親づるを止めて、2本子づるを伸ばして2本の支柱にそれぞれ誘引します。下の方の孫づるは取って、上の方は放任します。支柱1本に1〜2個のカボチャが収穫できます。

伸びた子づるをそれぞれ支柱に誘引

授粉して実をつける

収穫サイズのカボチャ

つるは伸びたら麻ヒモで誘引する

カボチャ

Step 3

Q 実の裏が黄色くなっているのはなぜ？
A 日の当たらない部分が黄色になります

　日の当たっていない実の裏側は、実が熟してくると黄色になります。全体に日が当たるように、ときどき実を回しながら育てると防ぐことができます。しかし、味に影響はないので、色が気にならない場合は作業の必要はありません。

実の裏側は黄色

日に当たると緑色になる

Q 完熟の目安はありますか？
A いくつかのポイントがあります

果柄

　完熟の目安は、果柄部分にある縦のすじがコルク状になって、表皮に爪を立ててみて、爪が立たないくらい堅くなっていたら完熟です。
　玉を回さないで黄色くなった部分は、さらに熟すと濃い黄色に変化して完熟したことがわかります。

Q 美味しく食べるには？
A 実を収穫したら、切り口を乾燥させます

　完熟した実を収穫したら、納屋などの日が当たらない風通しの良い場所で、1週間ほど乾燥させます。この作業を「キュアリング」といいます。果柄の切り口が乾燥して日保ちも良くなり、食味や食感が向上します。 
　つるを片付けるときは、未熟な実もすべて収穫しますが腐れやすいので、早く食べてしまった方が無駄なく食べることができます。

もしかして病害虫!?　**ドクターQ**

Q どんな病虫害がありますか？
A うどんこ病やべと病、アブラムシなどです

　病気で一番発生が多いのが、うどんこ病です。症状がひどくなると、葉が枯れて日陰がなくなり、カボチャの実に直射が当たります。実は日焼けして白くなり、そこから腐れやすくなるので注意します。葉にうどんこ病が発生していたら、早めに薬剤を散布して防除します。
　害虫のアブラムシが発生したら、薬剤を散布して防除します。

うどんこ病にかかった葉

葉が枯れたために、日焼けして実の皮が白く変色

春まき野菜　ウリ科

ズッキーニ

学　名	Cucerbita pepo L.
分　類	ウリ科カボチャ属
原産地	アメリカ南部、メキシコ北部
別　名	つるなしカボチャ

ズッキーニはペポカボチャの一つですが、つるは伸びません。カボチャと同様に一株に雄花と雌花が咲き、雌花の開花後4～5日の未熟果を収穫します。花つきの小さなものは花ズッキーニと呼ばれ、肉詰め料理などに利用されます。

おすすめ品種

「グリーントスカ」や、「ブラックトスカ」は緑濃色で、栽培しやすい品種です。淡緑色の「ステラ」や、黄色い品種には「オーラム」があります。

「ブラックトスカ」 　「ステラ」
「オーラム」 

失敗しないコツ！

- うどんこ病がよく発生するので注意
- 授粉をした方が実つきが良い
- 1日で、かなり大きくなるので、収穫は早めに

▼栽培カレンダー

月	1	2	3	4	5	6	7	8	9	10	11	12
作業手順1			タネまき	移植								
作業手順2				土づくり	苗の植えつけ							
作業手順3						収穫						
病害虫　病気						うどんこ病						
病害虫　害虫					アブラムシ							

■ 多発時期

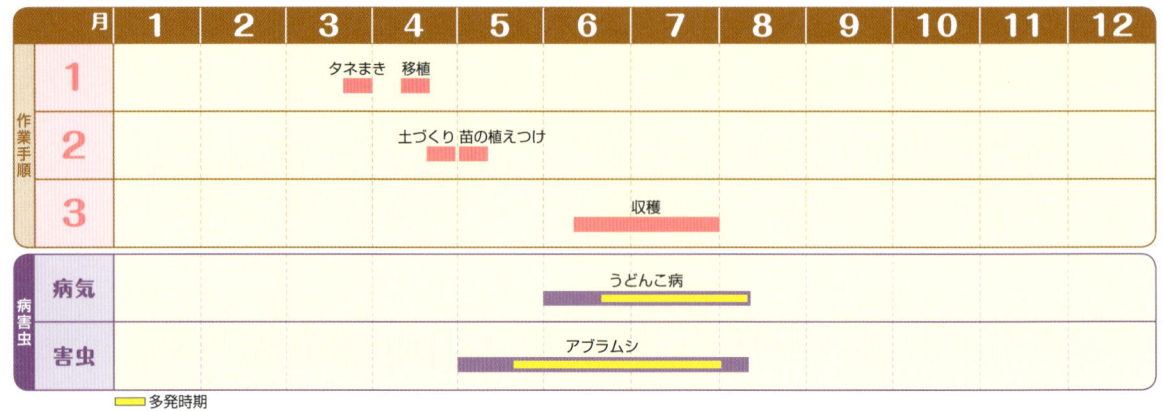

ズッキーニ

Step 1 苗づくり　①タネまき ➡ ②移植

　つるなしカボチャと呼ばれるように、カボチャと同様に苗を育てます。

　5月の上旬に植えられる苗を育てるには、3月下旬にタネをまき、衣装ケースを利用して苗づくり（24頁参照）をします。発芽までは25〜30℃に、発芽したら20〜25℃前後に保ちます。夜は最低3℃以下にならないようにしますが、地温が20℃くらいになれば、畑に直まきもできます。本葉が1枚くらいで、ポットへ移植します。

　収穫が遅れますが、苗からではなく、タネを直まきしても栽培できます。タネをまく時期は、早まきはせず、5月に入って地温が上がってきてからまきます。

①タネまき

セルトレーと育苗用の土を準備。タネをまいたら、たっぷりと水やりをして衣装ケースで温度管理をします。

1 セルトレーに育苗用の土を入れる。

2 指で軽く押して、凹みをつくる。

3 タネを中央に落として、指先で押して安定させる。

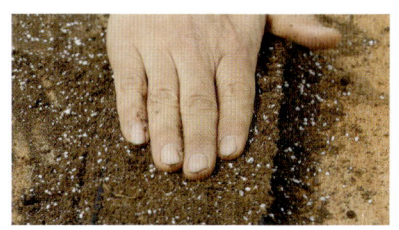

4 タネの上に軽く盛るように覆土する。

②移植

タネまきから3週間後、本葉が1枚くらい育ったら、ポットへ移植します。

1 3号ポット（直径9cm）を準備して、土を入れる。

2 茎を折らないように、苗の株元を持って抜く。

3 苗を中心に置いて、周りに土を足し入れ、株元を軽く押さえて、土を落ちつかせる。

4 ポットに移植した後、IB化成などの肥料を2〜3粒、ポットの縁側に置いて、ラベルを立てる。

苗のときはカボチャ（右）と見分けにくい

春まき野菜　ウリ科

Step 2　畑の準備と苗の植えつけ

①土づくり → ②畝づくり〜マルチング → ③支柱立て〜苗の植えつけ

5月上旬に、苗を植えつけます。苗の植えつけの1〜2週間前に、有機質をたっぷり入れて、土づくりをしっかり行います。元肥の窒素が多いと茎葉が茂り、実つきが悪くなります。

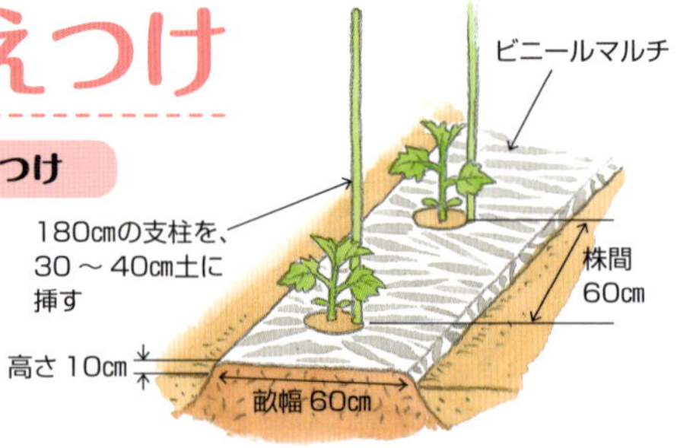

ビニールマルチ
180cmの支柱を、30〜40cm土に挿す
株間60cm
高さ10cm
畝幅60cm

①土づくり

苗を植えつける1〜2週間前に、土づくりをしておきます。

土づくりの目安
酸度調整……苦土石灰　100g/㎡
元肥…………堆肥　4kg/㎡
　　　　　　配合肥料　120g/㎡

追肥
化成肥料……50g/㎡

1 畝幅に支柱を立てて、堆肥や配合肥料を畝幅より広めに、均等にばらまく。

2 しっかりと土を耕してよく混ぜて、平らにならす。

②畝づくり〜マルチング

畝幅60cmに畝立てし、ビニールマルチを敷いて、地温を上げておきます。

1 畝の周囲を、外側に土をかき出し、畝立てする。

2 畝にマルチシートを敷き、風に飛ばされないように端をしっかりと埋める。

③支柱立て〜苗の植えつけ

株全体が大きく育つので、太めの180cmの支柱を、株間60cmとって立てます。
支柱の側に、ビニールマルチを切って植え穴をあけて苗を植えつけます。

コツ! ポットをバケツの水につけて、水を十分に含ませておく。

1 支柱は30〜40cmくらい土に垂直に挿し込んでしっかりと立てる。

2 支柱の側にカッターで植え穴をあけて、土を掘り上げる。

3 ポットを外して苗を入れて土を戻す。苗が倒れないように、ヒモで支柱にゆったりと誘引する。

ズッキーニ

Step 3 収穫までの管理
①授粉 ➡ ②収穫

カボチャと同様に、授粉した方が実つきはよくなります。収穫は見残しがあると大きくなって、樹に負担がかかるので早めの収穫を心がけます。

①授粉

昼になると花は萎れるので、授粉は朝行います。雌花が咲いたとき、雄花がないということがないように数本植えておいた方が無難です。

雄花（左）と雌花（右）。

雄花の花弁を取って、雌花の柱頭に押しつけて授粉する。

②収穫

開花後4～5日たった、20cm前後のものをハサミで切って収穫します。
切り口が腐れやすいので、収穫した茎の切り口がなるべく乾燥するように、午前中の晴れているときに行うように心がけます。

チェック！ 花が咲き、一週間後では巨大化する。

巨大化したズッキーニ（上）と花ズッキーニ（下）

上から「ブラックトスカ」、「グリーントスカ」、「ステラ」。

収穫は、清潔なハサミで切る。

よくある失敗とコツ Q&A

Q 長く収穫するポイントは？

A 茎を支柱に誘引して、葉の処理で病害予防

茎が伸びてきたら、支柱にヒモで固定しますが、無理に曲げると折れやすいので、注意して作業をします。側枝は出にくく、折れるとそこで収穫が終わることがあるので気をつけます。

実を収穫してしまった位置より下側にある葉は、病気になりやすいので、葉の茎から切って風通しを良くします。

もしかして病害虫!? ドクターQ

Q 葉が白い粉がかかったようになったのは？

A うどんこ病です

ズッキーニは、うどんこ病が発生しやすいので、注意します。ズッキーニの葉の模様と、うどんこ病にかかった葉は間違えやすいので気をつけます。発生が認められたら、農薬を散布して防除します。

葉模様は本来の色

粉を振りかけたように見えるうどんこ病の葉

春まき野菜　ウリ科

スイカ

学　名／*Citrullus lanatus*
分　類／ウリ科スイカ属
原産地／熱帯および南アフリカ
別　名／なし

　スイカが日本に伝えられたのは、16世紀頃だとされていますが、現在のようなスイカが栽培されるようになったのは、明治中期になってからです。大玉や小玉、ラグビーボール型、黒皮や黄皮、果肉も赤や黄のものなど様々な品種があります。
　スイカの原産地はアフリカのカラハリ砂漠周辺とされ、高温と乾燥、強い光を好むので、日当りの良い場所で育てます。

おすすめ品種

　いろいろな品種がありますが、スイカ栽培が初めての方は、大玉スイカより育てやすい小玉スイカをおすすめします。整枝しないでほぼ放任でも、ある程度の収穫を望めますし、収穫までの日数が短くつくりやすいなど手軽に楽しめます。また、市民農園では、病気に強い接木苗をおすすめしています。

大玉「紅大」（上左）、小玉「アグネス」（上右）、「マダーボール」（下左）、「金のたまご」（下右）

失敗しないコツ！

- 5年くらい間隔をあける
- 元肥が多いとつるぼけする
- 有機質を多く入れ、土づくりをしっかりと
- 主枝を4～5枚で摘芯し、側枝を4本伸ばす

▼栽培カレンダー

月	1	2	3	4	5	6	7	8	9	10	11	12
作業手順1			タネまき	移植								
作業手順2				土づくり	苗の植えつけ							
作業手順3						追肥	収穫					
病害虫 病気						うどんこ病						
病害虫 害虫						アブラムシ						

■多発時期

スイカ

Step 1 苗づくり　①タネまき ➡ ②移植

　タネから育てたい場合は、3月の下旬頃にタネをまきます。5月上旬に植えつけをする苗としては、やや生育は遅れますが、加温設備がなくても透明の衣装ケースで育苗（24頁参照）できます。

　タネをまいて発芽するまでは25～30℃くらいに、発芽したら20～25℃前後に温度を保ちます。夜は最低3℃以下にならないようにします。

①タネまき

　セルトレーに種をまいてポットに植え替えをします。直接、ポットに種をまくときは、2～3粒タネをまいて間引きます。

　タネまき・苗づくりの詳細は、208～214頁を参照してください。

1 セルトレーに育苗用の土を入れる。

2 指で軽く押して、凹みをつくる。

3 タネを1粒ずつ、中央に落としていく。

4 タネの上に軽く盛るように覆土して軽く押さえる。

②移植

　タネまきから約1か月後のセルトレーの苗。3号ポット（直径9cm）に移植します。

チェック！ 
本葉1枚が移植の目安。

1 清潔な用土を準備して、ポットに少し入れる。

2 茎を折らないように、苗の株元を持って抜く。

3 苗を中心に置いて、周りに土を足し入れ、軽く土を押さえ、IB化成を2～3粒、ポットの縁側に置いておく。

69

春まき野菜　ウリ科

Step 2　畑の準備と苗の植えつけ

①土づくり ▶ ②畝づくり〜マルチング ▶ ③苗の植えつけ

スイカは連作を嫌うので、同じ場所を避けて5年くらい間隔をあけた場所で栽培します。元肥が多いと実つきの悪いつるぼけになるので、控えめに施して追肥で補います。

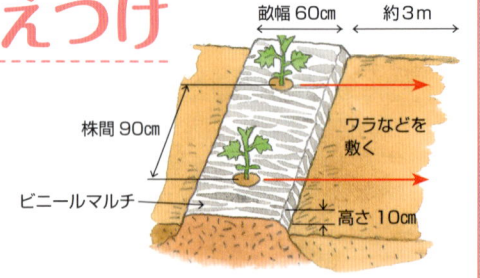

畝幅60cm　約3m
株間90cm
ワラなどを敷く
ビニールマルチ
高さ10cm

①土づくり

苗を植えつける1〜2週間前に、有機質を多く入れ、しっかりと耕しておきます。

土づくりの目安
酸度調整……苦土石灰　100g/㎡
元肥……………堆肥　4kg/㎡
　　　　　　　配合肥料　150g/㎡

追肥
化成肥料……50g/㎡
※小玉スイカの肥料は3割減

1 畝幅60cmの大きさを測って目印の支柱を立てる。

2 堆肥や配合肥料などを、植えつけ場所に均等にばらまく。

3 しっかりと耕して、平らにならす。

②畝づくり〜マルチング

スイカは高温を好むので、ビニールマルチを敷いて地温を上げておきます。

1 畝幅の周りの土を外側に掘り出して、畝をつくる。

2 ビニールマルチを張って、植え穴をあける。

③苗の植えつけ

定植適期は、本葉が4〜5枚の頃です。市販の接木苗を植えつける場合は、植えつけ直前に購入します。老化した苗は、定植後の生育が悪くなるので、早めに植えつけをします。

タネから育てた苗

1 ポットを水につけて、たっぷり水を含ませる。

2 植え穴の土を、ポットの入る深さまで掘り上げる。

3 苗をポットから抜いて植え穴に入れ、土を戻して株元を軽く押さえる。

スイカ

Step 3 収穫までの管理

①親づるの摘芯〜子づるの整枝 → ②授粉 → ③肥培 → ④収穫

つるが伸びてきたら、泥はねや雑草防止にワラやゴザなどを敷いてマルチングし、本葉5〜6枚で摘芯します。子づるが伸びたら4本伸ばして、実をつけさせます。子づる1本に、大玉は1果、小玉は2果を目安に収穫します。

①親づるの摘芯〜子づるの整枝

親づるは本葉5〜6枚で摘芯して、子づるを出させます。子づるは4本残して、余分な子づるを切り取ります。

株元から本葉5〜6枚出たら、摘芯する

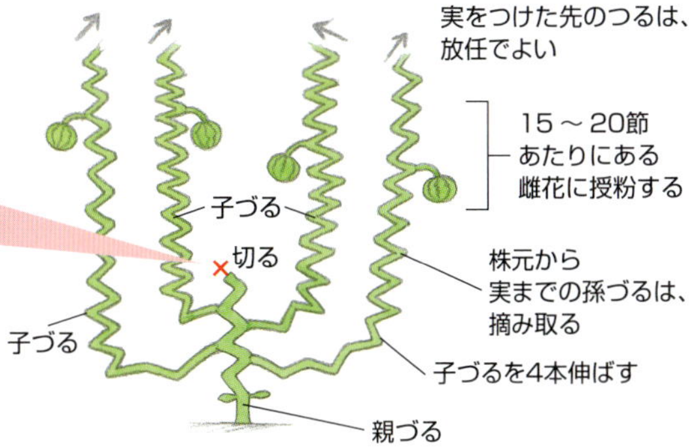

- 実をつけた先のつるは、放任でよい
- 15〜20節あたりにある雌花に授粉する
- 子づる
- 切る
- 株元から実までの孫づるは、摘み取る
- 子づるを4本伸ばす
- 親づる

②授粉

15〜20節くらいにある雌花に授粉をして実をつけさせます。授粉は朝、早めに行います。

雌花 　　雄花

雄花を摘み取って雌花に授粉する。

着実した幼果。

③追肥

実がついたら、追肥を施します。通路側に深さ10cmくらいの溝を掘って、化成肥料をまいて埋め戻します。

1 株元から離れた通路に溝を掘る。

2 肥料をまいた後に、土をかけて埋め戻す。

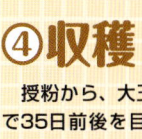

④収穫

授粉から、大玉で45日前後、小玉で35日前後を目安に収穫しますが、品種によっても異なります。

小玉スイカ

大玉スイカ

春まき野菜　ウリ科

よくある失敗とコツ Q&A

Step 1

Q 接木苗をつくるのは難しいですか？

A 特殊な技術が必要です

接ぎ木苗を育てるのは、手間や技術が必要で、非常に難しいので、購入することをおすすめします。

台木のユウガオなどと穂になるスイカのそれぞれをまいて、接ぎ木をします。土壌病害に強い接木苗には、台木にウリ科のユウガオ（カンピョウ）やカボチャが使用されています。台木の種類によって特性があるので、スイカの生産農家では、状況に合わせて台木の種類を選択しています。

市販の接苗木。植えつける直前に購入する

Step 3

Q 収穫適期の判断は？

A 開花した日付を実につけておきます

スイカを外観から確実に収穫適期を判断するのは難しいものです。開花した日付の札を着果した実につけて、収穫適期までの日数を確認して収穫するとよいでしょう。

スイカの実をたたいて、高くて硬い音から低くて鈍い感じの音になっていたり、実のついているところの巻きひげが茶色くなっていたりすると熟していると思われます。

Q 片付けのポイントは？

A ワラなどは、すき込んで有効活用を

自根の苗の場合は、株を抜いたら根にセンチュウの被害のこぶができていないか確認します。

敷きワラなどは、畑の中に混ぜ込んで有効活用します。ただし、後の秋の作付けでは根菜類のタ

ネまきなどには向かないので、苗を植えつける野菜の方がよいでしょう。

スイカは連作障害の出やすい野菜なので、次の作付けまで、5年ほどあけるようにします。

Q 狭い場所での栽培法はありますか？

A 支柱栽培がおすすめです

市民農園など限られた面積では、栽培しにくい野菜ですが、支柱を使えば立体的に栽培できます。ただし、大玉スイカは向かないので、小玉スイカで行います。

植えつけたら、本葉3〜4枚ほどで親づるを止めて、2本子づるを伸ばし、2本の支柱に誘引します。下の方の孫づるは取って、上の方は放任にします。支柱1本あたりに、1〜2個の小玉スイカを収穫します。

もしかして病害虫!? ドクターQ

Q スイカはつる割れ病にかかりやすい？

A 連作することでかかりやすくなります

自根の苗で連作を行うと、つる割れ病にかかりやすくなります。この病気は、株全体がしおれてしまい、まったく収穫できなくなってしまいます。この病気が出やすくなったときは、土壌消毒を行うか、ユウガオやカボチャなどの台木の苗を植えるようにします。

Q どんな害虫がきますか？

A アブラムシやダニに要注意です

アブラムシやダニの発生が認められたら、農薬を散布して防除します。アブラムシやダニが発生して広がると、樹が弱ったり、スイカの表面が汚れたりします。夏の高温期は、繁殖の速度が速いので注意します。

メロン

学　名／Cucumis melo
分　類／ウリ科キュウリ属
原産地／熱帯および南アフリカ
別　名／なし

　メロンは、温室栽培用の高級なものから、露地栽培が可能なメロンまで、いろいろな品種があります。露地栽培用の品種は比較的病気に強く、育てやすいので家庭菜園で楽しむことができます。
　露地栽培用の代表的なプリンスメロンは、20世紀に入ってつくられた新しい品種で、栽培がしやすいため、マクワウリに代わって大人気となりました。

おすすめ品種

　露地栽培におすすめの品種は、「プリンスメロン」、ミニメロンの「かわい～ナ」などがあります。また、ネットメロンに挑戦してみたいときは、果実が小さめの「ころたん」などがあります。

プリンスメロン

失敗しないコツ!

- 連作を避け、3年ほど間隔をあける
- 有機質をたっぷり入れ、土づくりをしっかりと行う
- 元肥の入れ過ぎは、つるぼけになる

▼栽培カレンダー

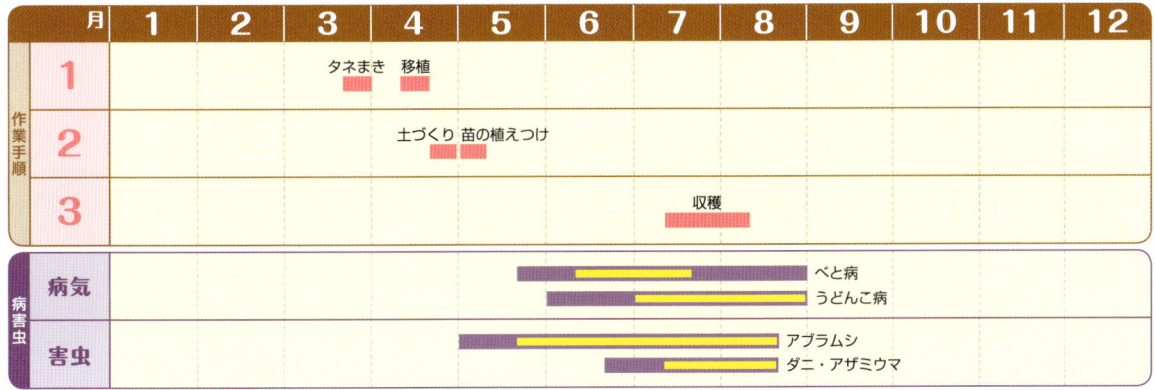

月	1	2	3	4	5	6	7	8	9	10	11	12
作業手順1			タネまき	移植								
作業手順2				土づくり	苗の植えつけ							
作業手順3							収穫					
病気						べと病 / うどんこ病						
害虫						アブラムシ / ダニ・アザミウマ						

■ 多発時期

春まき野菜　ウリ科

Step 1　苗づくり　①タネまき → ②移植

メロンはスイカなどと同様に、3月下旬頃にセルトレーにタネをまいて、苗をポットに植え替えて5月上旬の植えつけまで育てます。

また、通常は加温ができる苗床で育てますが、透明の衣装ケースでも育苗することができます。苗づくりの詳細は、212〜214頁を参照してください。

①タネまき

タネをまいたら、発芽までは28〜30℃、発芽したら25〜28℃前後に温度を保ち、夜は最低3℃以下にならないように管理します。

1　セルトレーに育苗用の土を入れる。

2　指で軽く押して、凹みをつけてタネを1粒ずつまく。

3　タネの上に軽く盛るように覆土する。

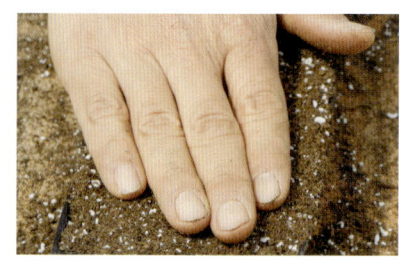

4　手のひらで軽く表面を押さえて、土をなじませる。

②移植

本葉1枚くらいで、3号ポット（直径9㎝）に移植します。
苗に乾燥のストレスなどを与えないように、水やりに注意します。

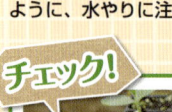

チェック！ 
本葉1枚出たら、移植の目安。

1　清潔な用土を準備して、ポットに少し入れる。

2　茎を折らないように、苗の株元を持って抜く。

3　苗を中心に置いて、周りに土を足し入れ、軽く土を押さえて、土をなじませる。

4　ポットの縁側にＩＢ化成を2〜3粒施して、植えつけまで苗を育てる。

メロン

Step 2 畑の準備と苗の植えつけ

①土づくり ➡ ②畝づくり〜マルチング ➡ ③苗の植えつけ

　植えつけ場所は連作を避け、3年ほど間隔をあけます。有機質をたっぷりと入れて土づくりをし、ビニールマルチを敷いて地温を上げておきます。
　苗の植えつけ後、つるが伸びる場所にワラやゴザなどを敷きます。

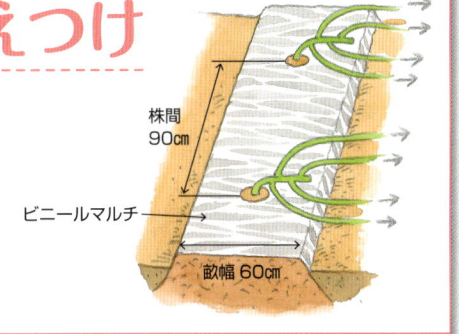

株間 90cm
ビニールマルチ
畝幅 60cm

①土づくり

　植えつけの1〜2週間前に、有機質をたっぷり入れ、土づくりをしっかりと行います。つるぼけになるので、元肥は入れ過ぎないように注意します。

土づくりの目安

酸度調整……苦土石灰　100g/㎡
元肥…………堆肥　4kg/㎡
　　　　　　配合肥料　150g/㎡

追肥

化成肥料……50g/㎡

1　堆肥や配合肥料などを、植えつけ場所に均等にばらまく。

2　しっかりと耕して、平らにならす。

②畝づくり〜マルチング

　幅60cmの畝をつくり、表面を平らにならしてビニールマルチを張って地温を上げておきます。

1　畝の周りの土を、外側に掘り上げる。

2　ビニールマルチがたるまないように土を乗せて仮止めした後、土でしっかり固定する。

③苗の植えつけ

　苗は遅霜の心配がなくなってから植えつけ、つるが伸びる場所にワラなどを敷いておきます。

1　植えつける前に、たっぷりと水を含ませてから植えつける。

2　ビニールマルチを切って植え穴をあけ、苗を植えつける。

75

春まき野菜　ウリ科

Step 3 収穫までの管理

①親づるの摘芯〜子づるの摘芯 ➡ ②授粉 ➡ ③収穫

スイカやメロンなどのウリ類は、親づるを摘芯して子づるを出し、さらに子づるを摘芯して孫づるを出させます。この作業は、子づるや孫づるに雌花がつきやすい生理状態にさせ、生育の早い段階で、安定して着果させることができるようにするためです。

①親づるの摘芯〜子づるの摘芯

親づるを本葉4〜5枚で摘芯し、出てきた良さそうな子づるを2〜4本伸ばします。

子づるは、25枚（節）くらいで芯を止めます。子づるの10枚（節）くらいまでは、孫づるは取ります。それ以降は、孫づるを葉2枚（節）伸ばして芯を止めます。実は、孫づるになります。1本の子づるに2〜3個着果させます。

子づるは25枚（節）くらいで摘芯する

親づるは本葉4〜5枚で摘芯する

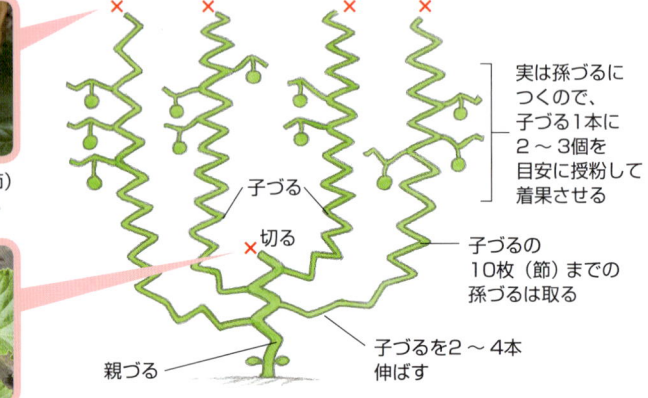

実は孫づるにつくので、子づる1本に2〜3個を目安に授粉して着果させる

子づるの10枚（節）までの孫づるは取る

子づるを2〜4本伸ばす

子づる
切る
親づる

②授粉

子づるから伸びた孫づるの雌花に、授粉します。授粉は早朝に行います。

雌花（左）と雄花（右）。雌花は孫づるにつく。

雌花の柱頭に、雄花を押し付ける。

③収穫

開花後、40〜45日前後が収穫の目安ですが、品種によって異なるので交配した日をラベルに書いて付けておくのが確実です。プリンスメロンだと開花後40日前後。収穫適期になると、果皮に光沢が出てきて芳香がします。また、着果した枝の葉が枯れてきます。

取り遅れると食味が落ちるが、品種によっては1週間ほど追熟すると香りが良く美味しくなるものもある。

メロン

よくある失敗とコツ Q&A

Step 1

Q 狭い場所でメロンをつくる方法は？

A 支柱仕立てがおすすめです

　地面を這わせる地ばいづくりは、畑の面積が必要ですが、支柱仕立ては狭い場所でも栽培できます。立体なので風通しが良く、湿気を減らして病気になりにくいという利点があります。

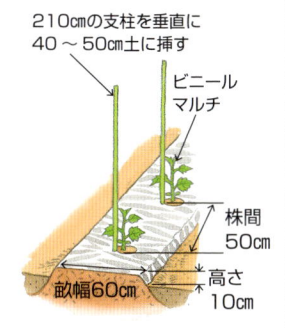

　支柱を苗のわきに立て、親づるを誘引していきます。株元から3～5枚葉までに出るわき芽を摘み、その先から伸びてくる子づるを伸ばします。子づるを2枚（2節）で止めて、子づるか、そこから出る孫づるについた雌花に実をつけさせます。

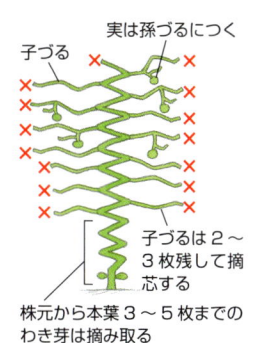

- 210cmの支柱を垂直に40～50cm土に挿す
- ビニールマルチ
- 株間 50cm
- 高さ 10cm
- 畝幅 60cm
- 実は孫づるにつく
- 子づる
- 子づるは2～3枚残して摘芯する
- 株元から本葉3～5枚までのわき芽は摘み取る

Step 3

Q 実がならないのはなぜ？

A 整枝してもならないのは、「つるぼけ」かもしれません

　メロンなど、親づるを摘芯して子づる、孫づるを伸ばす整枝は、つるの先の方に雌花を早くつけ着果させるために行いますが、肥料の与え過ぎによって「つるぼけ」になり、実の付きが悪くなることがあります。枝葉が旺盛に伸びているが実がならない「つるぼけ」状態は、栄養成長と生殖成長のバランスが、栄養成長に傾いているためです。

Q 実が多く付きましたが、そのままでも？

A 多く着果した場合は、摘果します

　着果が多く付いた場合は、摘果します。摘果は、ピンポン球から鶏卵大くらいの時期に行います。この時期の実は、まん丸より、すこし長めの実の方が、収穫時期にちょうどよい丸い実になるので、このような実を優先で残します。

Q 片付けのポイントは？

A 根を見てセンチュウの被害を確認

　片付けは、つるや葉は害虫や病気が付いている可能性があるので、できるだけ畑の外に出して処分します。また、株を抜いたとき根を観察し、センチュウの被害があるか確認し、後の作付けの参考にします。地這い栽培の敷きワラなどは土の中に混ぜ込んで、有機質が土に入るように有効活用します。翌年もメロンを栽培するときは、同じ場所にならないように、3年ほど間をあけて輪作します。

センチュウ被害の見られる根

もしかして病害虫!? ドクターQ

Q 葉が黄色く縮れているのは？

A モザイク病です

モザイク病

　葉が黄色く縮れるような症状は、モザイク病と思われます。生育の初期～中期に病気になってしまった株は、抜いて処分します。モザイク病の疑いのある株の管理作業は、健康な株を行った後の最後に行い、終了後、ハサミはよく洗っておきます。

　その他、害虫のアブラムシは葉の裏に、アザミウマは花にいることが多く見られます。アブラムシやアザミウマは、モザイク病を媒介するので農薬散布してしっかり防除します。植えつけのとき、シルバーマルチを使用すると、反射した光によりアブラムシの忌避効果が期待できます。

春まき野菜　マメ科

インゲン

学　名／*Phaseolus vulgaris* L.
分　類／マメ科インゲンマメ属
原産地／メキシコ南部、中央アメリカ
別　名／インゲンマメ、サンドマメ

日本へは、江戸中期に渡来していたといわれています。インゲンは若い莢を食べる品種と、完熟してマメを食べる品種があります。

莢を食べるサヤインゲンは、草丈の低い矮性種(わいせいしゅ)とつる性の品種があります。つる性の方が長く収穫できますが、支柱が必要です。

おすすめ品種

つるなしインゲンの「さつきみどり」は、草丈45㎝くらいの矮性種です。タネまきから収穫までの栽培期間が短く、莢にはスジがなく食味が良い品種です。

つるありインゲンの「王湖」は、莢が短い品種なので、早く収穫できます。つるの長さが2mくらい伸びて収量が多く、食味も良いのが特徴です。

失敗しないコツ！

- 連作は避ける
- 地温が上がってから、タネをまく
- 発芽の後は、鳥よけ対策が必要。マメ類のなかでは、比較的肥料が必要
- アブラムシに注意

▼栽培カレンダー

月	1	2	3	4	5	6	7	8	9	10	11	12
作業手順 1				土づくり								
作業手順 2					タネまき／支柱立て（つる性）							
作業手順 3						追肥	収穫					
病害虫 害虫						アブラムシ／コガネムシ／カメムシ／（シカクマメ）						アブラムシ

多発時期

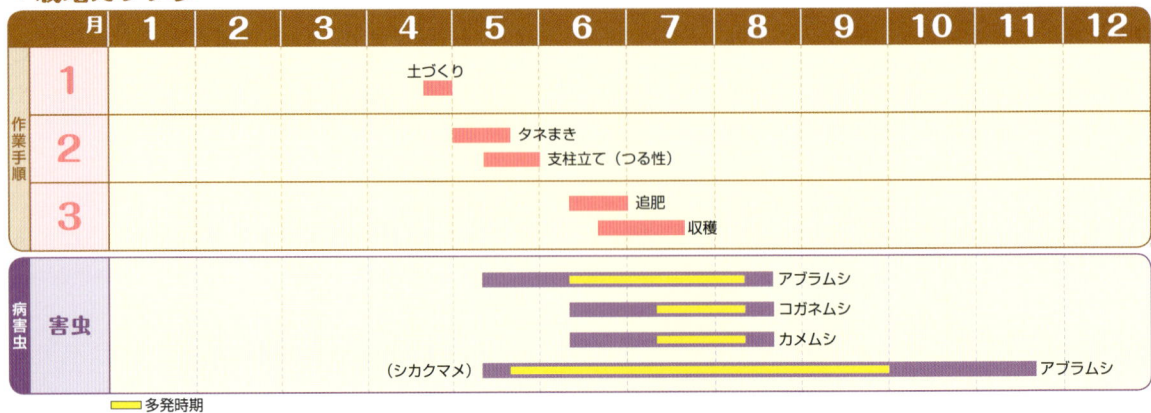

インゲン

Step 1 畑の準備

①土づくり → ②畝づくり

3年ほどあけて、連作は避けます。つるありインゲンは支柱を立てるので、作付け場所を考慮します。土づくりは1～2週間前に行います。

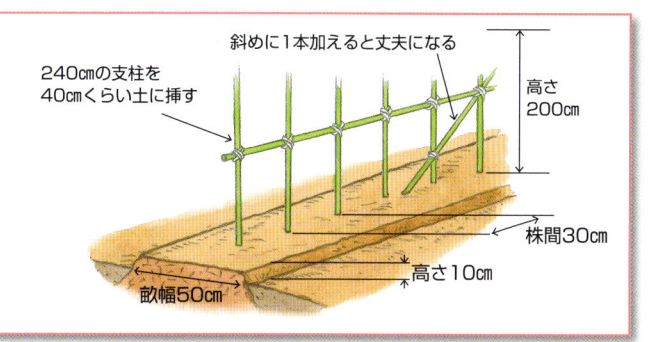

図：
- 240cmの支柱を40cmくらい土に挿す
- 斜めに1本加えると丈夫になる
- 高さ200cm
- 株間30cm
- 畝幅50cm
- 高さ10cm

①土づくり

酸性土壌では生育が悪くなるので、苦土石灰をまいて中和します。マメ類のなかでは比較的肥料を必要としますが、多過ぎると実つきが悪くなることがあります。

土づくりの目安

酸度調整……苦土石灰　100g/㎡
元肥…………堆肥　2kg/㎡
　　　　　　配合肥料　120g/㎡

追肥

化成肥料……50g/㎡
　　　　　※つるありインゲン
　　　　　50g/㎡×1～2回

1 作付け場所を測り、目印の棒を立てる。

2 堆肥を作付け場所にまく。

3 さらに苦土石灰や肥料を均等にばらまく。

4 土をしっかりと耕す。

②畝づくり

畝幅50cmとって、タネをまく量にあわせて平畝をつくります。

1 耕した平面を、クワで平らにならす。

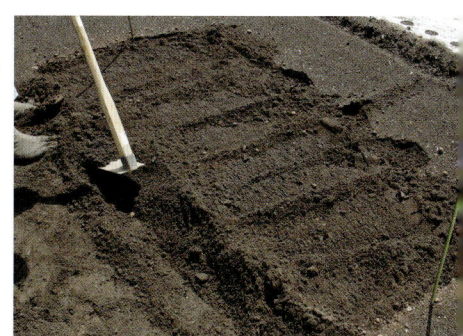

2 畝幅に沿って土をかき出し、平畝をつくる。

春まき野菜　マメ科

Step 2　タネまきとその後の管理

①タネまき → ②防鳥対策 → ③支柱立て（つるあり）

「つるあり」と「つるなし」のインゲンを比べると、「つるなし」の方は栽培期間が短く、「つるあり」の方が長くなります。しかし、栽培期間の短い「つるなし」でも、少しずつ間隔をあけて何回かにわけてタネまきをする方法もあります。これを、段まきといい、収穫が集中しないので長く食べることができます。

タネをまいたら、鳥の食害にあわないように必ずネットやカゴをかぶせて防ぎます。

つるありインゲンはつるが伸び始めたら株元に支柱を立てます。

①タネまき

インゲンは寒さに弱いので、無理な早まきはせず、地温が上がってからタネをまきます。

つるなしインゲン「さつきみどり」　　つるありインゲン「王湖」

1 株間30cmとって、空き缶などで平らな凹みをつくる。

2 発芽したら間引かないので、1か所に3粒ずつ、重ならないようにタネをまく。

3 深さ1～1.5cmくらいに覆土し、軽く押さえる。タネまき後、水やりは不要。

②防鳥対策

タネをまいた場所にカゴをかぶせて、鳥の食害にあわないようにします。マメの双葉が出てきて、その次に出る初生葉が、開いた頃にカゴを取ります。

1 栽培カゴなどを利用して、タネをまいた場所にかぶせる。

2 風に飛ばされないように、カゴの角2か所を、U字の針金でしっかりと固定する。

③支柱立て（つるあり）

つるが伸び始めたら、株元に240cmの支柱を土に40cmくらい挿して、垂直に立てていきます。次に横に支柱を1本縛り、さらに全体の強度を増すために、筋交いを1本斜めに入れてヒモで縛ってしっかりと固定します。

1 株元から少し離して、垂直に立てる。

2 横に1本渡して、ヒモで結ぶ。

3 斜めに筋交いを1本挿して、固定する。

インゲン

Step 3 収穫期の管理 ①追肥 ➡ ②収穫

つるなしインゲンはタネをまいて40～50日、つるありインゲンはやや遅く50～60日で収穫が始まります。開花後、1～2週間くらいが目安ですが、実が若めの方がやわらかくて美味しいので、早めの収穫をおすすめします。

つるありインゲンの花

①追肥

どちらも花が咲き始めた頃に、株元から少し離れた場所に化成肥料をパラパラとまいて株元に土寄せします。

つるありインゲンは、収穫が続いて草勢が落ちてくると曲がった莢が多くなるので、さらに追肥を施して回復させます。

つるなしインゲン
莢の重みで株が倒れやすくなるので、土寄せは効果的。

つるありインゲン
株元に化成肥料を均等にまき、土にすき込みながら、軽く土寄せする。

②収穫

開花が始まると、花後に小さな莢をつぎつぎとつけていきます。10～15cmの大きさを目安に、見落とさないようにハサミで摘み取ります。

莢は大きくなると、タネの部分がふくらみ、堅くなる

つるなしインゲン

収穫適期の莢の大きさは品種で確認する。

つるありインゲン
つるの成長とともに、株元から上へと花が咲いて莢をつけていく。

81

春まき野菜 マメ科

よくある失敗とコツ Q&A

つるなしインゲンの花

Step 1

Q 鳥対策の資材がない場合は?

A ポットにタネをまいて苗を育てます

カゴや寒冷紗などの資材がないときは、ポットにタネを3〜4粒まいて苗を育てる方法もあります。初生葉の次に出る本葉が1〜2枚まで育ったら、鳥の被害の心配はないので、畑に植えつけます。

Step 3

Q 曲がった莢が多くなったのは?

A 疲れたり、乾燥によっても多くなります

株が疲れて勢いがなくなったときや、過度の乾燥でも曲がった莢が増えます。必要なら、追肥や潅水を行います。また、収穫時期を過ぎても実をならせたままにすると、食味も落ちて株が疲れるので、適期の収穫を。

Q つるなしでも、つるが出る?

A 繁り過ぎて起こることがあります

つるなしの品種でも、つるが伸びる場合があります。これは、肥料の施し過ぎや、高温などにより繁り過ぎたために起こります。つるが長く伸びてきたら、つるを切って草丈が高くならないようにします。

Q 収穫のピークが過ぎて、また花が…

A 良い実はならないので終了した方が無難

栽培の期間が、ほぼ終了する時期に花が咲き始めることがあります。花が咲いて、そのまま片付けなければ収穫できますが、量も少なく、食味も良くない実しかなりません。思い切って栽培を終了して、次の作付けのことを考えた方が無難です。

もしかして病害虫!? ドクターQ

Q 注意すべき害虫は?

A アブラムシ、カメムシ、コガネムシなどです

夏の高温乾燥の時期になると、害虫が多く発生します。葉が縮れていると葉裏にアブラムシが、また、コガネムシやカメムシなども発生する場合があります。これらの害虫の発生が認められたら、農薬散布をして防除します。コガネムシは、葉を食害するので、少ないうちは捕獲して処分します。

アブラムシ　　カメムシ

Q 茎にカビのようなものが生えて腐るのは?

A 菌核病かと思われます

白くカビのようなものが生えて腐ってくる症状は、菌核病と思われます。症状が進んでくると、ねずみのフンのような黒い粒（菌核）ができてきます。菌核は畑に残すと病気が増えるので、症状が出ている部分、あるいは株ごと、きれいに取り除いて畑の外で処分します。必要なら殺菌剤を散布して防除します。繁り過ぎると病気が出やすくなるので、肥料の与え過ぎなど、繁り過ぎないように注意します。

Q 葉がまだらに黒褐色になるのは?

A 炭そ病でしょう

葉などがまだらに黒褐色になる症状は、炭そ病と思われます。雨が多く湿気があると発生しやすくなります。また、多肥による繁り過ぎなどでも出やすい原因になります。症状がひどくなると収量が落ちるので、発生が認められたら殺菌剤を散布して防除します。

菜園だより

栄養価も高く、美容効果もあるとされる、注目のつる植物「シカクマメ」

　四隅に稜をもつ、ちょっと変わった形のシカクマメは熱帯アフリカ原産。マメ科シカクマメ属の多年草です。近年、栄養価や美容効果にも注目されている植物です。耐寒性がないので日本では一年草として、沖縄県では盛んに栽培され、「ウリズン」と呼ばれています。

　タネまきはインゲンと同じ頃ですが、収穫はインゲンが終わる頃からスタートして晩秋まで続きます。サヤは茹でてサラダや和え物に、また天ぷらにしても美味しくいただけます。花やマメ、塊根も食用でき、ネットを張るなどすれば、「緑のカーテン」として利用できます。

畑の準備～タネまき

　4月下旬につるありインゲンと同様に土づくりをします。
　5月上旬～下旬に幅60cm×高さ10cmの畝をつくり、ビニールマルチ（15cm間隔で2条）を敷いて、タネをまきます。

タネは株間45cmにするためにマルチ3つおきに、深さ1.5～2cmで1つの穴に3粒まく。

本葉2～3枚で、2本に間引く。

支柱立てと追肥

　つるが伸びてきたら、トマトやキュウリのように合掌づくりに支柱を立てます。
　花が咲き始めたら、追肥（50g/㎡）をして土寄せを1回します。

花が咲き始めたら、追肥のタイミング。

株元に支柱を斜めに挿して支柱を立てる。

収穫

　開花後、3週間くらいで15cm前後の莢になるので収穫します。収穫が遅れて莢が大きくなると堅くなるので早めの収穫を。霜が降りる頃まで、収穫できます。
　温度が高い時期、アブラムシの発生に注意します。

莢は早めの収穫が柔らかい。

つるが旺盛に伸びるので、「緑のカーテン」にもおすすめ。

春まき野菜　マメ科

エダマメ

学　名／*Glycine max* L.
分　類／マメ科ダイズ属
原産地／アジア
別　名／ダイズ

エダマメは、ダイズの未熟な若い莢を収穫したもので、ビタミンAやビタミンCを多く含みます。エダマメはトウモロコシと同様に、収穫後の時間経過とともに風味や糖度が下がっていきます。育てたエダマメで、採れたての美味しさを味わってみましょう。

おすすめ品種

エダマメは、タネをまく時期によって様々な品種があります。茶豆風味で食味が非常に良い中早生種「湯あがり娘」や、がっちりして収穫量の多い中生種の「夕涼み」など、夏の暑い時期に収穫でき、ビールのつまみなどに最適です。

早生の「えぞ白峰」は収穫時期が7月上旬

失敗しないコツ！

- マメ科の連作は避けて、3年ほどあける
- 肥料が多過ぎると、実つきが悪くなる
- 地温が十分上がってから、タネまきをする

▼栽培カレンダー

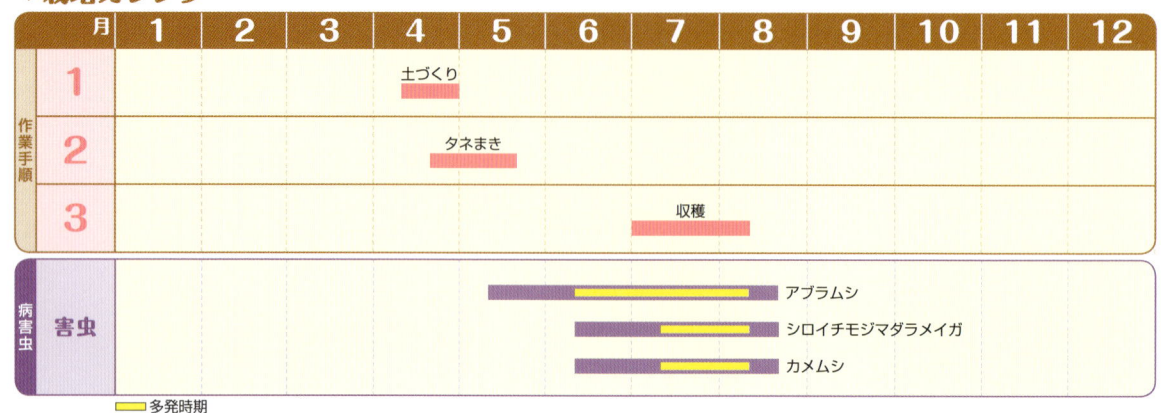

月	1	2	3	4	5	6	7	8	9	10	11	12
作業手順1				土づくり								
作業手順2				タネまき								
作業手順3							収穫					

病害虫・害虫：アブラムシ、シロイチモジマダラメイガ、カメムシ

■多発時期

エダマメ

Step 1 畑の準備

①土づくり〜畝づくり ➡ ②マルチング

　生育適温は25〜30℃です。タネをまく4月下旬〜5月中旬の1〜2週間前に土づくりを行い、マルチシートを敷いて地温を高めておきます。

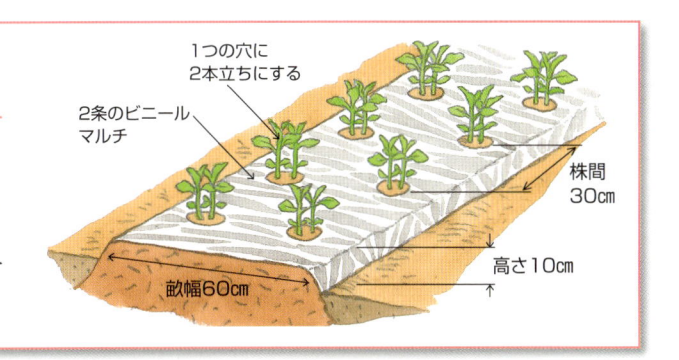

図：1つの穴に2本立ちにする／2条のビニールマルチ／株間30cm／畝幅60cm／高さ10cm

①土づくり〜畝づくり

　苗をセルトレーなどで育てて植える場合は、直まきより肥料は2〜3割多めに施しておきますが、直まきの場合は根粒菌の共生があるので、肥料は少なめに施します。

土づくりの目安
酸度調整……苦土石灰　100g/㎡
元肥…………堆肥　2kg/㎡
　　　　　　配合肥料　100g/㎡

追肥
なし

1 作付け場所を測り、目印の棒を立てる。

2 堆肥や苦土石灰などを、均等にまく。

3 しっかりと混ぜながら土を耕し、平らにならす。

4 畝幅に支柱などを押し付けて線を引き、線に沿って土をかき出して畝をつくる。

②マルチング

　ビニールマルチは、穴が30cm間隔で2列に並ぶ、2条マルチを使用します。
　また、株間15cm間隔で穴をあけて、1株（1本立ち）でもかまいません。どちらも、単位面積当たりに育てる株の数は同じになります。

マルチシートは、浮き上がらないように畝面に沿って敷き、周りを土で固定して風に飛ばされないようにする。

春まき野菜　マメ科

Step 2　タネまきとその後の管理

①タネまき ▶ ②鳥対策

4月下旬からタネをまけますが、地温が低く雨が降るような日にまくと、タネが腐ってしまい、極端に発芽率が悪くなります。タネまきは天気が安定し、気温が高めの日にまきます。心配なときは、5月に入って地温が十分に上昇してからまくと安心です。

タネまき後には、必ずカゴや寒冷紗をかけて鳥の食害を防ぎます。

①タネまき

タネは、一つの穴に2粒ずつまきます。苗は移植できるので多めにまいて、発芽しなかった場所や生育不良の苗と植え替えることもできます。

1 深さ1～1.5cmで、タネを2粒ずつまく。

2 土を多くかけ過ぎないように、覆土する。

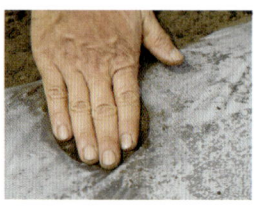

3 軽く表面をたたく。タネまき後に、水やりはしない。

②鳥対策

豆類はタネまき後に食害されたり、初生葉が開くころまで鳥が芽をつついてしまう被害にあいます。被害を受けた株は、まったく収穫ができなくなるので、カゴや寒冷紗などをかけて鳥対策を行います。

また、苗づくりをしてから畑に植えつけるのも、鳥の被害を防ぐ方法です。

鳥の食害にあいやすいので、寒冷紗などをかけて予防する。

本葉が出たら、寒冷紗をはずしても大丈夫。

Step 3　収穫までの管理

生育途中でも追肥は、特に必要ありません。6月中旬頃、小さな白い花を次々と咲かせます。この開花時期に高温で乾燥が続く場合は、水やりをして実つきが悪くなるのを防ぎます。

莢がふくらんできたら、ふくらんだ莢を順次摘み取るか、株ごと抜いて収穫します。収穫が遅れると堅くなり、味が落ちます。

開花時期に、高温で乾燥が続く場合は水やりを。

生育途中に追肥は必要ない。

莢がふくらんだら収穫を。

エダマメ

よくある失敗とコツ Q&A

Step 2

Q 畑があいていない場合は？

A 苗を育てて植えつけます

エダマメは直まきではなく、苗を育てて植えつけても栽培できます。苗を育てることで、鳥の被害対策になったり、苗を植えつけるまでの期間、畑を有効に使えたりできます。例えば春のコマツナなど1回栽培した後でも、エダマメの植えつけが間に合います。

苗は、セルトレーなどにタネをまいて育てます。

セルトレーに1粒ずつまいて苗を育てる

双葉の次に出る初生葉が開いて、本葉が出始めたら植えつける

30cm間隔のマルチに、1穴に2本植える

Q 春のタネまきは、いつまでできますか？

A 7月上旬までまけますが…

エダマメは、品種を選べば、7月上旬までタネ（秋収穫の晩生品種）をまくことができますが、5月中旬までにまくことをおすすめします。この時期以降にまくと、開花時期が高温乾燥になり、実のつきが悪くなったり、夏の高温時期には害虫が多くなって農薬の防除回数も増えたりします。

Step 3

Q 実のつきが悪いのは？

A 肥料過多による枝葉の繁りすぎです

花芽がつき始めた茎葉

最も多い原因は、肥料過多による枝葉の繁り過ぎ。エダマメは肥料が少なくて育つ野菜ですが、肥料を多く施せば、枝葉が茂って収穫量が多くなるだろうというのは間違いで、逆に実のつきが悪くなります。

また、エダマメの開花から肥大の時期に高温乾燥になるのも、実つきが悪くなる原因です。開花している時期に、畑が極端に乾燥しているときは潅水をします。

もしかして病害虫!? ドクターQ

Q 根についているこぶは？

A 根粒菌です

通常、エダマメの根には丸い粒がついていますが、これは根粒菌が共生したものです。植物は、空気中の窒素を肥料として使うことはできませんが、根粒菌が空気中の窒素を植物が使えるものにして供給します。

エダマメの根には、連作などによるダイズシストセンチュウの被害が見られる場合があります。これは、1mmくらいの白っぽい粟粒のようなものが無数についたようになります。センチュウの被害を根粒菌の粒と間違わないようにしましょう。

Q 害虫の被害は？

A カメムシやシロイチモジマダラメイガです

高温時期になると、カメムシやシロイチモジマダラメイガなどの発生が多くなります。カメムシは莢の上から吸汁、シロイチモジマダラメイガは、幼虫が莢の中に入って食害します。花が咲いて莢がつき始めた頃から、2週間に1回ほどを目安に防除します。

カメムシ

春まき野菜 マメ科

ラッカセイ

学　名／Arachis hypogaea L.
分　類／マメ科ラッカセイ属
原産地／中南米
別　名／ナンキンマメ、ピーナッツ

　中南米原産の落花生は、夏の高温期にもよく育ち、秋に収穫します。花後に子房柄が伸びて土中に入り、実をつけることから落下生の名で呼ばれるようになりました。
　ラッカセイを塩ゆでにすると、乾燥したものとはまた違った美味しさがあり、家庭菜園の楽しみのひとつです。

おすすめ品種

大粒や中粒、ほふく性や立ち性、半立性など、数種の品種があります。新品種の「おおまさり」は、極大粒で甘みが強く、ゆで豆におすすめです。半立性の中粒種は草勢が強く、分枝も多いので莢も多くできます。

極大粒の「おおまさり」

失敗しないコツ！

- マメ科の連作をしない
- 元肥は、少なくする
- 栽培期間が長いので、有機質をたっぷり入れる
- 子房柄は、一度抜くと実がつかなくなる
- 苗づくりをして植えた方が、栽培は容易

▼栽培カレンダー

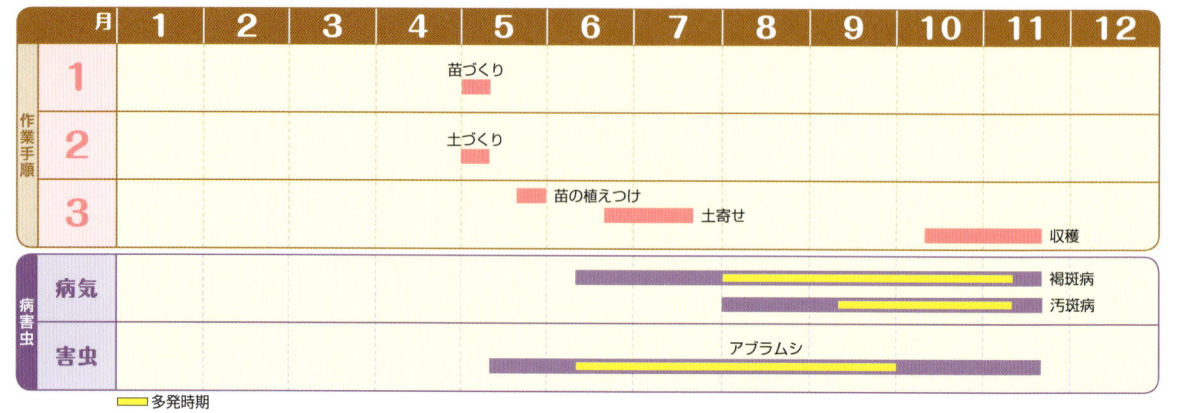

月	1	2	3	4	5	6	7	8	9	10	11	12
作業手順 1				苗づくり								
作業手順 2					土づくり							
作業手順 3						苗の植えつけ	土寄せ			収穫		
病害虫 病気										褐斑病／汚斑病		
病害虫 害虫							アブラムシ					

■ 多発時期

ラッカセイ

Step 1 苗づくり　タネまき

タネまきは、十分な地温が必要なので5月上旬に行います。直まきもできますが、苗を育ててから植えつけた方が栽培は容易です。さらに、防鳥対策にもなります。

ラッカセイは高温性作物なので、低温で湿り過ぎた状態が続くと発芽しにくくなります。

気温が上がったら、セルトレーにタネをまいて苗を育てます。
タネまき後の水やりは、乾いたら与えるくらいで、乾燥気味に管理します。

半立性の中粒種のタネ

1 セルトレーに育苗用の土を入れる。

2 指で軽く押して、凹みをつけてタネを1粒ずつまく。

3 タネの上に軽く盛るように覆土し、軽く押さえる。

4 たっぷりと水やりし、発芽まで乾かし気味に管理する。

Step 2 畑の準備　土づくり → 畝づくり

連作を避けて、作付けします。過湿に弱いので、排水性と日当りの良い場所を選びます。

タネをまいた苗が育ってきたら、植えつける1～2週間前に土づくりをして準備します。

株間 30cm
畝幅 60cm
高さ 10cm

マメ科なので根に根粒菌が共生し、生育を助けます。有機質はたっぷりと入れて、元肥は少なめに施します。

土づくりの目安
酸度調整……苦土石灰　100g/㎡
元肥…………堆肥　2kg/㎡
　　　　　　配合肥料　120g/㎡

追肥
化成肥料　50g/㎡

1 畝幅と株間を測る。

2 固い土は子房柄が土に入りにくいので、堆肥をたっぷりと入れ、肥料は少なめにまく。

3 しっかりと土を耕して平らにならし、高さ10cmの平畝をつくる。

春まき野菜　マメ科

Step 3　苗の植えつけから収穫までの管理

①苗の植えつけ ➡ ②土寄せ ➡ ③収穫

苗の本葉が2枚くらいになった頃が、畑に植えつける適期です。

6月中旬頃、花が咲き始めたら1回目の土寄せをします。さらに、花後に伸びる子房柄が土の中にどんどん入っていく7月中旬頃、2回目の土寄せをします。

収穫は、タネをまいてから130～135日、花が咲いて85～90日を目安にします。

①苗の植えつけ

畝幅60cmの中央に、株間約30cmとって1株ずつ植えつけます。

コツ!
植えつけ前に、苗にたっぷりと水やりをする。

1 根を傷めないように、株元を持って抜く。

2 植え穴を掘って、苗の根鉢を入れて土を寄せ、株元を軽く押さえて土になじませる。

3 茎葉はこんもりと茂るので、株間をとって植えつける。

②土寄せ

子房柄が土中に届かないと莢はできないので、株元にしっかりと土寄せします。一度抜いてしまった子房柄は莢をつけないので、草取りをするときは気をつけます。

ラッカセイの花

1回目　花が咲き始めたら土寄せする。

2回目　子房柄が土の中に伸び始めたら、しっかりと土寄せする。

8月下旬頃には、茎葉がこんもりと茂る。

③収穫

下枝や葉が、黄色く枯れ始めたら収穫の適期です。
霜が降りる前に、収穫を終えます。

収穫した株は、逆さに置いて乾燥する。塩ゆで用は、摘み取る。

よくある失敗とコツ Q&A

Step 1

Q 直まきをする場合は?

A 欠株のための準備も必要です

　直まきをする場合は、1か所に1～2粒ずつまきます。1粒ずつまくときは、欠株ができるかもしれないので、隅に欠株の補植用にまとめて数粒まいておくとよいでしょう。

　また、直まきをして、なかなか芽が出てこないことがあります。その原因として、タネまきの時期が早過ぎて、地温が十分に上がっていないと発芽が悪くなり、また、雨の直後のタネまきや、タネをまいてすぐに雨が降ったときは、土が湿り過ぎてラッカセイが腐ってしまったなどが考えられます。

Q ビニールマルチを使用してもよい?

A 初期の生育を良くするために有効です

　ラッカセイの初期の生育を良くするために、ビニールマルチを使用して栽培することができます。

　花後に伸びる子房柄は、ビニールを突き刺して土の中に入って生育しますが、ビニールマルチがない方が収穫量は多くなります。子房柄が伸び始めたら、ビニールマルチを切ってはがしてしまうことをおすすめします。

Step 3

Q 未熟な莢が多いのは?

A 天候や収穫時期によっても変わります

　ラッカセイの莢は、早く花の咲いたものから順番に熟し、遅く咲いたものは未熟のまま収穫することになります。タネをまいた時期やその年の天候、収穫のタイミングによって、未熟な莢の量が変わります。生のラッカセイを茹でて食べる場合は早めの収穫で、乾燥させて煎る場合は遅めにします。全体の約7割の莢が熟していれば、良いと思われます。

Q 収穫後のポイントは?

A 莢を残さず、幼虫も捕殺

　収穫時期が遅くなった場合、株を抜いたとき子房柄が切れて莢が土の中に残りやすくなっています。残っていると翌年に発芽して、作付けの邪魔になることがあります。

食害されたラッカセイ

　収穫後に耕したときは残ったラッカセイを取り除き、コガネムシの幼虫がいたら捕殺します。幼虫が多くいるとラッカセイの食害が多くなります。幼虫を減らす対策は、畑をあけておくか、草を生やさないことです。

もしかして病害虫!? ドクターQ

Q 注意すべき害虫は?

A 夏の高温時期のアブラムシに注意

　夏の高温の時期になると、アブラムシが発生することがあります。発生したら、農薬の散布をして防除します。

Q 葉に黄褐色の斑点は?

A 褐斑病か汚斑病でしょう

　葉に黄褐色の円形の病斑が出てきたら、褐斑または汚斑病と思われます。汚斑病は、9月中頃から急激に進みます。これらの病気はひどく発生すると収穫量に影響するので、殺菌剤を散布して防除します。

Q 根に根粒菌?

A 豆類に見られるものです

　通常は、根に丸い粒状のものがついているのは、豆類に見られる根粒菌によるものと思われます。根粒菌は根に共生して空気中の窒素を肥料として植物に供給する働きをするので、問題ありません。

春まき野菜　イネ科

トウモロコシ

学　名／*Zea mays* L.
分　類／イネ科トウモロコシ属
原産地／アメリカ大陸
別　名／トウキビ、ナンバンキビ

アメリカ大陸原産のトウモロコシは、温暖で日当りと水はけの良い土壌でよく育ちます。16世紀後半に、ポルトガル人によって日本へ伝えられたといわれています。

甘味種のスイートコーンには多くの品種があり、夏の家庭菜園には欠かせない人気野菜です。

おすすめ品種

一般的にスイートコーンと呼ばれる品種には、粒色が黄のハニーバンタム系、白色のシルバーコーン系、白と黄色のバイカラーのピーターコーン系などがあります。

バイカラーの品種「ゆめのコーン」は、甘みが強く粒皮がやわらかい、食味が良い、草丈が低めなので倒伏に強いなど、おすすめの品種です。

授粉が揃って、実の粒が揃った「ゆめのコーン」

失敗しないコツ!

- 授粉しやすいように、数株まとめて栽培する
- 肥料は比較的多く必要
- 有機質をたっぷり入れて土づくりをする
- 茎や実の中に、害虫が入らないように注意
- 収穫時期は、鳥よけも必要

▼栽培カレンダー

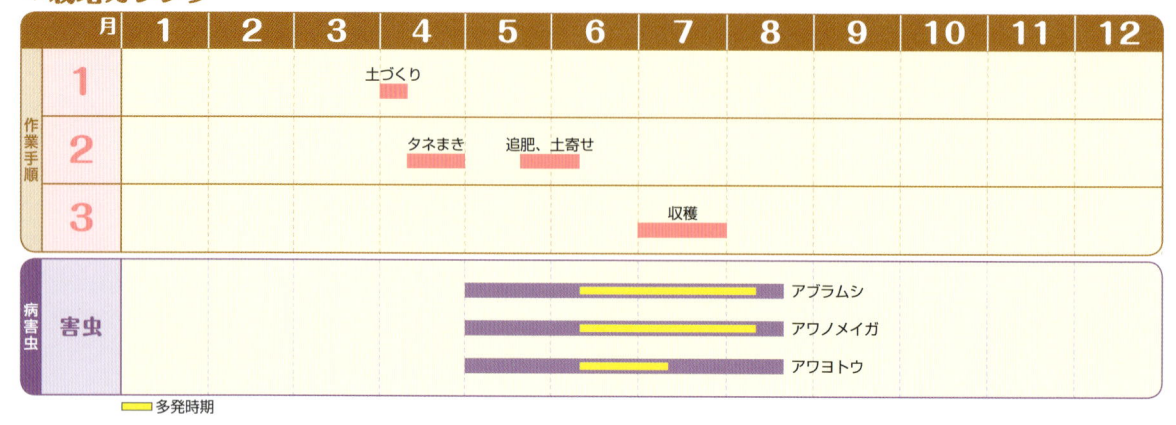

月	1	2	3	4	5	6	7	8	9	10	11	12
作業手順 1			土づくり									
作業手順 2				タネまき	追肥、土寄せ							
作業手順 3							収穫					
病害虫 害虫					アブラムシ / アワノメイガ / アワヨトウ							

■多発時期

トウモロコシ

Step 1 畑の準備　①土づくり〜畝づくり → ②マルチング

　トウモロコシは、互いに花粉をかけあうように授粉します。1株だけで栽培すると、授粉が十分にできないので粒の入りがそろわなくなります。ある程度まとまった本数を、集団にして栽培します。
　トウモロコシは、肥料を多く必要とします。有機質もたっぷり入れて土づくりを行い、ビニールマルチを敷いて地温を高めておきます。

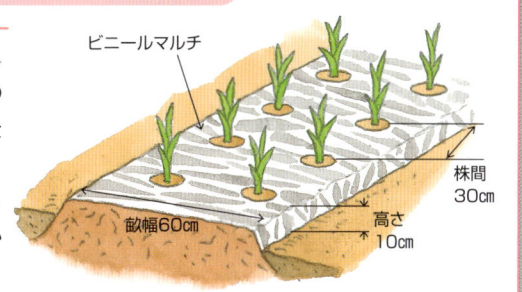

ビニールマルチ
畝幅60cm　高さ10cm　株間30cm

①土づくり〜畝づくり

　土づくりは、タネをまく1〜2週間前に行います。肥料を多めに入れて、深くしっかりと耕します。
　畝幅を測って畝をつくり、ビニールマルチを敷きます。

土づくりの目安
酸度調整……苦土石灰　100g/㎡
元肥…………堆肥　2kg/㎡
配合肥料　200g/㎡

追肥
化成肥料　50g/㎡

1 畝幅より広く、苦土石灰や配合肥料、堆肥を均等にばらまく。

2 深くしっかりと耕して、土と混ぜ合わせる。

3 畝幅と長さを測り、支柱などを土に押し付けて線をつける。

4 線に沿って、土を外側にかき出して畝をつくる。

②マルチング

　2列に、30cm間隔に穴のあいた2条マルチを使用します。

コツ! マルチシートの周りに土を寄せて、風に飛ばされないようにしっかりと固定する。

1 ビニールマルチの両端を、棒で仮止めする。

2 畝の表面に、ぴったりと添わせながら敷いていく。

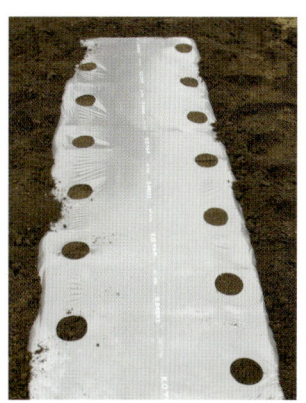

3 タネをまく準備完了。ビニールマルチを敷くことで地温が高まり、発芽が促される。

93

春まき野菜 イネ科

Step 2 タネまきとその後の管理

①タネまき → ②間引き → ③追肥と土寄せ

4月中旬～下旬が、タネのまきどきです。一つの穴に2粒ずつまき、後で1本に間引きます。気温の上昇とともに、ぐんぐんと成長します。

雄花の穂が見えてきたら、ビニールマルチを外して追肥します。

①タネまき

1粒ずつのタネまきで発芽しないと欠株になるので、2粒ずつまくのが安心です。2粒とも芽が出ない欠株になったら移植（96頁参照）します。

殺菌剤処理された着色タネ

1 マルチ穴に深さ1～1.5cmの凹みを2つつくる。

2 凹みに、それぞれ1粒ずつタネを落とす。

3 土をもみほぐして、タネの上に覆土して、表面を軽く押さえて、水やりする。

②間引き

苗のしっかりしたものを残して、余分な苗はハサミで地際で切ります。

苗を抜くと、残っている方の根を傷めるので、ハサミで切る。

③追肥と土寄せ

雄花の穂が見えてきたら、ビニールマルチを外して追肥を施し、株元まで土寄せをします。土寄せすることで、根がしっかりと張り、風などで倒れにくくなります。

コツ！ 雄花の穂が見え始めたら追肥のタイミング。

1 カッターなどでマルチを切って、取り除く。

2 畝の両側に、肥料をまいて、土に混ぜながら、株元に土寄せする。

マルチを外すと、雑草が生えやすくなる。根は広く張っているので、除草は浅く中耕する。

トウモロコシ

Step 3 収穫期の管理

雄花　雌花

①除房（ヤングコーンの収穫）➡ ②収穫

トウモロコシは、1本の株に2～3個の雌花（実）がつきます。一番上の雌花が最初に出てきたもので、下側の雌花はほとんど実つきが悪く、粒がそろいません。一番上の1本を残して、あとの雌花はヤングコーンとして収穫します。

収穫は、雌花のひげ（絹糸）が出て20～25日後、ひげの先が茶色に枯れてきた頃になります。

①除房
（ヤングコーンの収穫）

雌花のひげ（絹糸）が出始めたら収穫します。遅れると堅くなり食味が悪くなります。ヤングコーンを収穫するときは、茎を傷めたり、葉を取ったりしないように気をつけます。葉を取ると、光合成をする葉の面積が減ります。

1 ヤングコーンの収穫は、ひげが出始めたら摘み取る。

2 収穫後は皮をむいて、塩ゆでしてサラダなどに利用する。

②収穫

収穫適期が最も甘く、美味しく食べられます。収穫適期前のトウモロコシは、粒が小さく甘みがあまりなく、逆に、収穫適期を過ぎると、粒がしなびたようになって糖分がデンプンになり、甘みがなくなります。

トウモロコシは、鮮度が味に大きく影響し、収穫後1日たつと甘さが半分になるといわれています。収穫後はできるだけ早く加熱調理することで、甘くて美味しいトウモロコシが食べられます。生のまま保存すると、実は呼吸をして糖分が消費され、甘さが落ちてきます。

1 全体を軽く握って、粒ができているか感触を確かめる。

2 先端を少しむいてみて早過ぎる場合は皮を戻す。トウモロコシの先端を持ち、そのまま折るように下げる。

チェック！

粒がまだ小さめでやや早め（左）と、採り遅れて粒がしなびてきたトウモロコシ（右）。

おいしく食べられる期間は短いので、取り遅れに注意。

春まき野菜　イネ科

よくある失敗とコツ Q&A

Step 1

Q いろいろな品種を育てたい！

A 別品種があると交雑します

トウモロコシは、互いに花粉をかけあって授粉するので、花粉がかかる距離に別品種があると交雑します。交雑したタネは見た目だけでなく味も変わってしまい、期待していた味のトウモロコシになりません。この現象を、「キセニア現象」といいます。

数種の品種を育てる場合、最低5m、できれば10mは間隔をあけた方がよいでしょう。特に、ポップコーン用品種のように、茹でて美味しくないものは気をつけます。市民農園で栽培するときは、周囲の区画に迷惑がかからないか注意して確認しましょう。

Step 2

Q 芽が出なかった場所はどうする？

A 移植できます

1つの穴に2粒ずつタネをまきますが、まれに2粒とも発芽しない欠株になることがあります。その場合は、2本発芽しているところから移植します。

移植は、本葉3～4枚になったら、株の根元にたっぷりと水をかけて土をやわらかくし、根をなるべく傷めないように根鉢を大きく掘り上げます。欠株になっているところに移植して、水やりをします。乾燥しているときは2～3日、水やりを行います。

① 移植前に水やりして土をやわらかくする。

② 根を切らないように、根鉢ごと抜く。

③ 苗を植えつけて株元を軽く押さえ、たっぷりと水やりを。

Q 強風で倒れてしまった！

A 無理に起こさないように

強風でトウモロコシが倒れてしまったときは、無理に起こさなくても自然に起き上がってくるので、そのままにしても大丈夫です。無理に起こすと、かえって根を切ってしまい、倒れやすくなります。ただし、授粉をしている時期だけは、倒れていると授粉がうまくいかず、粒のつきが悪くなるので立てた方がよいでしょう。

強風で、倒されたトウモロコシ　　3日後には、真っすぐ立ち上がっている

Q わき芽は取った方がよいのですか？

A 生育を助けています

トウモロコシの根元から出ているわき芽（分けつ）は、取ることで根元の風通しを良くして、作業をしやすくできますが、取らない利点もあります。わき芽を残すことで、葉の面積が増えて生育を助け、根の量も増えて倒れにくくなり、増収の効果が期待できます。また、わき芽の先に雄花がつくことで、花粉の量が増え、粒のつきが良くなると考えられます。

株元から勢い良く伸びたわき芽。わき芽に雌花がついたら、取り除く

Step 3

Q 実つきが悪いのは？

A 授粉の条件になにかトラブルが

実のつきが悪いのは、様々な理由で授粉がうまくいかなかったと思われます。
- 授粉の時期に、風で倒されてしまい花粉がうまくかからなかった
- 天候によって、雄花と雌花の出てくる時期がず

トウモロコシ

れてしまい授粉が十分にできなかった
● 本数が少なかったり、株間が離れていたりして、花粉の量が足りず粒のつきが悪くなった

などが考えられます。

Q 収穫前に食べたのはだれ？
A 鳥に食べられたのでしょう

トウモロコシの収穫適期になると、地域によってはカラスなどの被害を受けることがあります。被害が予想される畑では、水糸を張ったり、光るものをぶら下げたりして、鳥が近づくのを嫌がるようにします。また、寒冷紗などを、トウモロコシの周りにカーテンのように張ると鳥の被害を防げます。

鳥に食べられたトウモロコシ

Q 茎葉は肥料になる？
A ワラの代用に、堆肥としても有効

茎葉は、同じイネ科のワラの代用品として利用できます。ネギの軟白化に、植えつけ時にワラを溝に入れますが、ワラの代わりにトウモロコシが代用できます。また、ナスやキュウリ、サツマイモなどの土の乾燥を防ぐために敷ワラをすることがありますが、同様に代用できます。

使い終わった茎葉や、収穫が終わったばかりの青い茎葉でも、20～30cmに細かく切って、畑に混ぜ込むことで、堆肥を入れるのと同じ効果が期待できます。ただし、後作にタネをまいて育てる野菜には適しません。キャベツやブロッコリーなどの苗を植えつける野菜がよいでしょう。

Q 毎年、つくりたいのですが大丈夫？
A 連作障害はありません

トウモロコシは連作障害がほとんどないので、作付けのローテーションでは、他の作付けが決まって残りの場所に割り当てても問題がありません。また、トウモロコシは「クリーニングクロップ」と呼ばれ、土の中に肥料が残り過ぎてうまく野菜

が育たないところでも栽培することができ、肥料を吸い取って減らすことができます。

もしかして病害虫!? ドクターQ

Q 雄花に虫の気配が…
A 早めの農薬散布が大切

雄花が不自然に折れている、糸でつづられたように固まっている場合は、アワノメイガの幼虫がいると思われます。農薬散布を行うことをおすすめします。

不自然に折れた雄花 　アワノメイガの幼虫

雄花は害虫がつきやすく、穂が出てきたら1回目の農薬散布を行うことが大切です。授粉が十分にされれば、雄花は切り取ってしまってもかまいませんが、授粉が済む前に切り取ると、粒がそろわない実になるので気をつけましょう。

Q 効果的な薬剤散布は？
A 続けて2回の予防が効果的

アワノメイガやアワヨトウの幼虫は、葉や茎、特に被害が大きくなる実の中に入って食害します。幼虫が茎や実の中に完全に入ってしまうと農薬の効きが悪くなります。まず、雄花の穂が伸び始めたら1回目を、雌花のひげ（絹糸）が出始めたころに2回目をかけて防除するとかなりの効果があります。

アブラムシが発生すると樹の汁が吸われ、トウモロコシが弱ってしまいます。また、多く発生するとアブラムシの分泌物によりトウモロコシの実も汚れます。発生が見られたら、適宜防除します。

アワノメイガの茎への侵入跡 　食害するアワヨトウ 　アワノメイガの幼虫が食害

春まき野菜　アオイ科

オクラ

学　名／*Abelmoschus esculentus.*
分　類／アオイ科トロロアオイ属
原産地／東北アフリカ
別　名／アメリカネリ、オカレンコン

高温性の野菜で、暑さに強く、真夏に美しい花を咲かせた後に尖った莢をつけます。タンパク質やビタミン類を多く含む野菜です。

おすすめ品種

5角オクラや丸莢、赤オクラなどの品種があります。5角オクラの「ピークファイブ」は、肉厚で草丈が低く、育てやすい品種です。赤オクラの「ベニー」は、草丈は高くなりますが、生食用として彩りが楽しめます。

「ベニー」

失敗しないコツ！

- 連作は避ける
- 地温が上がってからタネをまく
- 栽培が長期なので肥料切れしないように注意

▼栽培カレンダー

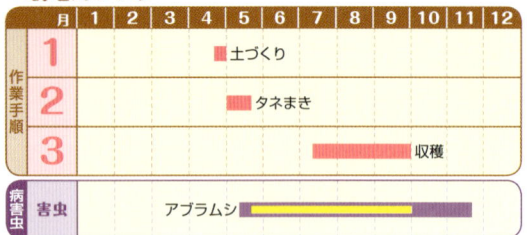

作業手順	月	1	2	3	4	5	6	7	8	9	10	11	12
	1				土づくり								
	2					タネまき							
	3							収穫					
病害虫	害虫			アブラムシ									

□ 多発時期

Step 1 畑の準備　土づくり → 畝づくり

オクラは、センチュウを増やす作目なので、必ず3年間は同じ場所での作付けは避けます。栽培期間は5か月にも及ぶので、有機質を多く入れ、肥料切れしないように土づくりします。

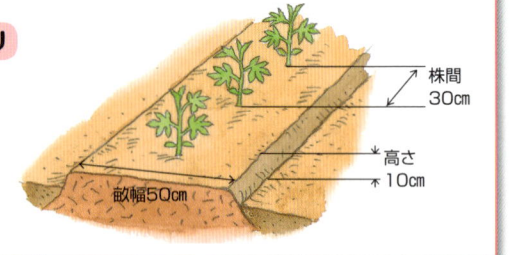

株間 30cm
高さ 10cm
畝幅 50cm

土づくりは、タネまきの1～2週間前に行います。

土づくりの目安
酸度調整……苦土石灰　100g/㎡
元肥…………堆肥　2kg/㎡
　　　　　　配合肥料　150g/㎡

追肥
化成肥料　50g/㎡×3回

1 畝幅や長さを測り、堆肥や肥料を全面にまく。

2 しっかりと土に混ぜて耕し、畝をつくる。

98

オクラ

Step 2 タネまきと間引き

オクラの発芽適温は25～30℃と高いので、暖かくなって地温も上がる5月上旬～中旬にタネを直まきします。

本葉が2枚くらいになったら、2本立ちに間引きます。草丈は1m以上伸びるので、本葉5枚くらいで1本に間引きます。（2本立ちのままでも可）

オクラは直根性で移植を嫌うので、直まきします。移植する場合は、ポット苗の小さいうちに済ませるようにします。発芽したら1か所に2本残して間引きます。

1 株間30㎝とって、1か所に深さ1㎝で5粒ほど重ならないように点まきして覆土する。

2 本葉2枚くらいで、しっかりした苗を残して2本に間引く。

Step 3 収穫までの管理　収穫と下葉かき

花が咲き始めたら、3～4週間おきに追肥して土寄せします。開花後4～5日後、莢が5～6㎝で収穫します。収穫した下側の葉は、株元の風通しを良くし、日がよく当たるようにかき取ります。

収穫作業で皮膚がかゆくなる場合は、手袋をして長袖を着るなどの対策をおすすめします。

収穫後、莢のついた位置より下側に葉を1～2枚残して、その下側を取ります。草丈が低い時期に葉を取り過ぎると生育の勢いが悪くなるので、あまり取りません。梅雨明け頃、生育が旺盛になったらしっかり下葉をかき取ります。肥料切れなどで生育が悪いときには、多めに葉を残すようにします。

追肥 肥料を株元にばらまいて、土に混ぜて土寄せする。

収穫 早めの収穫が柔らかく美味しい。採り遅れると、莢は堅くなる。

収穫を続けてきた9月頃の株。

よくある失敗とコツ Q&A　ドクターQ　もしかして病害虫!?

Q センチュウ対策は?

A 被害を受けやすい作目は避けます

栽培終了後、根を見るとセンチュウの被害が多く見られます。翌年、オクラの後にナスを植えると、センチュウの被害により根から半身萎凋病の菌が侵入して病気の被害が出やすくなります。栽培途中で生育しなくなった株は、センチュウの被害の場合があります。

Q 葉裏にアブラムシ?

A 発生したら早めの防除を

生育の初期から、発生します。葉が縮れていると、その裏にアブラムシが発生していることがよくあります。発生したら、農薬散布をして防除します。

葉裏についたアブラムシ

春まき野菜　ゴマ科

ゴマ

学　名／*Sesamum indicum* L.
分　類／ゴマ科ゴマ属
原産地／熱帯アフリカやインドとされる
別　名／胡麻子

原産地は、熱帯アフリカやインドとされている高温性植物です。ゴマと人との関わりは古く、紀元前1600年には栽培されていたといわれています。日本へは中国から伝えられ、奈良時代にはゴマ油を使った料理も作られていたようです。

おすすめ品種

種子の色は黒や白、褐色〜淡褐色などがあります。「黒ゴマ」や「白ゴマ」、「金ゴマ」など、炒りゴマとして味も香りも良くおすすめです。

失敗しないコツ！

- 排水が良好な畑が良い
- 酸性を嫌う
- 連作を嫌うので、3年は休栽
- 窒素過多だと、徒長し倒伏しやすくなる
- 気温が十分に上昇してからタネをまく

▼栽培カレンダー

作業手順	月	1	2	3	4	5	6	7	8	9	10	11	12
1					土づくり								
2						タネまき 間引き							
3								収穫					
病害虫		アブラムシ											

■ 多発時期

Step 1　畑の準備　土づくり

タネまきが5月中旬〜6月中旬と遅いので、エンドウやソラマメの後作に作付けができます。
高温性なので、気温が十分に上昇してからタネまきスタートです。

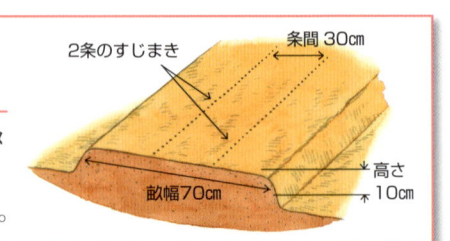

2条のすじまき
条間30cm
畝幅70cm
高さ10cm

酸性土壌を嫌うので、タネをまく1〜2週間前に、石灰や堆肥、肥料を入れて、しっかりと耕して準備します。

土づくりの目安

酸度調整……苦土石灰　100g/㎡
元肥…………堆肥　2kg/㎡
　　　　　　配合肥料　100g/㎡

追肥

化成肥料　50g/㎡

1 堆肥や肥料を畝幅の全面にばらまく。

2 しっかりと混ぜ合わせて、平らにならしておく。

ゴマ

Step 2 タネまきとその後の管理
①タネまき～間引き ➡ ②追肥

幅70cm、高さ10cmの畝を立て、2列のすじまきにします。発芽が悪いことがあるので、多めにタネをまきます。

発芽後に、2回にわけて間引き、株間を約20cmにします。花が咲き始めたら、追肥と土寄せをします。

①タネまき～間引き
タネは、1～2cm間隔で、深さ0.5～1cmにまきます。

②追肥
花が咲き始めたら、追肥して土寄せをします。

1 タネは、すじまきにまく。

2 間引きの1回目は、草丈約10cmのときに、株間約10cmに間引く。

3 2回目は草丈約20cmのときに、株間20cmに間引く。

Step 3 収穫

下の葉が黄色っぽくなり、下方についているサヤ（さく果）が、口を開いてゴマの粒が見えるようになったら、根元から刈り取って収穫します。この時期になるとゴマが落ち始めるので、シートの上に置くようにします。

収穫後、十分に乾いたらシートの上でたたいてゴマの粒を集め、フルイや風選をしてゴミや葉くずを取り除きます。ビンなどの密閉容器に入れて保存します。

1 株元からハサミで切り取る。

2 ある程度の本数をまとめてヒモで縛り、シートの上で乾燥させる。

3 良いものを選別する方法は、容器にゴマを入れて2～3回水を入れて洗い、浮いた未熟なゴマやゴミを取り除く。ゴマが水を吸わないように手早く行い、速やかに天日で乾燥させる。

よくある失敗とコツ Q&A

Q 収穫後の後作は？
A コマツナやホウレンソウを
後の作付けには、コマツナやホウレンソウなどのタネまきが可能です。ゴマは連作を嫌うので、翌年の作付けは、ローテーションをして場所を移動します。

Q 注意すべき害虫は？
A 高温期にアブラムシが発生
夏から秋の高温期に、アブラムシが発生します。発生したら農薬を散布して防除します。ゴマは使用登録されている農薬が少ないので、風通しを良くして発生に注意します。

春まき野菜　ユリ科

ネギ

学　名／*Allium fistulosum* L.
分　類／ユリ科ネギ属
原産地／中国西部
別　名／ネブカ、ヒトモジ、キ

平安時代にすでに栽培していたといわれ、古くから親しまれてきた野菜です。中国西部原産で、冷涼な気候を好む低温性野菜ですが、暑さや寒さにも強く、周年栽培されています。ある一定の寒さにあうと花芽をつくる性質があり、初夏にネギ坊主を伸ばして花を咲かせます。

おすすめ品種

耕土の深い関東は根深ネギ、関西では葉ネギが主流です。
「永吉冬一本太（ながよしふゆいっぽんふと）」は温暖地向きの根深ネギですが、耐寒性もあり、収穫量も多い冬ネギです。

冬の鍋料理においしい「永吉冬一本太」

失敗しないコツ!

- 酸性土壌を嫌うので、石灰をしっかり入れる
- 畑の保水性、排水性を良くする
- 1回目の追肥は、定植の約1か月後
- 3〜4回追肥して、じっくり育てる
- 湿害に注意

▼栽培カレンダー

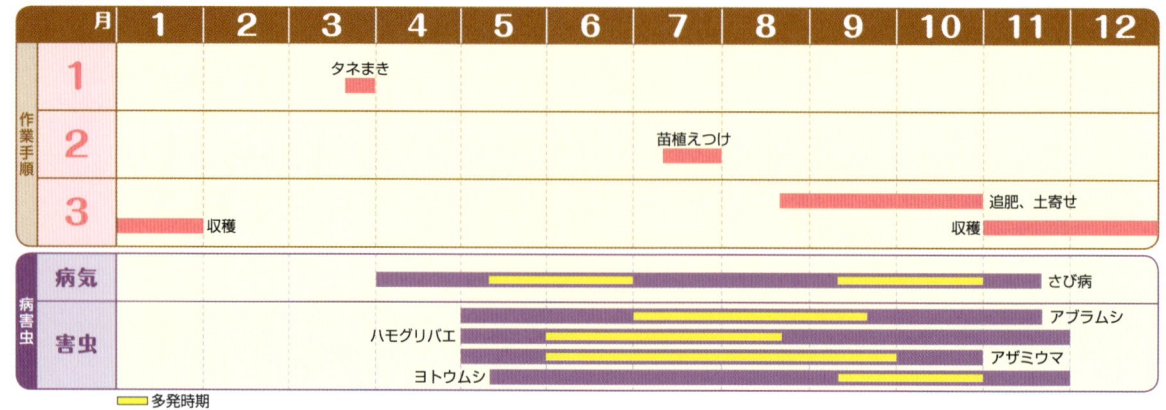

	月	1	2	3	4	5	6	7	8	9	10	11	12
作業手順	1			タネまき									
	2							苗植えつけ					
	3	収穫							追肥、土寄せ			収穫		
病害虫	病気				さび病								
	害虫			ハモグリバエ / ヨトウムシ							アブラムシ / アザミウマ		

■ 多発時期

ネギ

Step 1 苗づくり

①苗床づくり → ②タネまき → ③追肥

春先に園芸店などで苗が販売されているので、購入して植えつけることもできますが、3月下旬にタネまきをして苗を育て、7月の植えつけをおすすめします。

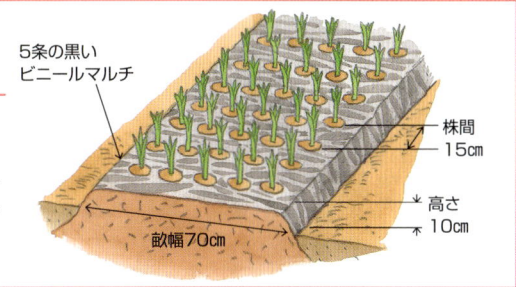

- 5条の黒いビニールマルチ
- 株間 15cm
- 高さ 10cm
- 畝幅 70cm

①苗床づくり

タネまきの1～2週間前に土づくりをして苗床をつくります。

土づくりの目安

酸度調整	苦土石灰	100g/㎡
元肥	堆肥	2kg/㎡
	配合肥料	150g/㎡

追肥

化成肥料　50g/㎡

1 石灰や肥料などをまいて耕し、幅70cmの畝をつくる。

2 畝面に沿って、黒いビニールマルチを敷く。

②タネまき

春まきは、3月下旬にタネをまきます。タネの発芽適温は15～25℃とされ、タネまき後、約4～5日で発芽します。

発芽するまで乾燥しないように、乾いていたら水を与えます。

チェック！ 
発芽は折れ曲がったように伸び出して、立ち上がる。

1 空き缶などで深さ約0.5～1cmの凹みをつくり、8～10粒くらいまく。

2 タネは小さく、まきづらいが重ならないようにていねいにまく。

3 土をもみほぐすようにして、覆土して表面を軽くたたいて土になじませ、たっぷりと水を与える。

③追肥

葉が15cmくらい伸びた頃、1回追肥をします。肥料を、ビニールマルチの上からパラパラまくだけでかまいません。

また、細くて弱い苗があれば、間引いておくと残った苗の育ちが良くなります。

1 肥料を上からパラパラと落として追肥を施す。

2 タネまきから2か月後の苗の様子。

103

春まき野菜　ユリ科

Step 2　苗の植えつけ

①土づくり～溝掘り ➡ ②苗の準備 ➡ ③苗の植えつけ

苗が30～40cmくらい伸びた頃が、植えつけ適期。苗を植えつける1～2週間前に、土づくりをしておきます。溝を掘って植えつけの準備をし、苗床から苗を抜いて植えつけます。

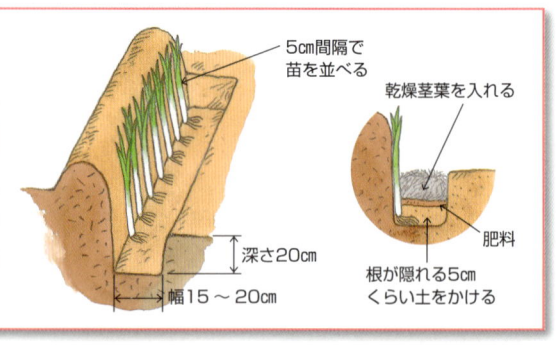

- 5cm間隔で苗を並べる
- 乾燥茎葉を入れる
- 肥料
- 根が隠れる5cmくらい土をかける
- 深さ20cm
- 幅15～20cm

①土づくり～溝掘り

酸性土壌を嫌うので、石灰を入れて中和し、堆肥を入れて土づくりをしっかりします。

苗を準備する前に、片側に土をあげて溝を掘ります。南北の畝は西側へ、東西の畝は北側へ土上げします。

土づくりの目安

酸度調整	苦土石灰　100g/㎡
元肥	堆肥　2kg/㎡
	配合肥料　100g/㎡

追肥

化成肥料　50g/㎡×3～4回

1. 堆肥と石灰を均等にまいて、しっかり耕す。
2. 幅15～20cmで深さ20cmの溝を掘る。 
3. 2列に植える場合は、溝の間は70～80cmとる。 

②苗の準備

苗床から1本ずつ苗を抜いて準備をします。苗が長めで植えにくいときは、上側の葉を切り落として植えつけても、新しい葉が出てくるので問題ありません。

植えつけに余った苗は、葉ネギのように食べられます。

1. 苗が30～40cmになったら、植えつけスタート。
2. 苗を一本ずつ抜いて枯れた部分だけ除き、むかない。 

大苗と小苗に分けて、植えつけ時に混ぜないで植える。長めの苗は上側の葉を切ってもよい。

③苗の植えつけ

苗は溝の壁面に添わせて、等間隔に垂直に並べ、根が隠れるくらいに土を入れます。その上に肥料をまいてワラかトウモロコシの乾燥した茎葉などを入れますが、さらに土はかけません。

1. 溝に一方の壁面に、苗を5cm間隔で並べる。

   苗の間に、指が2本入るくらいが目安。

2. 根が隠れるくらい土を入れ、かけ過ぎないようにする。
3. 肥料をまいて、ワラなどを入れる。

ネギ

Step 3 その後の管理と収穫　①追肥と土寄せ → ②収穫

ネギは乾燥に強いので、極端に乾燥していなければ水やりは必要ありません。溝の中の土に湿り気があれば大丈夫。

植えつけして1か月くらい後に、追肥と土寄せを始めます。土寄せすることで葉の部分が軟白化されて、少しずつ長くなります。

①追肥と土寄せ

化成肥料を根元にまき、土寄せをします。最初は溝のワラなどが隠れる程度に、2回目までは少なめに土寄せします。以後3〜4週間おきに追肥と土寄せを2回ほど行います。

1 肥料をばらまいて土寄せする。細いうちに土を寄せ過ぎると、苗が溶けてしまうので注意。

2 成長して分岐した部分が立ち上がってきたら、分岐した下まで埋めて台形になるように土寄せする。

②収穫

11月頃になったら、追肥と土寄せを終了して、収穫を始めます。耐寒性があり、冬の間も畑においておくことができるので、急がずにゆっくりと収穫できますが、春になるとネギ坊主が出てきて堅くなるので、その頃までには、収穫を終えます。

1 畝の片側をシャベルで崩すと、ネギが抜きやすくなる。

2 掘り出した地際部分を持って、ゆっくりと抜く。

3 土寄せしながら育てると軟白部分が長くなる。

よくある失敗とコツ Q&A

Q 最初に土寄せしないのは?

A 湿気に弱いためです

茎がまだ細く温度の高い夏のうちは、土寄せを少なく行います。ネギは湿気に弱く、多く土寄せをすると、苗が溶けて欠株が増えてしまったり、徒長した細いネギになったりします。特に、細めの苗を植えつけたときは、気をつけましょう。秋の長雨の時期が過ぎて、温度が下がってきたら、どんどん土寄せをします。

Q ネギはコンパニオンプランツ?

A 土壌病害をおさえます

ネギの根の周りに生息する菌（シュードモナス属）が、トマトやキュウリなどの土壌病害を起こすフザリウム菌をおさえる働きがあるといわれ、コンパニオンプランツとして植えられる理由です。ネギの後作は、有機質も多く入っているので、土壌病害の心配される果菜類などの作付けがおすすめ。

もしかして病害虫!? ドクターQ

Q 注意すべき病虫害は?

A さび病やアブラムシ、ハモグリバエなど

さび病は雨が多い気候では、育苗から収穫の時期まで発生しやすく、肥料切れで勢いがなくなっても発生することがあります。肥培管理をしっかり行い、発生したら殺菌剤を散布して防除します。農薬によっては、連用すると耐性菌が生じる恐れがあります。

高温乾燥傾向はアブラムシやハモグリバエ、アザミウマなどの害虫が発生しやすく、秋はハスモンヨトウなどに注意します。発生したら農薬散布で防除します。

春まき野菜　ユリ科

ニラ

学　名／Allium tuberosum Rottler.
分　類／ユリ科ネギ属
原産地／東部アジア
別　名／ミラ、フタモジ

ネギと同じ仲間で寒さに強く、冷涼な気候を好みます。ニラをタネから育てるには、3月下旬頃にタネをまいて苗を育て、7月頃に植えつけます。植えつけをした年は、株を充実させるために収穫はしないで、翌年の春から収穫を始めます。

ポット苗や株が手に入る場合は、春に植えつけをすれば夏頃から収穫できます。

おすすめ品種

「ワイドグリーン」は葉幅が広く、食味が良い品種で生育も早く、比較的病気に強い性質です。

失敗しないコツ！

- 酸性を嫌うので石灰をしっかり入れる
- 3～4年で植え替える
- 畑の端に植えれば、土止めにもなる

▼栽培カレンダー

作業手順	月	1	2	3	4	5	6	7	8	9	10	11	12
作業手順	1			■タネまき									
	2					苗の植えつけ							
	3							収穫（翌年以降）					
病害虫	害虫			アブラムシ									

■多発時期

Step 1　苗づくり

苗床づくり～タネまき

3月下旬、タネまきの1～2週間前に、1㎡に、石灰や堆肥、肥料などをまいて苗床をつくり、タネをまいて苗を育てます。

土づくりの目安
- 酸度調整……苦土石灰　100g/㎡
- 元肥…………堆肥　1kg/㎡
- 　　　　　　配合肥料　150g/㎡

追肥
- 化成肥料　50g/㎡

1 畝の全面に石灰や肥料などをまき、高さ10㎝くらいの平畝の苗床をつくる。

2 10㎝間隔に、空き缶などで深さ0.5～1㎝の凹みをつくり、8～10粒ずつタネをまく。

3 土をもみほぐしながら覆土し、表面を軽くたたき、たっぷりと水を与える。

Step 2 苗の植えつけ

土づくり ➡ 苗の掘り上げ～植えつけ

植えつけの1～2週間前に石灰をまいて中和し、有機質を多く入れてしっかり土づくりをして畝をつくります。
苗床から、苗を掘り上げて植えつけます。

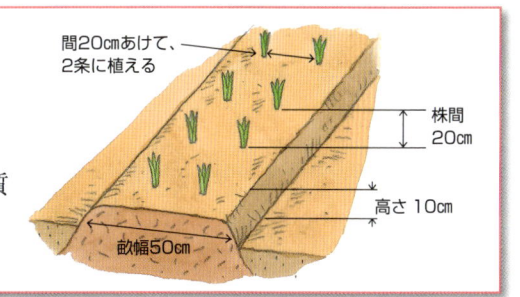

間20cmあけて、2条に植える
株間20cm
高さ10cm
畝幅50cm

酸性を避けた土壌づくりと、畝づくりで湿害を防ぐことが大切です。

土づくりの目安
酸度調整…苦土石灰 120g/㎡
元肥………堆肥 3kg/㎡
　　　　　配合肥料 150g/㎡

追肥
化成肥料 50g/㎡×1～2回

苗床に水やりして、土をやわらかくした後、シャベルで株を掘り上げます。掘り上げた株は、株分けして植えつけます。

1 幅50cm、高さ10cmの畝をつくる。

2 シャベルを株元にしっかり差し込み、ひとかたまりずつ株を掘り上げる。

3 1株の半分くらい（3～5本あればよい）に株分けして、苗を準備。

4 植え穴を掘って苗を入れて、株元に土を寄せて軽く押さえる。

5 植えつけ後に、たっぷりと水を与える。

Step 3 収穫

翌年に株が充実した春から収穫を始め、10月頃、化成肥料50g/㎡を追肥すると、次の年も良いニラが収穫できます。

カマで、地際から刈り取って収穫する。

コツ! 春と秋に4～5回収穫して、株を充実させる。

春まき野菜　ユリ科

よくある失敗とコツ Q&A

Step 2〜3

Q 花茎も食用になる?

A つぼみのうちに収穫を

ニラの花芽分化は、長日条件と高温になると始まるので、7〜8月頃に花茎が伸びてきます。花が咲ききっていないつぼみのうちに根元から刈り取って収穫します。花茎をタネができるまで置いておくと、株が疲れます。花茎を食べないときは、早めに摘み取って株の負担を減らしましょう。

「花ニラ」を収穫するための、専用品種もあります。

Q 植え替えは必要ですか?

A 2〜3年で植え替えがおすすめ

植えつけをして2〜3年して根が混んでくると、幅広で肉厚のニラが、だんだんと細くなってきます。このようになったら、株を掘り上げて株分けをして植え替えると、また良いニラが収穫できます。根を傷めないように掘り上げた株は2〜3芽ずつに分け、通常の植えつけと同様に、しっかり堆肥を入れて土づくりをして植えつけをします。

株間が狭くなったら植え替え時

Q 収穫が遅れて傷んだ葉が多くなったら?

A 刈り取って処分します

葉が伸びたまま収穫しないでおくと、黄色く傷んだ葉が多くなっていることがあります。その場合は、思い切って刈り取って処分すると、1〜2週間で新しい良い葉を収穫することができます。

Q ニラが土崩れ防止になる?

A 根がしっかり張る性質を利用します

ニラの根がしっかり張る性質を利用して、畑の端の土崩れしそうな場所に植えつけて、土留めの代わりに利用。また、畑の端にニラを1列に植えつけて、大雨で土が畑の外へ流出するのを軽減することもできます。このように植えたニラも、追肥などの管理をすれば十分収穫することができ、一石二鳥となります。

Q 冬越しは何か必要ですか?

A 特に必要ありません

冬越しは、特別に作業をする必要はありません。冬になると残っていた葉が自然に枯れて、地上部はなくなります。根はしっかり残りますので、翌年の春（4月頃。ニラによって早い遅いが多少あります。）、暖かくなると、芽が出てきます。

冬の時期に天地返しなどを行うとき、間違ってニラの株をダメにしないように気をつけましょう。できれば、ニラの植えてある場所には目印などつけておいた方がよいでしょう。

もしかして病害虫!? ドクターQ

Q 注意すべき病虫害は?

A アブラムシの発生です

ニラは比較的、防除の必要のない野菜ですが、アブラムシが発生することがあります。発生していたら、農薬散布をして防除します。

アスパラガス

学　名	Allium Officinalis L.
分　類	ユリ科クサスギカズラ属
原産地	南ヨーロッパ〜ロシア南部
別　名	オランダキジカクシ、マツバウド

雌雄異株の宿根草で、同じ場所で7〜10年は収穫できます。食用にする部分は若い茎で、雌株は夏に小さな花を咲かせます。

種苗店などで、春に萌芽前の株を購入すると早く収穫できますが、タネから栽培するときは、2か月ほど育苗して定植し、本格的な収穫は3年目からとなります。

おすすめ品種

グリーンアスパラガスの「シャワー」は、早生種で草勢が強く、春から多く収穫できるおすすめ品種です。

失敗しないコツ！

- 堆肥を多く入れて、土づくりを
- 茎葉を伸ばして、株の力を維持
- 収穫後の、追肥が大切

▼栽培カレンダー

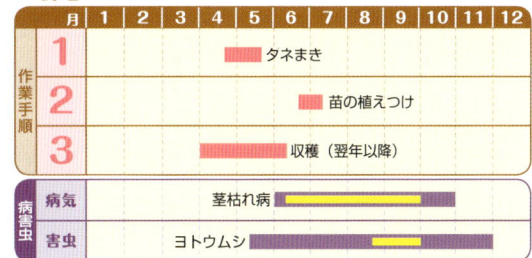

月	1	2	3	4	5	6	7	8	9	10	11	12
作業手順 1				タネまき								
作業手順 2					苗の植えつけ							
作業手順 3					収穫（翌年以降）							
病気				茎枯れ病								
害虫				ヨトウムシ								

■多発時期

Step 1　苗づくり

発芽温度は25〜30℃と高いので、地温の上がってきた4月中旬〜5月中旬にタネをまきます。

苗床づくり〜タネまき

土づくりの目安
- 酸度調整……苦土石灰　100g/㎡
- 元肥…………堆肥　1kg/㎡
- 　　　　　　配合肥料　150g/㎡

追肥
- 化成肥料　50g/㎡

1 タネをまく1〜2週間前に土づくりをして、幅60cmくらい平畝をつくる。

2 畝に、支柱で深さ1cmの溝をつくり、タネを2〜3cm間隔にすじまきする。

3 覆土して、たっぷりと水を与える。発芽したら10cmくらいの間隔に間引いておく。

春まき野菜　ユリ科

Step 2　苗の植えつけ

①土づくり ➡ ②苗の掘り上げ〜植えつけ

　定植をすると、7〜10年は同じ場所で栽培できるので、移動しなくてもよい場所を選びます。
　植えつけの1〜2週間前に土づくりを行い、苗が20〜30cmに育った6月下旬〜7月上旬に植えつけます。

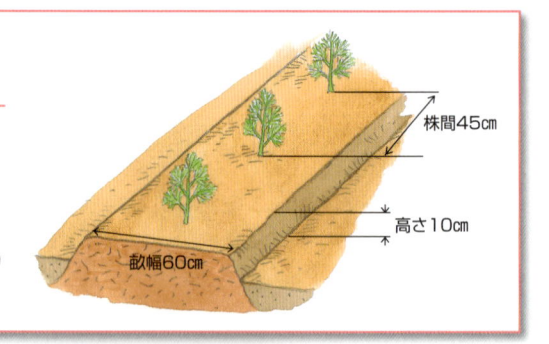

株間45cm
高さ10cm
畝幅60cm

①土づくり

堆肥や石灰などを入れて、しっかりと耕して土づくりします。

土づくりの目安

酸度調整……苦土石灰　120g/㎡
元肥…………堆肥　3kg/㎡
　　　　　　配合肥料　200g/㎡

追肥

化成肥料　50g/㎡×2〜3回

土づくりの後、畝幅60cmの畝をつくる。

②苗の掘り上げ〜植えつけ

苗を掘り上げる前に、苗床に水をまいて、土をやわらかくしておきます。根を傷めないようにシャベルなどで掘り上げ、株間45cmとって植えつけます。

1　苗床にたっぷりと水をまく。
2　すでに根は深く伸びているので、深く掘り上げる。 
3　深めの植え穴を掘り、苗を植えつけて水を与える。 

Step 3　その後の管理と収穫

①苗を育てる ➡ ②収穫 ➡ ③冬越し

　本格的な収穫は、3年目からです。株が育てば、年々収穫量が多くなります。
　若い株ほど、収穫を早く切り上げて、茎葉を伸ばして株を育てます。

①苗を育てる

1〜2年目までは茎葉を伸ばし、春に株元に堆肥と肥料を、夏に2〜3回追肥して土寄せして苗を育てます。

茎葉を伸ばして、株を育てる。

追肥を2〜3回に分けて施す。

アスパラガス

②収穫

若茎が20〜25cm伸びたら、地際からハサミで切り取って収穫します。

2年目の収穫は1〜2週間収穫したら、全部採らないで、茎葉を数本伸ばして株が弱るのを防ぎます。

収穫後に伸びた茎葉。

③冬越し

秋は、翌年のために養分を蓄える時期。11月頃、地上部の茎葉が黄化して枯れてきたら刈り取って、畑の外へ処分します。

茎葉に病害虫が付いていることがあるので、残さないように処分する。菌が越冬しないように、刈り取った株の畝面をバーナーで焼くこともある。

よくある失敗とコツ Q&A

Q 雌株と雄株に違いがある?

A 収穫量はほとんど変わりません

アスパラガスは雄株と雌株が半々あり、赤い実がなる株が雌株です。雄株の方が収穫本数はやや多いといわれていますが、タネや苗の段階では見分けはつかないので、選んで栽培することはできません。収穫量に及ぼす違いはあまり無いようなので、特に気にすることはないでしょう。

花と秋の実

Q タネから育てて、いつから収穫?

A 3年目からの収穫がおすすめ

タネから育てたときは、3年目からの収穫がおすすめです。2年間しっかり株を育ててから収穫を始めた方が、収穫量が上がります。2年目から収穫するときは、春の1〜2週間だけ収穫して、あとは株を育てる方がよいでしょう。年数の早い時期から、どんどん収穫を行うと株が育たず、かえって収穫量が少なくなります。

Q 収穫をやめるタイミングは?

A 細くて曲がったものが多くなったら

細くて曲がったものが多くなると株が弱ってきているので収穫をやめて茎を伸ばし、養分を蓄積させて株を育てます。収穫の目安は2〜3か月間。

長期に収穫を続ける栽培方法に、立茎栽培があります。株全体から均等に適当な太さの茎を5〜6本以上選んで伸ばすと、枝葉が養分を作って株が弱らず、秋まで収穫が続きます。10月頃になると、新しい茎が出てこなくなるので収穫は終了します。

7〜10年は同じ場所で栽培しますが、細い茎しか出てこない、毎年病気が出て思うように収穫できないときは、場所を変えて株を更新します。

もしかして病害虫!? **ドクターQ**

Q 茎が茶色く枯れてきたのは?

A 茎枯病かもしれません

茎が茶色く枯れたようになるのは、茎枯病と思われます。ひどくなると、株全体が枯れたようになります。

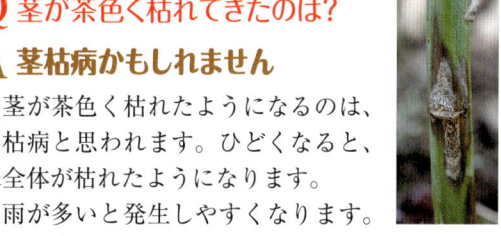

雨が多いと発生しやすくなります。また、茎葉が混み過ぎているときは、茎葉を減らして風通しを良くします。発生したら、登録のある殺菌剤を散布して防除します。また、病気になった茎葉は感染源になるので刈り取って処分します。

春まき野菜　キク科

ゴボウ

学　名／Arctium lappa L.
分　類／キク科ゴボウ属
原産地／中国東北部、シベリア
別　名／ゴンボ

日本へは千数百年前に中国から薬用として伝えられ、江戸時代には食用として利用されていました。ゴボウは高温性の野菜です。寒くなると地上部が枯れて、春にとう立ちしてアザミに似た花を咲かせます。収穫期間も長く、貯蔵性が良いので長く楽しめます。

おすすめ品種

長根種や短い短根種、早生〜晩生種など、多数の品種があります。収穫しやすい短根種で極早生の品種「サラダむすめ」や、やや長めの「柳川理想」などがおすすめ。特に、短根で極早生の品種は6月頃までタネまきができ、ゴボウ栽培に初めて挑戦する方は、こちらをおすすめします。

根長35〜45cmの「サラダむすめ」のタネ。

▼栽培カレンダー

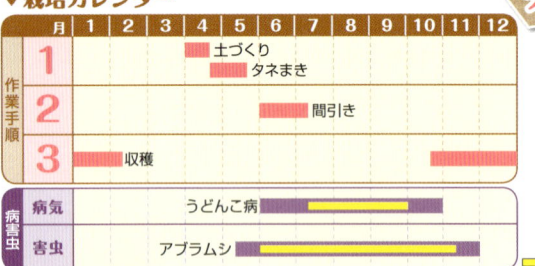

作業手順	月	1	2	3	4	5	6	7	8	9	10	11	12
	1				土づくり／タネまき								
	2						間引き						
	3	収穫											
病害虫	病気				うどんこ病								
	害虫				アブラムシ								

■多発時期

失敗しないコツ！

- 連作を嫌うので、4〜5年あけて栽培
- 長期栽培なので、土づくりをしっかり行う
- 排水性の良い土壌を好む

Step 1　畑の準備とタネまき

①土づくり〜畝づくり → ②タネまき

地温の上がってきた4月下旬〜5月中旬頃がタネまきの適期です。連作を避けた場所に、3週間ほど前に土づくりします。堆肥は少なめに入れて深くしっかりと耕し、畝づくりをしてタネをまきます。

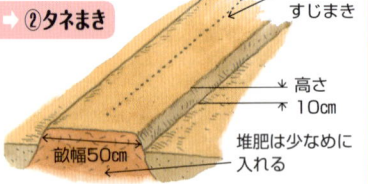

タネはすじまき
高さ10cm
畝幅50cm
堆肥は少なめに入れる

①土づくり〜畝づくり

未熟な堆肥や過剰な施肥は、真っ直ぐなゴボウに育ちません。堆肥はできれば前作にたっぷり入れておくのが望ましく、未熟なものを避けます。

土づくりの目安
酸度調整……苦土石灰　120g/㎡
元肥…………堆肥　1kg/㎡
　　　　　　配合肥料　150g/㎡

追肥
化成肥料　50g/㎡×2回

根が長く伸びるので、深くよく耕して、幅60cmの畝をつくる。

②タネまき

タネは光を好む光好性種子です。深まきにならないようにします。

1 畝の中央に深さ0.5〜1cmのまきすじをつけ、多めにタネを落とす。タネはやや発芽しにくい。

2 薄く覆土して土の表面を軽くたたき、水やりする。

112

ゴボウ

Step 2 その後の管理　①間引き ➡ ②追肥

「ゴボウの苗は、広がっているより立っている方がよい」といわれています。間引きは、一度に行わないで、2回に分けて少しずつ株間を広げていきます。2回目の間引き後に追肥を施して、土寄せします。雑草も生えやすいので、除草も忘れずに行います。

①間引き

1回目は本葉1～2枚頃、2～3cm間隔に間引きます。
2回目は本葉3～4枚になったら、10～15cmの株間に間引きます。

1回目 2～3cm間隔に間引く。

2回目 10～15cm間隔に間引く。

間引いた苗は、葉ゴボウとして油炒めや天ぷらに。

肥料をまいて、土寄せする。

生育途中は、中耕もかねて除草する。

②追肥

2回目の間引き後に、追肥を施します。その後、8月下旬～9月上旬にかけて、さらに追肥を施します。肥料は株元から少し離してまき、肥やけを防ぎます。

Step 3 収穫

極早生で短根種の「サラダむすめ」は、タネまきから100日くらいで収穫できますが、長根種は10月中旬頃から収穫です。根近くに深く穴を掘って収穫します。

横にして土中に埋めて保存しておけば、手軽に利用できる。

スコップで株元を垂直に掘って、折らないように収穫。

よくある失敗とコツ Q&A

Q 手軽につくる方法は?
A 袋栽培がおすすめ

肥料袋などのしっかりした袋の底を抜いて、肥料を混ぜた土を入れて袋栽培します。袋は倒れないように、支柱を立ててヒモで結んで固定します。栽培は通常の手順で育て、1つの袋で3～4本の収穫ができます。

ドクターQ　もしかして病害虫!?

Q 注意すべき病虫害は?
A アブラムシやうどんこ病です

春から秋はアブラムシ、夏の時期はうどんこ病が多く発生して生育が悪くなります。特に生育初期では、その後の生育を著しく悪くするので注意します。

うどんこ病

アブラムシ

春まき野菜　サトイモ科

サトイモ

学　名／ Colocasia esculenta　Schott
分　類／サトイモ科サトイモ属
原産地／東南アジア
別　名／タイモ、ハタイモ

東南アジア原産で、高温多湿の気候を好みます。生育適温は25〜30℃と高く、夏の暑い時期によく育ちますが、乾燥には弱い性質なので、雨の多い年の方が、イモの出来は良くなります。乾燥した日が続く時は、潅水して育てると収穫量が多くなります。

おすすめ品種

関東では、「土垂（どだれ）」という品種が多く栽培されています。粘りがあって収穫量も多いのでおすすめです。タネイモは、信頼できる種苗店などで購入します。病気のない形の良い大きめのものを選びます。

失敗しないコツ！

- 栽培期間が長いので、有機質を入れて土づくりをする
- 連作は避けて、4〜5年あける
- アブラムシに注意
- 乾燥には弱いので、乾燥したら潅水をする
- タネイモは形が良く、大きめのものを選ぶ

▼栽培カレンダー

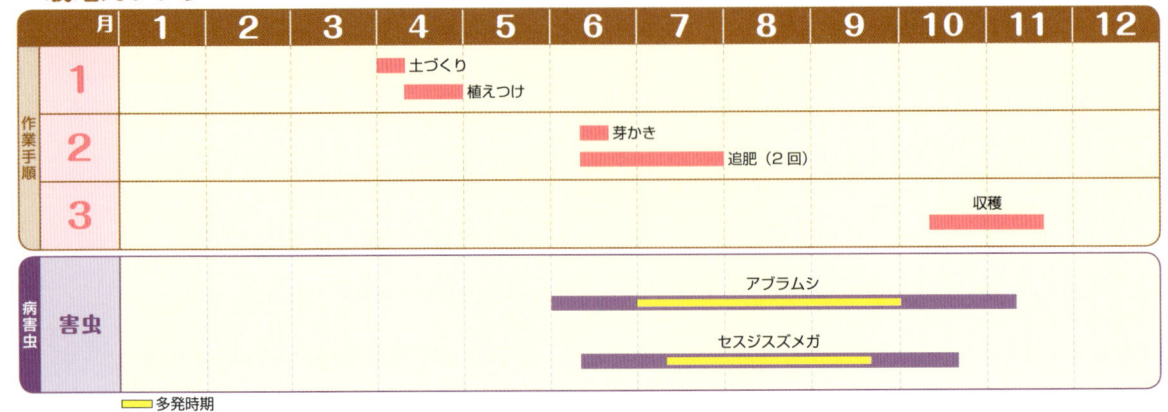

月	1	2	3	4	5	6	7	8	9	10	11	12
作業手順 1				土づくり／植えつけ								
作業手順 2						芽かき	追肥（2回）					
作業手順 3										収穫		
病害虫（害虫）						アブラムシ／セスジスズメガ						

■ 多発時期

114

サトイモ

Step 1 畑の準備と植えつけ

①土づくり〜マルチング → ②植えつけ

　連作を嫌うので、4〜5年あけて作付けをします。植えつけ場所は、できれば灌水のできるところが適しています。栽培期間は長いので、たっぷりの有機質と緩効性肥料を入れて土づくりをしっかり行います。乾燥を防ぎ、地温を高めるためにビニールマルチを敷き、タネイモを植えつけます。

ビニールマルチを敷く
株間 50cm
高さ 10cm
畝幅 60cm

①土づくり〜マルチング

　土づくりは、植えつけの1〜2週間ほど前に終わらせておきます。
　高さ10cmくらいの畝を立てて、ビニールマルチを敷きます。サトイモは水分を好みます。

土づくりの目安

酸度調整	苦土石灰 120g/㎡
元肥	堆肥 2kg/㎡
	配合肥料 200g/㎡

追肥

化成肥料　50g/㎡×2回

1 株間をしっかりととって畝の長さを測り、支柱などを立てて目印にする。

2 堆肥はたっぷりと入れて、緩効性肥料をまき、塊ができないようにしっかりと耕す。

3 土を外側へかき出して、高さ10cmの畝をつくり、畝の表面に沿って、ビニールマルチを敷く。

4 株間50cmをとって、穴あけ器であける。

②植えつけ

　4月中旬〜下旬に、タネイモの芽を上にして深植えにならないように植えつけます。

コツ！
タネイモは数日間、日に干すと芽の出が良くなる。

1 一穴に、タネイモを1個ずつ準備。

2 マルチ穴に、シャベルで植え穴を掘る。

3 芽を上にして、地面から10cmくらいの深さに入れる。

4 土を埋め戻して、表面を軽くたたく。

春まき野菜　サトイモ科

Step 2 その後の管理　①芽かき ➡ ②追肥と土寄せ

　植えつけて、2〜3週間後に芽が出ます。しっかりした芽を1本残して、芽かきします。
　6月中旬〜7月下旬に2回、追肥と土寄せをします。

　サトイモは、雨が降らず土が乾燥すると、生育が悪くなります。乾燥が続くような時は、水やりをします。また、収穫の終わったトウモロコシの茎葉などを根元に敷いて、乾燥を防ぐようにします。

①芽かき

　タネイモから芽が出て、その芽の基部が肥大して親イモになりますが、タネイモからは複数の芽が出てきます。そのまま残しておくと、親イモがいくつもできてしまうので、真ん中の一番良い芽を残して1本に芽かきします。
　6月下旬頃、親イモから出てくるわき芽は取りません。これは、親イモが肥大し、それに付いた子イモから出てくる芽となるので、取ると子イモが育ちません。

わき芽の地際を持って、横に引っ張るようにして引き抜く。

チェック！
- しっかりとした芽を1本残す
- 芽かきする
- タネイモ

親イモからさらにいくつかの子イモができ、子イモから孫イモと順にイモ数を増やす。

②追肥と土寄せ

　6月中旬頃には本葉が6〜7枚伸びて、子イモができ始める時期です。葉を傷めないように、ビニールマルチをはがして、1回目の追肥と土寄せを行います。
　さらに7月の梅雨明け前に、2回目の追肥と土寄せを行います。

1 芽を傷めないように、ビニールマルチをはがす。
2 肥料を畝間にバラバラとまく。 
3 土とよく混ぜて、株元へ引き上げて土寄せする。 

Step 3 収穫

　気温が下がると、地上部の茎は枯れ始めます。10月中旬から収穫を始め、霜が降りる前に終わらせます。

　収穫は、地上部の茎を刈り取って、イモを掘り出して収穫します。
　イモ用の品種は茎を食べませんが、茎用に栽培される「八頭」は、イモも食用に利用されています。

1 茎を地際から、カマなどで刈り取る。 
2 少し遠めからスコップを刺し込んで、てこのように持ち上げる。
3 土の中からサトイモの塊が出てきたら、土を落とす。

サトイモ

よくある失敗とコツ Q&A

Step 1

Q ビニールマルチは必要ですか?

A 地温が上がって初期生育が良くなります

4月の中～下旬に植えつけなので使用しなくても問題ありませんが、ビニールマルチをすることで地温を上げ、初期の生育を良くすることができます。

サトイモの植えつけに適した50cm間隔の穴あきがない場合は、穴のあいていないビニールマルチか、2条の穴のあいているものなどを代用して株間の位置に合わせて穴をあけます。

芽が土から出てくる時期、出る方向が曲がると、ビニールに引っかかって穴から芽が出ない場合があるので注意します。

Step 2

Q イモが表面に出ています?

A 土寄せが足りなかったようです

土寄せは、子イモ、孫イモがしっかり隠れるように行います。土寄せが足りないとイモの肥大が悪く、丸い形の良いイモになりません。

Step 3

Q 霜で葉が傷んでしまったら?

A できるだけ早く収穫を

霜が降りるようになると、畑のサトイモの葉は、茶色く枯れたようになります。放置すると茎の部分から、寒さにより傷んで腐れ込んでいきます。できるだけ早く掘り上げて収穫します。

乾燥防止のために、トウモロコシの茎葉やワラなどを敷いていた場合は、土に混ぜ込んで、堆肥として畑に入れます。

Q タネイモの保存法は?

A 深めの穴を掘って保存します

収穫したサトイモを、翌年の春まで深めの穴の中に入れて保存します。穴の中は、適度な湿気があり温度も一定となります。親イモと子イモの塊を、ばらさないで茎側を下にして並べるように入れます。下に向けると塊が崩れにくく、切り口がないので腐れにくくなります。その上にゴザやワラなどをかけ、さらに土を30～40cmの厚さにかけて、外の温度の影響がないようにします。土の上には、雨水がしみ込まないように、ビニールなどをかけておくとよいでしょう。

もしかして病害虫!? ドクターQ

Q 効果的なアブラムシ対策は?

A バンカープランツのソルゴーがおすすめ

温度が高く、乾燥の状態が続くとアブラムシが多く発生します。葉裏にひどく付くと葉の汁が吸われ、生育が悪くなります。発生したら、早めに農薬を散布して防除します。

サトイモの側に、イネ科のソルゴーを植えておくと、アブラムシの天敵のバンカープランツとなり、アブラムシの被害を減らすことができます。

葉裏についたアブラムシ

Q 葉を食べている虫は?

A セスジスズメガやハスモンヨトウの幼虫

葉を食害する害虫に、セスジスズメガやハスモンヨトウなどの幼虫がいます。比較的数が少なく見つけやすいので、発生したら捕殺するか、必要なら農薬を散布して防除します。

セスジスズメガの幼虫

春まき野菜　ショウガ科

ショウガ

学　名／Zingiber officinale Rosc.
分　類／ショウガ科ショウガ属
原産地／熱帯アジア
別　名／ハジカミ、クレノハジカミ

ショウガは地下茎が肥大してできたもので、全草に香りがあります。熱帯アジア原産で高温多湿を好み、病害虫もほとんどない栽培しやすい野菜です。夏は葉ショウガで、秋は霜の降りる前まで根ショウガとして長い期間収穫できます。香辛野菜として、栽培しておくと便利です。

おすすめ品種

塊茎の大きさで大ショウガ、中ショウガ、小ショウガに分類されています。中ショウガの一種で、黄ショウガともいわれている「三州」は塊茎の肥大もよく、作りやすい品種です。

失敗しないコツ！

- 連作を嫌うので4～5年あける
- タネショウガは乾かさない
- 無理な早植えはしない
- 霜の降りるまでに収穫

▼栽培カレンダー

月	1	2	3	4	5	6	7	8	9	10	11	12
作業手順1				土づくり								
作業手順2					植えつけ		追肥		追肥			
作業手順3							収穫 葉ショウガ					
								収穫 根ショウガ				
病害虫 害虫			ヨトウムシ									

■多発時期

Step 1　畑の準備　土づくり

霜の心配が無くなり、暖かくなってきた4月下旬～5月上旬にスタート。連作を避けて、4～5年あけた場所で、植えつける1～2週間前に土づくりを行います。地力のある畑でよく育つので、堆肥と苦土石灰をまいて土づくりを行います。肥料は植えつけ時に施します。

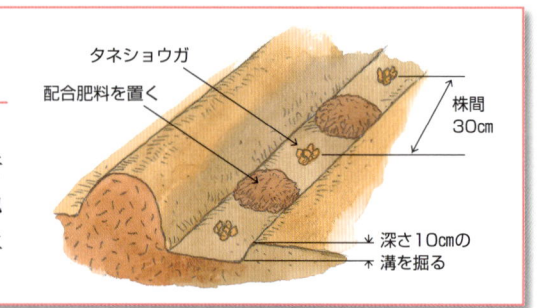

（図：タネショウガ／配合肥料を置く／株間30cm／深さ10cmの溝を掘る）

土づくりの目安

酸度調整……苦土石灰　120g/㎡
元肥…………堆肥　2kg/㎡
　　　　　　　配合肥料　150g/㎡

追肥

化成肥料　50g/㎡×2回

1 作付け場所に、堆肥と苦土石灰をまく。

2 土によく混ぜ込みながら、しっかりと耕す。

ショウガ

Step 2 植えつけとその後の管理　①植えつけ ➡ ②追肥

タネショウガは、信頼のできる種苗店などから、病斑のないしっかりしたものを購入します。早く購入した場合の保存は、低温の場所を避け、乾燥し過ぎないように注意します。

植えつけて、地上に芽が出てくるまで、約1か月かかります。芽が出たら1回目の追肥を施します。

①植えつけ

タネショウガの大きな塊茎は、3〜4個の芽があるように分球します。溝を掘ってタネショウガを並べ、配合肥料を間に入れて埋め戻します。

②追肥

土の表面から芽が出てきたら、1回追肥を施します。肥料は株の周りに上からぱらぱらとまいておきます。

8月下旬〜9月上旬に2回目の追肥を施します。

1 大きなタネショウガは分球。あまり小さくしない。

2 植えつけは、芽の出る部分を上に向くようにする。

3 深さ10cmくらいの溝を掘り、株間30cmとって、タネショウガを置いていく。

4 肥料がタネショウガにかからないように、間に均等に置く。

5 ていねいに埋め戻して、クワの背で軽く鎮圧する。

Step 3 収穫

7〜8月頃、葉が7〜8枚くらいになり、新芽が数本に増えてきたら、葉ショウガとして収穫します。10月頃まで育てれば、新ショウガとして収穫できます。低温に弱いので、霜が降りる前までに、収穫を終えます。

●葉ショウガの収穫

子ショウガ
親ショウガ

9月の球茎。肥大する前なので葉ショウガとして、ビールのつまみで楽しめる。

●根ショウガの収穫

タネショウガ（ヒネショウガ）
新ショウガ

茎葉が黄色になり始めたら、掘り上げて収穫する。

よくある失敗とコツ Q&A

Q 生育が悪いのは？

A 乾燥に弱いので水やりを

ショウガは、極度に乾燥すると生育が悪くなります。梅雨明け後、高温乾燥が続く場合は、時々水やりをします。また、ワラなどを株元に敷いて、土の乾燥を防ぐようにするとよいでしょう。

もしかして病害虫!? ドクターQ

Q ショウガが腐るのは？

A 根茎腐敗病です

地中のショウガが腐って地上部の茎葉も枯れてしまうのは、根茎腐敗病です。これは、土やタネショウガが病気の感染源になります。病気の菌が増えてしまう連作をしないようにして、購入時のタネショウガは良いものを入手しましょう。

春まき野菜　ヒルガオ科

サツマイモ

学　名／Ipomoea batatas
分　類／ヒルガオ科サツマイモ属
原産地／中央アメリカ
別　名／カンショ、カライモ、リュウキュウイモ

あまり肥えていない畑でも栽培することができることから、凶作のときの救荒作物として大きな役目を果たしてきました。中央アメリカ原産の高温性野菜で、強光と十分な日照でイモは大きく成長します。病害虫も比較的少なく、何年も同じ場所に作付けできます。

おすすめ品種

大正時代から、日本でも多くの品種がつくられました。イモの大きさや形、肉色も白や黄、紫など品種によって様々です。「ベニアズマ」は、甘味も食感も良く、栽培しやすい人気品種です。

アサガオと同じヒルガオ科なので、よく似た花を咲かせる。花は径3〜4cmくらいで漏斗状

失敗しないコツ!

- 水はけの良く、肥えていない土壌でよく育つ
- 窒素の吸収力が強いので、少なめに入れる
- 作付けあとでは、ほとんどチッソ肥料はいらない
- 苗は舟底型に植える

▼栽培カレンダー

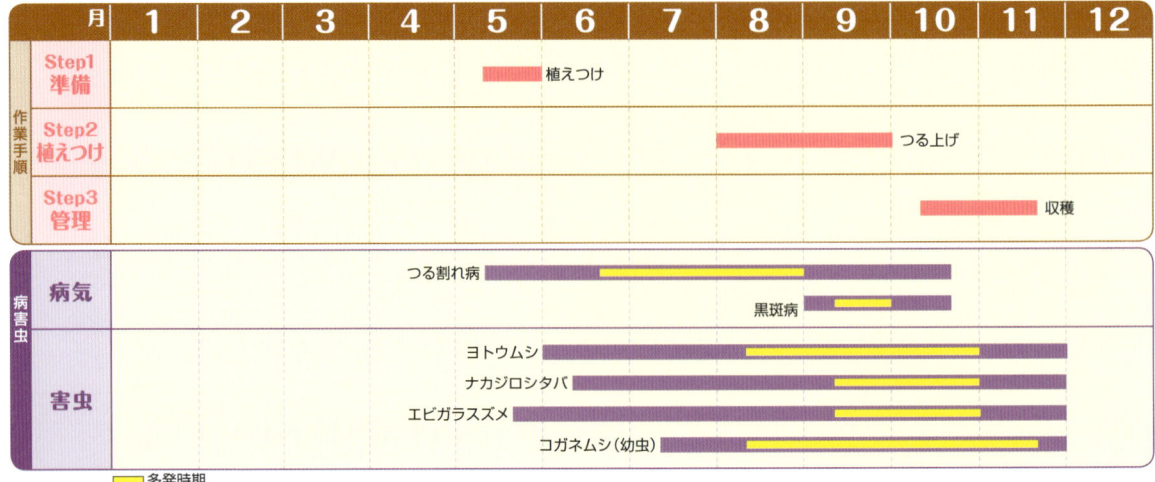

月	1	2	3	4	5	6	7	8	9	10	11	12
作業手順 Step1 準備					植えつけ							
Step2 植えつけ								つる上げ				
Step3 管理										収穫		
病害虫 病気				つる割れ病				黒斑病				
害虫				ヨトウムシ								
				ナカジロシタバ								
				エビガラスズメ								
				コガネムシ(幼虫)								

多発時期

サツマイモ

Step 1 畑の準備と苗の植えつけ

①土づくり ➡ ②苗の植えつけ

サツマイモは肥料分が多いとつるぼけして、イモがよく育ちません。水はけの良い、肥えていない土壌の方が栽培に適しています。

5月中旬〜下旬、苗を入手して植えつけの1〜2週間前に土づくりをして植えつけます。（苗の作り方は123頁を参照）

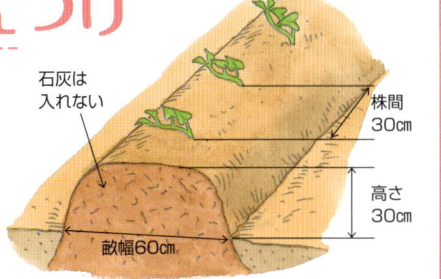

石灰は入れない
株間 30cm
高さ 30cm
畝幅60cm

①土づくり

元肥は控えめに入れ、特に窒素の吸収力が強いので、少なめのものを選びます。肥料分が残っている畑は不要です。

土づくりの目安
酸度調整……苦土石灰　0g/㎡
元肥…………堆肥　2kg/㎡
配合肥料　100g/㎡
（窒素分の少ないもの）

追肥
なし

1 作付け場所を測り、支柱などを立てておく。

2 完熟堆肥を全面にまき、元肥は控えめにまく。しっかりと土を耕して、肥料分を混ぜ、畝を立てる。

②苗の植えつけ

苗の植えつけは、舟底挿しという方法です。浅めに茎の部分を埋めて、葉は地上に出しておきます。

コツ！

束ねてある苗を購入したら、むれてしまわないように、日陰に広げておく。乾燥には比較的強いので、水に挿しておかなくても2〜3日は大丈夫。

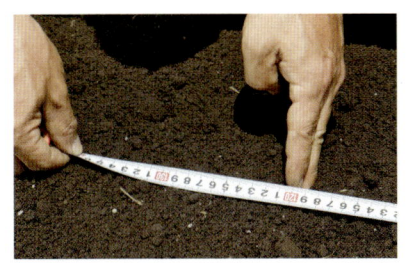

1 株間30cmとって、深さ10cmの長めの穴を掘る。

2 苗が舟形になるように、茎の部分を寝かせて置く。

3 茎の数節が埋まるように、土を寄せる。

4 植えつけ完了。畑が強く乾燥しているようなら、水を与える。

121

春まき野菜　ヒルガオ科

Step 2　その後の管理

①除草 ➡ ②つる上げ

植えつけた苗は、しばらくするとつるが旺盛に伸び始めます。長く伸びたつる先は持ち上げて、茎から伸びる根を防ぎ、余分な部分に養分がいかないようにつる上げ作業をします。

①除草

植えつけて間もない時期は、土の表面が見えて、雑草が生えやすくなっています。草が生えてきたら、大きくならないうちに除草します。次第につるが伸びて、畑の表面を覆うようになれば、除草の必要はほとんどなくなります。

つるが伸びない時期は、雑草が生えやすいので除草する。

②つる上げ

つるが土につくと、葉のつけ根部分から根を出します。イモは根に養分が蓄積したものです。養分の分散を防ぎ、植えた苗のところだけに集中して肥大させるように、つるを持ち上げて根を切る、つる上げ作業を一作に2〜3回行います。つるが旺盛に伸びて、となりの区画や作物に及びそうなときも行います。

1 畝間に沿って歩き、つる先を持って、たぐり上げる。

2 たぐり上げたつるは、ひっくり返して乗せる。株元には根がしっかりと張り、土中ではイモの肥大が続いている。

Step 3　収穫

イモがしっかりと肥大した10月中旬頃から、収穫できます。2〜3日晴天が続いたら、つるをすべて刈り取ってから、株元を掘り上げます。サツマイモは霜に弱いので、収穫は霜が降りるまでに終わらせます。収穫したサツマイモはよく乾かして、低温にあたらない場所で保存します。

地上部のつるをカマなどで切る、つる刈り作業をして片付けます。イモを傷つけないように、注意しながらシャベルなどで掘り出して収穫します。

コツ！
シャベルを入れる前に、イモのついた部分を確認。

1 株元までつるをたぐり寄せて、まとめる。

2 シャベルを株元から遠い部分から挿し込み、てこの要領で持ち上げる。

3 つる元の部分を手で持って、ゆっくりとイモを引き上げる。太く大きく育った「ベニアズマ」。

サツマイモ

よくある失敗とコツ Q&A

Q 苗づくりをする方法は？

A ポット苗のタネイモが手軽

　苗をつくりたい場合は、3月下旬～4月中旬にタネイモを苗床に植えて発芽させます。発芽温度は30℃と高いので、温床やビニールトンネルかけなどの温度管理が必要です。

　苗床にイモを横にして、土に隠れるくらいの深さに植えます。乾燥すると生育が悪くなるので、水やりしながら芽が出るまで地温を30℃くらいに、その後は20～25℃に保ちます。10日ほどで発芽し、芽が5cmくらいに伸びたら徐々に日光に当てる時間を延ばします。25～30cmくらいになったら、タネイモから茎を1～2節残して切り取ります。

ポット苗のタネイモ

　ホームセンターなどで、苗取り用として芽の出ているポット植えのタネイモが購入できるようでしたら、これを利用する方法もあります。

　切り取った茎は、2～3日日陰で干して、サツマイモ苗として植えつけます。芽を切り取ったあと、また芽が伸びてくるので、2～3回苗を取ることができます。

切り取った茎（左）と陰干しした茎（右）

Q 保存と貯蔵方法は？

A 低温にあたらない環境づくりを

　少量のサツマイモを保存する場合は、低温に弱いので冷蔵庫に入れるのは避けます。泥のまま新聞紙に包むなどして、低温にあたらない場所に保存します。

　長期に貯蔵する方法は、サツマイモが入る大きさに、深めに穴を掘って入れます。その上に、ゴザやワラなどを敷いて、上に30～40cmくらいの土で覆います。穴の中が10～14℃くらいで、外気の影響がないようにします。土をかけた上には、雨水がしみこまないようにビニールなどをかけておきます。

もしかして病害虫!? ドクターQ

Q どのような病気に注意すべき？

A 黒斑病やつる割れ病です

　葉に斑点状の病斑が出る黒斑病は、軽度の発生では収穫に影響は少ないですが、ひどい場合は殺菌剤を散布して防除します。

　つるが割れて腐るような症状が出たら、つる割れ病です。症状が出た株は、抜いて処分します。

　黒斑病やつる割れ病は、タネイモや苗から伝染する病気です。苗取りをするときは、病害のない健全なタネイモから行います。苗を植えつける前に、ベンレート水和剤などの殺菌剤に、30分ほど浸してから植えつけると予防になります。

Q 注意すべき害虫は？

A 葉やイモを食害する害虫がいます

　イモの肥大に葉は大切ですが、葉を食害するヨトウムシやエビガラスズメ、ナガジロシタバ、ハスモンヨトウがいます。発生したら、薬剤散布して防除します。

　イモを食害しているのは、コガネムシの幼虫と思われます。未熟な堆肥を入れると多く発生するので、完熟堆肥を使用します。

エビガラスズメの幼虫

葉を食害するナガジロシタバの幼虫。体長6cmくらい

123

春まき野菜　ヒルガオ科

クウシンサイ

学　名／Ipomoea aquatica Forsk
分　類／ヒルガオ科サツマイモ属
原産地／東南アジア
別　名／エンサイ、ヨウサイ、カンコン、アサガオナ

高温と湿り気のある土壌を好む、つる性一年草で、モロヘイヤと同様に、葉もの類がつくりづらい夏の時期に収穫できる野菜です。ほとんど連作障害がないので、他の野菜の輪作に合わせて翌年の作付けを行います。

おすすめ品種

クウシンサイ（空心菜）、エンサイ、アサガオナなどの呼び名で販売されています。信頼できる種苗会社のタネを購入します。

ヒルガオに似た花とタネ

失敗しないコツ！

- 乾燥していると、発芽が悪い
- 比較的害虫の被害がない
- 耐暑性があり、夏の暑さにも生育は旺盛

▼栽培カレンダー

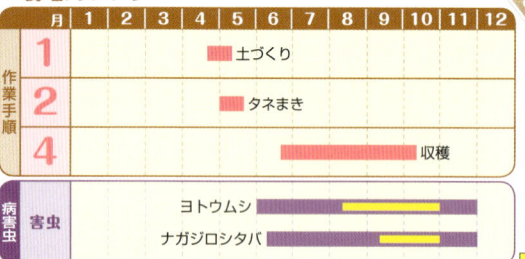

作業手順	月	1	2	3	4	5	6	7	8	9	10	11	12
	1				土づくり								
	2				タネまき								
	4						収穫						

| 病害虫 | 害虫 | ヨトウムシ |
| | | ナガジロシタバ |

■多発時期

Step 1　畑の準備　土づくり ➡ 畝づくり

土づくりは、タネをまく1〜2週間前に行います。栽培期間が長く、収穫は秋まで続くので堆肥や肥料を入れてしっかりと土づくりを行い、平畝をつくります。

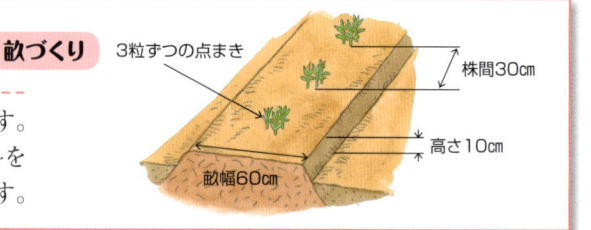

3粒ずつの点まき
株間30cm
高さ10cm
畝幅60cm

土づくりの目安

酸度調整……苦土石灰　100g/㎡
元肥…………堆肥　2kg/㎡
　　　　　　配合肥料　150g/㎡

追肥

化成肥料　30g/㎡×3〜4回

1 畝の大きさを測り、完熟堆肥石灰や肥料を均一にばらまく。

2 土に混ぜ合わせるよう、しっかりと耕し、高さ10cmくらいの平畝をつくる。

124

クウシンサイ

Step 2 タネまき

発芽適温は20〜30℃なので、気温の上がった4月下旬〜5月上旬にタネをまきます。
タネの表皮は硬く、乾燥していると発芽しにくいので、一晩水に浸してからまくと発芽しやすくなります。

コツ！
株は次第に大きく育つので、株間を30cmとる

1 深さ約1cmの凹みをつくり、1か所に3粒ほど、タネを落とす。

2 覆土して、水やりする。その後も乾燥しないように水やりする。

発芽後はゆっくりと成長し、気温の上昇とともに早まる。

Step 3 収穫期の管理

切り戻し → 収穫 → 追肥

つるが伸びてきたら、先端の20〜30cmくらいを切り戻します。わき芽が次々と伸びるので、適宜収穫します。1か月に1回くらい、追肥として肥料を施します。茎は、挿し芽にすると簡単に増やせます。

葉を数枚残して収穫すると、残った葉の根元からわき芽が伸びて生育します。収穫を繰り返すと、次第に株も大きく成長します。葉が大きくなって堅くなったときは、思い切って切り戻し、芽を更新すると再び柔らかい茎葉が収穫できます。
収穫の目安は10月上旬頃まで。時期を過ぎると生育が遅くなり茎葉が堅くなるので食味が落ちますが、霜が降りる頃まで収穫できます。

わき芽が伸びて、次第に枝数が増える。

早めの収穫で、やわらかい茎葉をこまめに摘み取る。

鉄分やビタミンAを多く含む栄養野菜。お浸しや炒め物に。

よくある失敗とコツ Q&A

Q 栽培を早く始めるには？
A セルトレーで苗を育てます

栽培を早く始めるために、タネの早まきをしたいときは、4月下旬頃、温度の確保されたところで、セルトレーにタネをまき、苗を育てます。セルトレーの1穴に2〜3粒ずつまき、本葉が2〜3枚の頃に畑に植えつけます。

もしかして病害虫!?　ドクターQ

Q どんな病害虫に注意すべき？
A 虫の食害です

病害虫の少ない野菜ですが、サツマイモと同じヒルガオ科の野菜なので、ヨトウムシやナガジロシタバなどが発生します。見つけたら捕殺するか、農薬を散布して防除します。

ナガジロシタバの幼虫

春まき野菜　シナノキ科

モロヘイヤ

学　名／ Corchorus olitorius L.
分　類／シナノキ科コルコルス属
原産地／中近東、アフリカ北部
別　名／タイワンツナソ

アジア～アフリカ北部の熱帯で広く栽培されている野菜で、日本には1980年代に導入されました。
　カルシウムやビタミン類を多く含む栄養価の高い野菜として注目され、日常的に店頭に出回るようになりました。高温や乾燥にも強い高温性野菜で、クウシンサイと同様に葉もの野菜のつくりづらい夏の時期に栽培できる貴重な野菜です。

おすすめ品種

信頼できる種苗会社から販売されている、タネを購入します。秋にできるタネを自家採取して、翌年に利用して栽培することもできます。

失敗しないコツ！

- 温度が上がってからタネをまく
- 摘芯して、わき芽を増やす
- 肥料切れさせない
- 長期収穫なので、土づくりをしっかりと
- 新芽が出にくくなったら切り戻す

▼栽培カレンダー

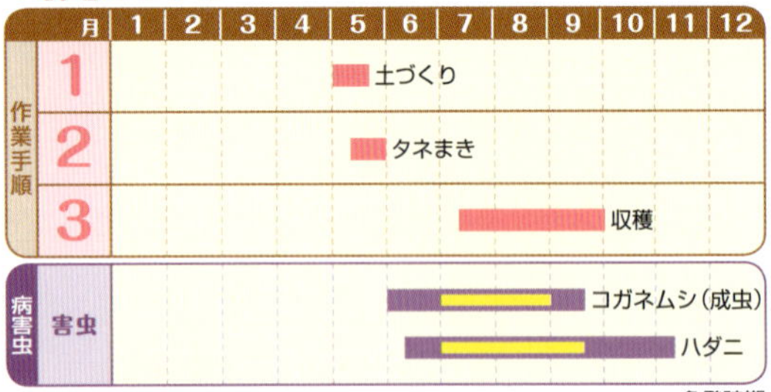

作業手順	月	1	2	3	4	5	6	7	8	9	10	11	12
	1					土づくり							
	2					タネまき							
	3							収穫					
病害虫	害虫						コガネムシ（成虫）						
							ハダニ						

黄色：多発時期

Step 1　畑の準備　土づくり ▶ 畝づくり

　高温性の野菜なので、地温が高くなった5月上旬から土づくりスタートです。
　タネまきの1～2週間前に、石灰や堆肥、肥料を入れてよく耕し、畝をつくります。

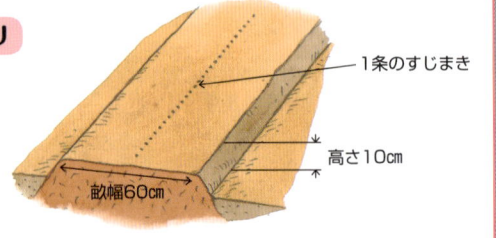

1条のすじまき／高さ10cm／畝幅60cm

土づくりの目安

酸度調整……苦土石灰　100g/㎡
元肥…………堆肥　2kg/㎡
　　　　　　　配合肥料　150g/㎡

追肥

化成肥料　30g/㎡×3～4回

1　畝の大きさを測り、広く全面に石灰などをまき、しっかりと耕しておく。

2　畝の大きさに、土を掘り出して畝をつくる。

モロヘイヤ

Step 2 タネまきと間引き

発芽適温は25～30℃です。暖かくなった5月中旬～下旬に、タネを1条のすじまきにします。発芽して、混み合った部分を間引いて育てます。

発芽して本葉が2～3枚になったら、混んでいる部分を間引きます。さらに本葉が4～5枚になったら、最終的に20～30cm間隔に間引きます。

コツ！
高温多湿でよく育つので、乾燥が続いたら水やりを。

支柱を軽く押して、深さ0.5cmくらいのまきすじをつくり、1～2cm間隔でタネを落として覆土する。

しっかりした苗を残して、間の苗を間引く。

Step 3 収穫期の管理　収穫 → 追肥

草丈60cmくらいから、やわらかい先端部の葉先30cmくらいを切って収穫します。1か月に、1回くらい追肥を施します。

チェック！
秋になると黄色い花が咲き始め、莢をつけるが、莢やタネにはストロファンチジンという有毒物質が含まれているので、食べないように気をつける。

早めに、収穫を兼ねて1回摘芯をすると枝数が増える。

葉を摘み取って、ゆでて刻むとぬめりが出る。

暑い夏の時期に、収穫位置が高くなったら、切り戻して低くすると、再び新芽が伸びる。

よくある失敗とコツ Q&A

Q 栽培を早く始めるには？

A 4月下旬頃にセルトレーにタネまきを

栽培を早く始めたいときは、温度が確保されているところで、4月下旬頃にセルトレーなどに、1穴に5～6粒まいて育苗します。本葉3～4枚の頃に、株間20～30cmで植えつけます。

もしかして病害虫⁉ ドクターQ

Q どんな病害虫に注意すべき？

A ハダニやコガネムシの食害です

ハダニが発生すると葉が斑点状に白または黄色っぽくなり、ひどくなると蜘蛛の巣が張ったようになります。発生したら、農薬を散布して防除します。茎葉を減らし、風通しを良くすると付きにくくなります。
夏の温度の高い時期には、コガネムシが葉を食害するので、捕殺するか農薬を散布して防除します。

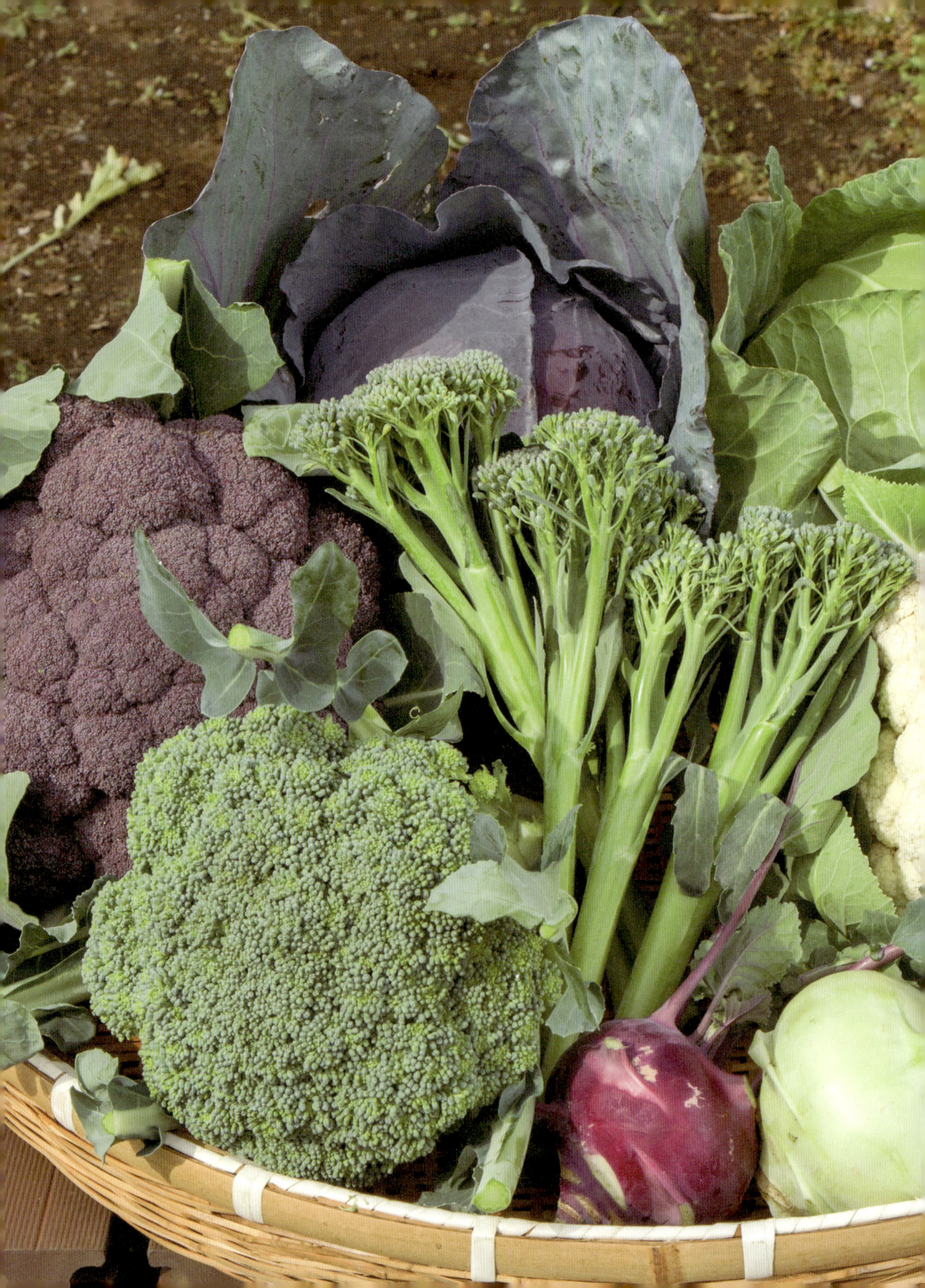

Part 2
夏・秋まき野菜

- **アブラナ科**
  - 130……カリフラワー
  - 133……ブロッコリー
  - 136……メキャベツ
  - 138……ハクサイ
  - 142……ナバナ
- **マメ科**
  - 144……エンドウ
  - 148……ソラマメ
- **バラ科**
  - 151……イチゴ
- **ユリ科**
  - 154……タマネギ
- **キク科**
  - 157……シュンギク
- **セリ科**
  - 159……ニンジン

夏・秋まき野菜　アブラナ科

カリフラワー

学　名／Brassica oleracea. L var. botrytis.
分　類／アブラナ科アブラナ属
原産地／地中海沿岸
別　名／ハナヤサイ、ハナカンラン

カリフラワーは、ブロッコリーなどと同様に、野生キャベツから生まれたキャベツの仲間です。低温性野菜で、寒さにあうと花芽をつけます。草丈は低く、茎頂に1個の花蕾（からい）をつけます。

近年、花蕾の多彩な品種や、カリフラワーの一種「ロマネスコ」も注目されています。

おすすめ品種

花蕾がホワイトの品種は、育てやすい早生の「バロック」や、ミニサイズで収穫も早い「美星」、オレンジ色で美味しい「オレンジブーケ」や、紫色で早生の品種「バイオレットクイーン」、さらに、ユニークな形の「ロマネスコ」などがおすすめです。

バロック
バイオレットクイーン
オレンジブーケ
ロマネスコ

新鮮なものは甘く、香りも良い

失敗しないコツ！

- 根こぶ病に、注意
- 土づくりは、石灰はしっかり入れる
- 8月はハイマダラノメイガに、9月はヨトウムシに注意
- 収穫はとり遅れない

▼栽培カレンダー

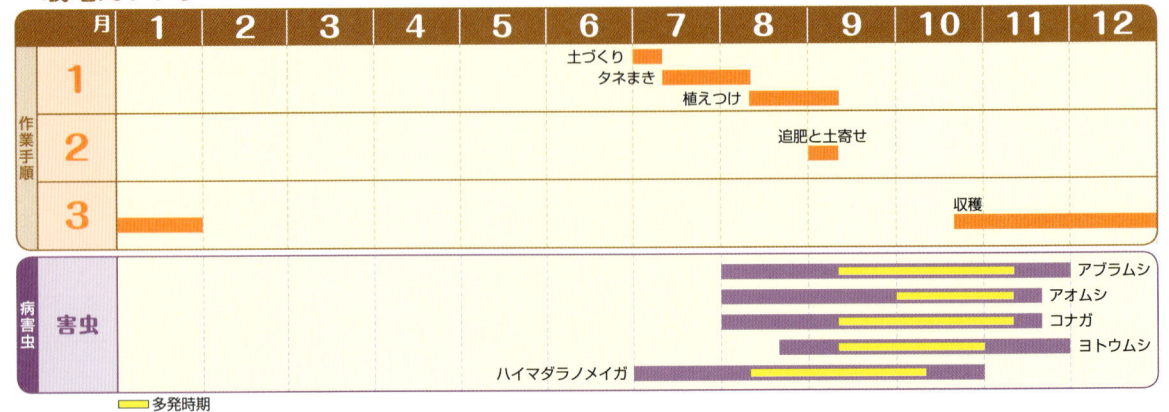

作業手順	月	1	2	3	4	5	6	7	8	9	10	11	12
作業手順	1						土づくり／タネまき／植えつけ						
	2								追肥と土寄せ				
	3										収穫		

病害虫	害虫												
									アブラムシ／アオムシ／コナガ／ヨトウムシ／ハイマダラノメイガ				

多発時期

カリフラワー

Step 1　畑の準備と植えつけ

①土づくり → ②苗の準備〜植えつけ

　土壌が酸性に傾かないように石灰をしっかり入れてよく耕し、水はけを良くするために畝づくりをします。苗の植えつけ時に根こぶ病予防の薬剤を土に混和して、苗を植えつけます。

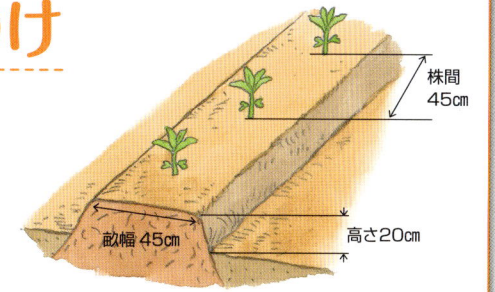

株間45cm
畝幅45cm
高さ20cm

①土づくり

　土づくりは、苗を植えつける1〜2週間前に行い、植えつけ前に畝をつくります。

土づくりの目安

酸度調整……苦土石灰　120g/㎡
元肥…………堆肥　2kg/㎡
　　　　　　配合肥料　200g/㎡

追肥

化成肥料……50g/㎡

1 植えつけ場所の全面に、石灰や堆肥、肥料をまく。

2 しっかりと耕し、平らにならして畝幅45cm、高さ20cmの畝を立てる。

②苗の準備〜植えつけ

　ポット苗を準備するか、タネをまいて苗を育てます。
　タネから苗を育てる場合は、キャベツと同様の手順で7月中旬〜8月上旬にタネをまいて苗を育てます（176頁参照）。
　高温期なので、植えつけ後に乾燥している場合は、2〜3回ほど水やりします。

1 苗はキャベツより根が付きにくいので丁寧に扱い、植えつけ前にたっぷりと水やりする。

2 植えつけ場所に、基準量の根こぶ病対策の粉剤を落とす。

3 ゴム手袋を着用して、薬剤を土とよく混ぜて、植え穴を掘る。

4 深植えにしないように苗を入れて、株元をしっかり押さえる。

5 凹んだ株元に、たっぷりと水やりする。

Step 2　追肥と土寄せ

　苗が根づいて葉が展開し始めたら、追肥を施します。
　肥料を株の両側にまいて、土と混ぜながら土寄せします。

1 肥料を、畝の両側に均等にばらまく。

2 土に肥料をしっかりとすき込んで、株元まで土を引き上げて土寄せする。

夏・秋まき野菜　アブラナ科

Step 3 収穫　①結束 ➡ ②収穫

白いカリフラワーは花蕾が見えてきたら、葉をまとめて結束するか、葉を1〜2枚、内側に折って花蕾に直射日光が当たらないようにします。

収穫は、遅れないように早めに行います。収穫が遅れると、形が悪くなり、食味も落ちてきます。

①結束

真っ白な品種は、日に当たると黄色くなるので、10cmくらいの大きさになったら葉を縛ります。色のある品種は、日に当てた方が色つきは良いので縛る必要はありません。

葉を1〜2枚、内側に折る。

花蕾を包むように、葉を4〜5枚まとめてヒモで縛る。

②収穫

花蕾が直径15〜20cmになったらヒモをはずして、包丁で切り取って収穫します。全体の盛り上がりにすき間のない状態が、収穫適期です。

花蕾の下葉3〜4枚つけて切り取り、葉を落とす。茎は堅く、食用には向かない。

ミニサイズの「美星」（左）と、普通サイズの「バロック」（右）

よくある失敗とコツ Q&A

Q 上手に育てるコツは？
A 早く植えつけないこと

高温の時期に早く苗を植えつけると、害虫の多い時期なので管理が難しくなります。また、カリフラワーは暑さに弱いため、良品の収穫が望めません。

早生の品種から晩生の品種を順番に栽培すると、長く収穫することができます。

もしかして病害虫!? ドクターQ

Q 根にこぶがあるのは？
A 根こぶ病です

アブラナ科の野菜に発生する病気です。根にこぶができて症状が進むと根が働かなくなり、成長ができなくなります。アブラナ科の連作により、畑の中の菌の密度が上がり発生します。

夏から秋にかけて、高温で多雨の時期に発生しやすく、特に高温期の初め頃の定植の方が被害は大きくなります。また、酸性土壌や水はけの悪い畑の条件でより発生しやすくなります。発生してからの対策は無いので予防が必要です。

Q 注意すべき害虫は？
A 特にハイマダラノメイガに要注意!

ハイマダラノメイガはダイコンシンクイムシとも呼ばれ、苗の芯を食害します。食害されると花蕾ができないので、収穫できません。植えつけたら、1〜2回は農薬を早めに散布します。

ヨトウムシは葉や茎、花蕾の中に入り込んで食害します。葉の裏にまとまってふ化し、成長してくると散らかって食害するので、早めの防除が大切です。葉の表面に小さい穴がまとまってあいていたら、葉裏を必ず確認します。

ハイマダラノメイガ

ヨトウムシ

ブロッコリー

学　名／*Brassica oleracea* L. var. *italica*
分　類／アブラナ科アブラナ属
原産地／地中海沿岸
別　名／ミドリハナヤサイ、イタリアンブロッコリー

ブロッコリーは、カリフラワーと同様にキャベツの変種のひとつです。ビタミンCやカルシウム、鉄分や食物繊維などを含む健康野菜です。

ブロッコリーを改良してつくられた茎ブロッコリーは、花茎を楽しむ新品種です。花茎は長く伸びて柔らかく、アスパラガスのような甘みのあるのが特徴で、長期間収穫ができます。

おすすめ品種

ブロッコリーは、中早生で育てやすい「緑嶺」や、寒さに強く、年を越して収穫できる晩生の「エンデバー」などがおすすめです。

茎ブロッコリーの品種「スティックセニョール」は、秋だけでなく春の栽培もできます。

ブロッコリー「緑嶺」と（右）茎ブロッコリー「スティックセニョール」（左）

失敗しないコツ！

- 根こぶ病に、注意
- 土づくりは、石灰はしっかり入れる
- 収穫はとり遅れない
- 8月はハイマダラノメイガに、9月はヨトウムシに注意

▼栽培カレンダー

月	1	2	3	4	5	6	7	8	9	10	11	12
作業手順1							土づくり／タネまき／植えつけ					
作業手順2								追肥と土寄せ				
作業手順3	収穫											収穫

病害虫（害虫）：アブラムシ／アオムシ／コナガ／ヨトウムシ／ハイマダラノメイガ
■多発時期

Step 1　畑の準備と植えつけ

①土づくり → ②苗の準備〜植えつけ

土壌が酸性に傾かないように、石灰を入れてしっかりと耕します。成長とともに葉は大きく育ち、カリフラワーより草丈もやや高くなるので、隣の野菜に葉がかぶらないように間隔をあけて作付けします。苗の植えつけ時に、根こぶ病予防の薬剤を土に混ぜて苗を植えつけます。

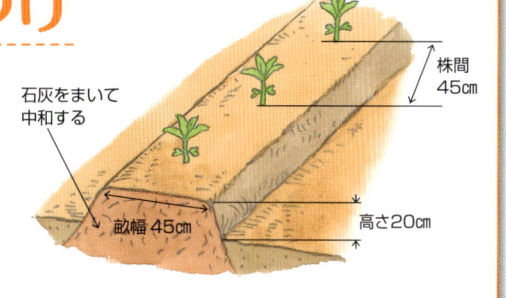

石灰をまいて中和する
畝幅 45cm
株間 45cm
高さ 20cm

133

夏・秋まき野菜　アブラナ科

①土づくり

土づくりは、苗を植えつける1〜2週間前に行い、植えつけ前に畝をつくります。

土づくりの目安
酸度調整……苦土石灰　120g/㎡
元肥…………堆肥　2kg/㎡
配合肥料　200g/㎡

追肥
化成肥料……50g/㎡

植えつけ場所の全面に、石灰や堆肥、肥料をまいて、しっかりと耕す。

②苗の準備〜植えつけ

ポット苗を準備するか、タネをまいて苗を育てます。苗を育てる場合はキャベツに準じます（176頁参照）。

高温期なので、植えつけ後に乾燥している場合は、2〜3回ほど水やりします。

1 苗はキャベツより根が付きにくいので丁寧に扱い、植えつけ前にたっぷりと水やりする。

2 植えつけ場所に目印線をつけ、株間を測って基準量の粉剤を落とす。ゴム手袋を着用して、薬剤を土とよく混ぜて、植え穴を掘る。

3 深植えにしないように苗を入れ、株元を押さえて植えつけ、水やりする。

Step 2　追肥と土寄せ

苗が根づいて葉が展開し始めたら、追肥を施します。

肥料を株の両側にまいて、土と混ぜながら土寄せします。

2 土に肥料をしっかりとすき込んで、両側から株元まで土寄せして畝をつくる。

1 肥料を、株の両側に均等にばらまく。

ブロッコリー

Step 3 収穫

ブロッコリーは、花蕾が見えてきたら収穫が近いので取り遅れないように注意して、適当な大きさになったら切って収穫します。

茎ブロッコリーは、わき芽が主体なので、頂花蕾が小さいうちに茎を短く摘芯して、わき芽を育てて収穫します。

●ブロッコリーの収穫

大きくなり過ぎると、食味が悪くなります。

頂花蕾を収穫した後も、株を残しておくとわき芽が出て、ピンポン球くらいのミニブロッコリーが収穫できます。

1 葉を3～4枚つけて、包丁で切り取り、葉を折り取る。

2 「緑嶺」の収穫。茎の部分は甘味も強く、美味。

●茎ブロッコリーの摘芯と収穫

頂花蕾を摘芯することで、わき芽が出るのを促進します。わき芽は次々に伸びてくるので、適宜収穫します。収穫が遅れると、花が咲いてしまうので注意します。

1 頂花蕾が2～3cmになったら摘芯する。

2 わき芽の茎が20cmほど伸びて、蕾が固いうちに、付け根の部分から切って収穫する。

よくある失敗とコツ Q&A

Q 春栽培はできますか？

A 茎ブロッコリーが容易です

春にブロッコリーを収穫するには、1～2月頃にタネをまきます。生育初期は低温で、急に温度が上がってくる時期になり、温床での育苗やビニールトンネルが必要など、栽培は非常に難しくなります。一方、茎ブロッコリーは、2月下旬～3月中旬のタネまきで5月中旬～6月上旬に収穫できます。

Q 芯の部分を食べられた苗は？

A 植え替えをしますが…

植えつけ後に、芯の部分をシンクイムシに食害されたら植え替えを行いますが、苗が入手できない場合はそのまま育ててもかまいません。良品の頂花蕾は期待できなくても、出てくるわき芽を減らして整理すると比較的良いブロッコリーが収穫できます。

Q 茎に、空洞や表面にかさぶた？

A 肥料過多や、生理障害

花蕾の形の乱れや、茎に空洞ができているのは、肥料過多で起こり、高温で症状が助長されます。一方、茎の表面が茶色く、かさぶたのようになる症状は、ホウ素欠乏による生理障害です。土壌中のホウ素が足りないときだけでなく、土壌のpHが高い場合や乾燥で、ホウ素が十分吸収できないために発症することがあります。

もしかして病害虫!? ドクターQ

Q 注意すべき病害虫は？

A アブラナ科共通の被害があります

キャベツやカリフラワーなど、アブラナ科共通の病虫害が発生するので、対応は準じて行います。

夏・秋まき野菜　アブラナ科

メキャベツ

学　名／*Brassica oleracea*.L var. *gemmifera*.
分　類／アブラナ科アブラナ属
原産地／ヨーロッパ西部や南部の海岸地方
別　名／ヒメカンラン、コモチカンラン

メキャベツはキャベツの変種のひとつで、ベルギーでは古くから栽培されていたようです。日本へは明治の初めに、キャベツとともに導入されました。

近年、キャベツの原種ケールとメキャベツの交配によって「プチベール」が日本で作出されました。

メキャベツ、「プチベール（非結球メキャベツ）」ともに、草丈は50～60cmと高くなります。

おすすめ品種

メキャベツは、耐暑性のある早生種「早生子持」がおすすめです。しまりのよい球形で食味も良く、収穫の目安は1株から90球くらいです。

結球しない新野菜「プチベール」は栄養価も高く、外葉はケールのように利用できます。

メキャベツ　　プチベール

▼栽培カレンダー

作業手順	月	1	2	3	4	5	6	7	8	9	10	11	12
1								土づくり					
								タネまき					
2									植えつけ				
									追肥、土寄せ				
3											収穫		

病害虫	害虫	アブラムシ
		コナガ
		ハイマダラノメイガ

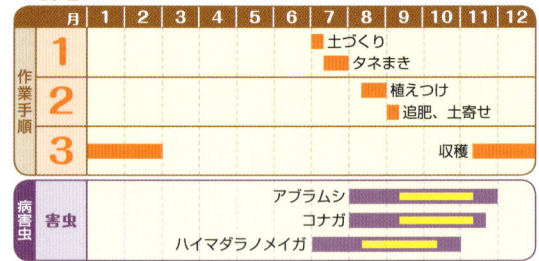

■ 多発時期

失敗しないコツ！

- 石灰はしっかり入れる
- 根こぶ病に注意
- 初期生育をしっかりさせる

Step 1　畑の準備　土づくり → 畝づくり

メキャベツ、プチベールは初期生育が大切で、草丈をしっかりつくることで収穫量が増えます。初期生育には、土づくりが大切です。土壌が酸性に傾かないように石灰を入れてしっかりと耕します。

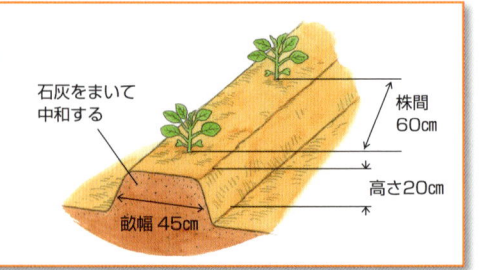

石灰をまいて中和する
株間60cm
高さ20cm
畝幅45cm

土づくりは、苗を植えつける1～2週間前に行います。

土づくりの目安

酸度調整……苦土石灰　120g/㎡
元肥…………堆肥　2kg/㎡
　　　　　　配合肥料　200g/㎡

追肥

化成肥料　50g/㎡×2

1 植えつけ場所の全面に、石灰や堆肥、肥料をまく。

2 しっかりと耕してよく混ぜ合わせ、平らにならしておく。

メキャベツ

Step 2 苗の植えつけとその後の管理
植えつけ ➡ 追肥、土寄せ

植えつけ前に、水はけを良くするために高さ20cmの畝をつくります。畝列の間隔は1mほど必要です。

苗の植えつけ時に農薬の使用基準に合わせて根こぶ病予防対策して、苗を植えつけます。

苗が根づいて葉が展開し始めたら、追肥を施し土寄せします。

苗の準備～植えつけ方、追肥と土寄せの詳細は、ブロッコリー、カリフラワーに準じます。

プチベール苗。

根こぶ病予防
苗の植えつけ場所に、農薬の使用基準に合わせて粉剤を落として、土としっかりと混ぜる。

苗の植えつけ
薬剤を混ぜ、深植えにしないように苗を入れて、株元を押さえ、株元にたっぷりと水やりする。

追肥と土寄せ
苗が根づいて葉が展開し始めたら追肥を施し、土寄せする。

Step 3 収穫
葉かき ➡ 収穫

11月中旬頃になると、収穫が始まります。

収穫が始まる頃、下から半分くらいの所まで、葉をかき取り、日当り、風通しを良くします。収穫が進むに従い徐々に葉をかき取っていきます。

収穫が始まったら、肥料切れをしないように、2回目の追肥を行います。

草丈が高くなると倒れやすくなるので、必要なら支柱を立てて対策をします。

コツ!
葉をかき取らないと、メキャベツやプチベールの生育を阻害したり、病害虫が増えやすくなる。一方、急に多くの葉をかき取ると、生育の勢いが悪くなるので、かき取り作業は、徐々に行う。葉は、少なくとも10枚以上は残す。

メキャベツ
玉が3cmほどになり、押して堅くなっていたら収穫。

プチベール
芽の高さ、幅が5～6cmになったら収穫。

よくある失敗とコツ Q&A ドクターQ
もしかして病害虫!?

ハイマダラノメイガに芯を食害されたメキャベツ

Q 注意すべき病害虫は?

A アブラナ科共通の被害があります

キャベツやカリフラワーなど、アブラナ科共通の病虫害が発生するので、対応は準じて行います。

夏・秋まき野菜　アブラナ科

ハクサイ

学　名／Brassica canpestris var. pekinensis.
分　類／アブラナ科アブラナ属
原産地／中国北部

アブラナ科アブラナ属で、漬け物や煮物に利用する野菜を、総称して「漬菜(つけな)」と呼び、ハクサイもその一つです。中国北部原産で、冷涼な気候を好みます。生育適温は20℃前後ですが寒さにも耐えるため、冬も畑でそのまま保存できるので、育てておきたい野菜です。

おすすめ品種

結球性のものが一般的で、大玉からミニサイズまであります。耐病性があり、栽培しやすい中生種の品種「富風(とみかぜ)」は、早く結球するので収穫が長く楽しめます。

ミニハクサイの「お黄にいり」は極早生で、手頃な食べきりサイズです。葉が赤紫色の「紫色舞(むらさきしきぶ)」は新品種のハクサイで、サラダやお漬物などに彩りを添えます。

大玉ハクサイ「富風」とアントシアニンを含む「紫色舞」

ミニハクサイ「お黄にいり」

▼栽培カレンダー

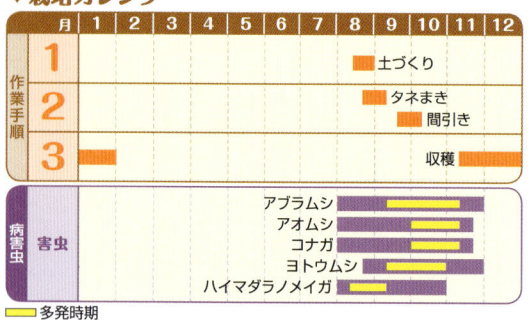

作業手順	月	内容
1		土づくり
2		タネまき／間引き
3		収穫

病害虫（害虫）：アブラムシ、アオムシ、コナガ、ヨトウムシ、ハイマダラノメイガ
■ 多発時期

失敗しないコツ！

- 根こぶ病に注意
- シンクイムシやアブラムシに注意
- 元肥や石灰をしっかり入れる
- 無理な早まきは、ウィルス病や害虫の被害を招く
- タネまきが遅れると冬までの結球に間に合わない

138

ハクサイ

Step 1 畑の準備
①土づくり → ②畝づくり〜マルチング

排水性の良い場所を選び、8月中旬〜下旬に畑の準備を行います。生育初期に充実した葉に育つことで、結球へと順調に進むので、土づくりとマルチングは大切です。

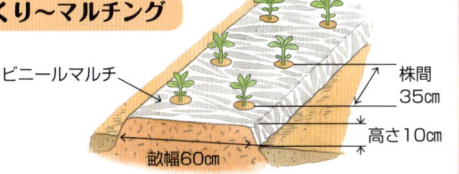

株間35cm / 高さ10cm / 畝幅60cm / ビニールマルチ

①土づくり

堆肥や元肥、石灰をしっかりと入れて深めに耕します。酸性土壌は根こぶ病が出やすくなるので、注意します。

土づくりの目安
- 酸度調整……苦土石灰 120g/㎡
- 元肥…………堆肥 2kg/㎡
  　　　　　　配合肥料 200g/㎡

追肥
- 化成肥料……50g/㎡

1. 堆肥や元肥、石灰をたっぷりとまく。
2. 主根は深く、細根は広く浅く伸びるので、よく耕した後、表面をならして平らにする。  

②畝づくり〜マルチング

肥料あたりをしないように、しっかりと耕して畝をつくります。排水性の悪い畑では、畝はやや高めにつくります。
地温が下がらないように、株間35〜40cmの、2条のビニールマルチを敷きます。

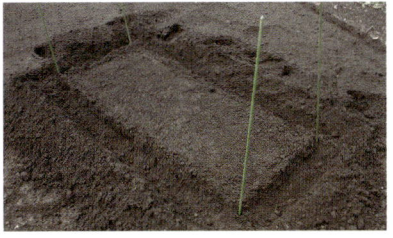

1. 畝線を測って、周りの土をかき出して畝をつくる。
2. マルチングは、地温が下がって結球しにくくなるのを防ぐ。 

Step 2 タネまきとその後の管理
①タネまき〜寒冷紗かけ → ②欠株への移植 → ③間引き

品種や地域の気候に合わせてタネまきをしますが、目安として8月下旬〜9月上旬が適期です。無理な早まきは、暑さのためにウィルス病や害虫の被害が多くなります。逆にまき遅れると、冬までに結球させる生長期間が短くなって結球まで間に合わなくなります。

①タネまき〜寒冷紗かけ

タネまき後は、防虫予防に寒冷紗をかけておきます。または専用の防虫ネットをかけておきます。

1. 1つの穴に深さ0.5cmくらいで5粒ずつまく。 
2. 薄く覆土して、軽く表面をたたく。乾燥していたら水を与える。 
3. トンネル支柱を土に差し込んで、寒冷紗をかける。

夏・秋まき野菜　アブラナ科

②欠株への移植

欠株ができたら、間引く前の本葉3～4枚の頃、数本ある場所から移植します。

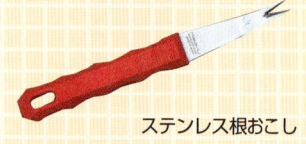

ステンレス根おこし

1 移植する苗に水やりをして土を軟らかくし、根を傷めないように根鉢をつけて掘り取る。

2 欠株の場所に苗を植えつけて、水やりをします。枯れないように2～3日の間、水やりをします。

③間引き

本葉6～7枚になったら、間引いて1本にします。1回目で2本にし、2段階で間引く方法もあります。

間引き後、葉が大きく畑に広がって成長する頃に、生育の悪い場合は、追肥を施します。

残す苗の葉や根を傷めないように、間引く。

間引き菜は、お浸しなどに利用。

Step 3　収穫と冬の管理　①収穫 → ②防寒

葉のやわらかい早めの収穫から、年越しした遅い収穫もできるので、長期間畑に置いておくことができます。霜にあたると葉が傷むので、霜が降りる前に防寒対策をしておきます。

①収穫

結球して大きく育ったら、上部を手で押してみます。堅いようなら、収穫適期ですが、少し柔らかい早めでも収穫できます。大玉は2～3kgを目安に、ミニハクサイは600～700gくらいで、早めに収穫します。

外葉を開いて、根元へ包丁を入れて切り取る。

「富風」。大玉はタネまきから収穫まで、70日前後かかる。

②防寒

霜が降りる頃になると、外葉が霜で傷んでむけ、さらにその中が傷んでむける状態を繰り返し、玉はどんどん小さくなります。葉が開かないように縛っておけば、葉の傷みは一番外側だけで済みます。

外葉をまとめて、上部をヒモで結ぶ。凍るような寒さでは早めの収穫が必要。

ハクサイ

よくある失敗とコツ Q&A

Step 1

Q 直まきと育苗とどちらが良い?

A どちらも利点はあります

ハクサイの根は再生力が弱いと言われているので、苗から植えつけるより直まきの方が根の張りが良いと考えられます。また、5～6粒のタネをまいて間引くため、間引き菜を収穫できます。

一方、育苗はセルトレーやポットにタネをまいて寒冷紗や防虫ネットの中で苗を育てるので、高温や害虫対策が容易です。また、育苗用の土で育ててから植えつけるので、畑での栽培期間が短く、根こぶ病の被害を減らすこともできます。

Q 大玉とミニハクサイの育て方の違いは?

A ミニハクサイは密植が可能です

大玉に比べてミニハクサイは玉が小さく、外葉がコンパクトなので密植が可能です。大玉は2条ですが、3条で栽培できます。2条の穴のマルチに、後から穴あけ器などを利用して真ん中の列に、株間20～25cmの穴をあけて3条にするとよいでしょう。ハクサイと同じ株間35cmで栽培すると、大きくなり過ぎます。また、ミニハクサイのタネまきは、大玉より早めの8月中旬頃からタネまきができ、栽培期間も短いので早い時期に収穫することができます。

大玉（上段）と、ミニハクサイ（中・下段）の10月中旬の様子

Step 3

Q 葉脈のところにある黒い斑点は?

A ゴマ症ですが、無害です

葉の真ん中の太い葉脈のところに黒い斑点があるのはゴマ症と呼ばれるもので、カビや虫ではありません。ポリフェノールによる変色で、見た目が悪くなりますが生育不良になるものでもなく、まったく無害です。窒素肥料が多いと発生しやすくなり、また、収穫が遅くなっても多くなります。

もしかして病害虫!? ドクターQ

Q 根こぶ病対策は?

A アブラナ科の連作を避けます

アブラナ科の連作により、菌の密度が上がり発生します。酸性の土壌や水はけの悪い畑でより発生しやすくなるので、石灰をしっかり入れて、土壌が酸性に傾かないようにし、水はけを良くするために高めの畝にします。発生が予想される場合は、タネまきや苗の植えつけのとき、根こぶ病の薬剤を土に混和します。

Q どのような害虫が?

A アオムシやコナガ、ヨトウムシなどです

鱗翅目の幼虫が、葉を食害します。栽培開始から温度が高く害虫の発生する時期なので、注意が必要です。特にハイマダラノメイガ（シンクイムシ）は、生育初期にハクサイの芯の部分を食害するので、結球できなくなり収穫できません。また、ヨトウムシは玉の中に入っていくように食害するので、防除が難しくなります。発生したら、早めに農薬を散布して防除します。

Q 葉裏にアブラムシ?

A 生育初期から発生します

栽培開始時期は温度が高く、生育初期からアブラムシが発生します。ひどくなると汁を吸われ、生育が悪くなるだけでなく、ウィルス病を媒介します。特に生育初期は、十分注意します。また、結球が始まった時期に発生していると、そのまま玉の中にアブラムシが入ってしまい、農薬で防除できなくなります。

141

夏・秋まき野菜　アブラナ科

ナバナ

学　名／*Brassica campestris* var. *campestris*
分　類／アブラナ科アブラナ属
原産地／ヨーロッパ
別　名／ハナナ（花菜）、アブラナ（油菜）、ナタネ（菜種）

ナバナは、本来アブラナの蕾や花茎、若菜を食用とした名前ですが、現在は同じアブラナ科の葉菜の蕾も含めて呼ばれています。

おすすめ品種

極早生花菜「早陽一号」は、生育旺盛で10月中旬から早取りができます。中国野菜で蕾と茎を食用にする「紅菜苔（こうさいたい）」や「紅菜苔」に似た草姿の「オータムポエム　アスパラ菜」などがおすすめです。

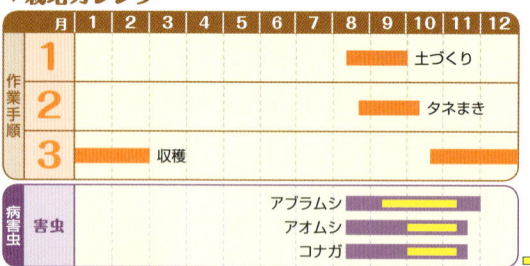

失敗しないコツ！

- 花茎を多く収穫するには、土づくりが大切
- 根こぶ病に注意
- 遅めにまくと根こぶ病が出にくい
- 排水を良くする
- 酸性にならないように石灰をしっかり入れる

▼栽培カレンダー

月	1	2	3	4	5	6	7	8	9	10	11	12
作業手順 1								土づくり				
作業手順 2									タネまき			
作業手順 3	収穫											収穫
病害虫（害虫）							アブラムシ／アオムシ／コナガ					

■多発時期

Step 1　畑の準備

土づくり → 畝づくり

排水性の良い場所を選び、8月中旬〜9月下旬に畑の準備を行います。1〜2週間前に、堆肥や肥料、石灰を入れて酸性にならない土づくりをします。

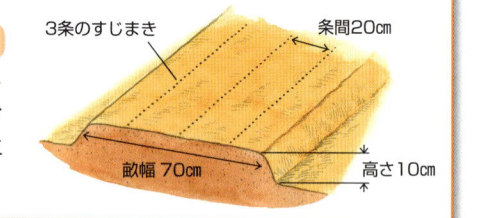

- 3条のすじまき
- 条間20cm
- 畝幅70cm
- 高さ10cm

土づくりの目安

- 酸度調整……苦土石灰　120g/㎡
- 元肥…………堆肥　2kg/㎡
- 　　　　　　配合肥料　150g/㎡

追肥

- 化成肥料　30g/㎡×1〜2回

1 石灰や堆肥、肥料をまいてしっかりと耕す。

2 排水を良くするために、幅70cm、高さ10cmの畝をつくる。

ナバナ

Step 2 タネまきとその後の管理　①タネまき〜寒冷紗かけ ➡ ②間引き

無理な早まきは、害虫の多発時期なので栽培は難しくなります。また、根こぶ病の心配がある場所では、遅めにまくと地温が下がって出にくくなります。

間引きは、間隔を狭くして徒長気味に育てると、花茎も細めになります。

①タネまき〜寒冷紗かけ

タネまきは、条間20cmとってすじまきします。タネまき後は、虫予防に寒冷紗をかけておきます。

「早陽一号」のタネ

1 支柱ですじまき線をつけて、タネを2〜3cm間隔で深さ0.5cmくらいにすじまきする。

2 薄く覆土して表面を軽くたたく。乾燥していたら水を与える。

3 トンネル支柱を土に挿し込んで、寒冷紗をかける。

②間引き

草丈が15cm〜20cmになったら、15〜20cmの間隔になるように間引きをします。間引いた株は、間引き菜として食べることができます。広く株が空いている部分ができたら、間引いた株を、移植することもできます。

1 株元を持って、ていねいに抜く。

2 株間は、広くとれば大株に育つ。

Step 3 収穫

主茎の蕾が出てきたら、下側の葉を10枚くらい残して、摘み取り、その後、葉の根元からわき芽が順次伸びてくるので、花茎が20〜25cmくらいで摘み取って収穫します。長期に収穫を続けるため、収穫が始まったら少量の追肥を行います。

収穫は春まで続くので、冬の葉物野菜として便利。

黄色い花がチラホラ咲き始めたくらいの花茎が、収穫時期。

極早生花菜「早陽一号」(右)と「オータムポエム アスパラ菜」(左)

よくある失敗とコツ Q&A

ドクターQ　もしかして病害虫!?

ハクサイなどと同じアブラナ科なので、同様のアブラムシやコナガ、根こぶ病などが発生します。根こぶ病は、地温が高い方が発生しやすいので、タネまきは期間内で、できるだけ遅めにまくようにします。

143

夏・秋まき野菜　マメ科

エンドウ

学　名／ CPisum sativum L.
分　類／マメ科エンドウ属
原産地／地中海地域、中近東
別　名／キヌサヤ、グリーンピース、スナップエンドウ

エンドウといえば、莢ごと食べるサヤエンドウが一般的ですが、青実を食べるエンドウとしてグリーンピースがあります。また、青実が大きくなっても莢ごと食べられるように開発されたのがスナップエンドウです。

エンドウは冷涼な気候を好み、幼苗は特に耐寒性が強いため、秋にタネまきして越冬させ、春に収穫します。寒冷地では、春まきします。

おすすめ品種

サヤエンドウは、肉質がやわらかく食味の良い「兵庫絹莢(ひょうごきぬさや)」がおすすめです。耐寒性が強く、収穫量も多い品種です。スナップエンドウの「スナック」はつるあり品種で、甘味が強いのが特徴。秋まきも春まきもできます。

スナップエンドウ「スナック」の莢（右）とタネ（上）。

失敗しないコツ！

- 無理な早まきは避けて、小さい幼苗で越冬させる
- 連作は避けて、3～5年あける
- 簡単な霜よけをする
- 収穫は早めに

▼栽培カレンダー

作業手順	月	1	2	3	4	5	6	7	8	9	10	11	12
1												土づくり	
2											タネまき		
3					収穫								

| 病害虫 | 害虫 | | | アブラムシ | | | | | | | | | |
| | | | | ハモグリバエ | | | | | | | | | |

■多発時期

Step 1　畑の準備　土づくり ➡ 畝づくり

連作は避けて、3～5年あけた場所に作付けします。作付け計画を工夫すれば、秋野菜の収穫が早く終わったところにタネまきができます。土づくりは、タネまきの1～2週間前に行います。

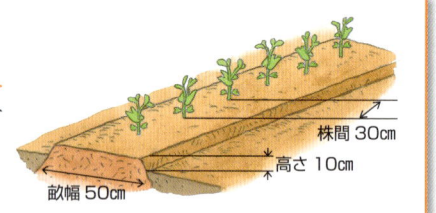

株間30cm
高さ10cm
畝幅50cm

比較的アルカリ性に近い土壌を好むので、石灰はしっかり入れてよく耕します。元肥を多く施すと茎葉が茂り、実つきが悪くなるので控えめに施します。多湿に弱いので、畝をつくってタネまきします。

土づくりの目安

酸度調整……苦土石灰　100g/㎡
元肥…………堆肥　2kg/㎡
　　　　　　配合肥料　100g/㎡

追肥

化成肥料　50g/㎡

1 堆肥と、苦土石灰を作付け場所に均等にまく。

2 酸性土壌を嫌うので、30～40cmくらいまで、深く耕す。

3 表面を平らにならして、高さ10cmくらいの畝をつくる。

144

エンドウ

Step 2 タネまき　①タネまき → ②防鳥対策

本葉2～3枚が霜害を受けにくい。

　早まきをして、冬越しまでに生育が進み過ぎると霜害をうけます。小さな幼苗は寒さに強く、本葉2～3枚頃が最も耐寒性が高いといわれています。冬の間にしっかり根が張って、春になると生育が早く進みます。
　タネまき後は、鳥の食害にあわないように必ずカゴや寒冷紗をかけておきます。

①タネまき

発芽適温は15～25℃ですが、比較的、低温でも発芽することができるので、無理な早まきは避けます。

サヤエンドウ「兵庫絹莢」のタネ。極早生種。

1 土に支柱などを押しつけて、タネまき線をつける。

2 株間30cmとって、深さ1～1.5cmにタネを4～5粒ずつまく。

3 土をもみほぐして、タネの上に覆土して軽く表面をたたく。

②防鳥対策

タネまきした場所に、カゴなどをかぶせて鳥の食害を予防します。

Step 3 収穫までの管理　①冬越し → ②支柱立て → ③追肥と土寄せ → ④収穫

　冬越しは霜よけに、寒冷紗をかけておきます。
　気温の上昇とともにつるが伸び始めたら、支柱立てを行い、支柱にビニールヒモを横に数段張って、つるが絡みやすくなるようにします。
　花が咲き始めた頃に追肥を施して土寄せします。収穫の最盛期は4月下旬～5月下旬です。

①冬越し

霜害をうけると苗が傷むので、寒冷紗をかけて防ぎます。
寒冷紗はかけっぱなしにしないで、日中は南側を開けて日差しに当てます。

1 苗を中心にして、弓状に曲がる支柱の両端をトンネル状に土に挿す。

2 寒冷紗をかけて、両端をUピンで固定して、押さえに支柱を1本上からかける。

コツ！ 日中は寒冷紗を開けて直射日光を当て、しっかりとした苗に育てる。

145

夏・秋まき野菜　マメ科

②支柱立て

春になってつるが伸び始めたら、苗を囲むように支柱を立てます。

つるを絡ませるために、ビニールヒモを何段か横に張っておけば、倒れないで登り上がります。ビニールヒモの代わりに、支柱の周りにネットを張る方法もあります。

1 苗を囲むように、等間隔に支柱を立てる。

2 ビニールヒモを横に数段張って、つるを絡ませる。つるが伸びてきたら、片寄らないようにつるを誘引する。

③追肥と土寄せ

エンドウの生育適温は15～20℃くらいです。春の暖かさとともにつるがぐんぐん伸びてきて、花が咲き始める頃が追肥を施すタイミングです。株元に化成肥料を均等にばらまいて、土にすき込んで土寄せします。

3月下旬、サヤエンドウの白い花。

品種によって赤花もある。

④収穫

サヤエンドウは、莢がふくらみ過ぎないうちに収穫します。収穫が始まる時期に、乾燥すると草勢が落ちてきて莢の肥大が悪くなったり、曲がった莢になったりします。乾燥が続く場合は、水やりします。

エンドウは、冷涼な気候を好むので、夏に向かって暑くなると株が弱り、収穫が終わる。

よくある失敗とコツ Q&A

Step 1

Q つるなしエンドウもありますか？

A プランター栽培などにおすすめです

エンドウにも、つるなしの品種があります。プランターなどでの栽培では、つるなしの方が草丈も高くならず、管理もしやすいのでおすすめです。

また、つるなしタイプのものでは、春まき（2月中旬～3月上旬頃）ができる品種もあります。春まきでは収穫期間が短くなりますが、作付け計画でうまく組み合わせると、畑を効率よく使うことができます。

また、秋にエンドウをまく予定だった場所が、秋作の野菜を終えることができない場合にも、春まきの品種を利用してエンドウを栽培することができます。

Q 夏に収穫はできない?
A 高温が苦手です

　エンドウは春から初夏にかけて収穫するので、夏に収穫のできるような栽培はできません。これは、エンドウやソラマメは、栽培条件が涼冷な気候に適しているため、耐暑性が低く夏の高温時では栽培ができず枯れてしまうためです。一方、温度の高い時期にできるマメでは夏に収穫のインゲンや、秋にたくさん収穫できるシカクマメ（83頁参照）などがあります。栽培の種類を上手に組み合わせることで、いろいろなマメを長く収穫することができます。

シカクマメ

Step 3

Q 支柱がない場合は?
A 自然素材を利用します

　現在、支柱は金属の管にプラスティックがコーティングされたものなどです。つるの誘引は、これらの支柱にビニールヒモやネットを周りに張ったりして行っていますが、昔の農家では支柱の素材に竹や木を使っていました。エンドウの支柱には、ケヤキなどの枝を挿してつるを絡ませる方法や、霜除けには常緑樹の枝や、葉のついた竹などを北側に並べて挿していました。また、苗にかぶるようによしずを北側に斜めに立て、南側からの日差しを当てる方法もありました。自然の素材が手に入る場合は、人工の資材を使用しなくても、つるの誘引や霜よけを行うことができます。

Q つるの整枝は必要?
A 放任で大丈夫です

　つるの整枝は、必要が無く放任でかまいません。ただし、つるが混み過ぎて風通しが悪くなったとき、つるを整理したいときは、孫づるは花つきが良くないので、優先して取るようにします。

Q 栽培の終了後は?
A 連作はできません

　栽培が終了したら、野菜残渣（ざんさ）は病害虫がついていることがあるので、畑の外に出して処分します。エンドウは連作を嫌います。連作すると、タネまきをしても立ち枯れを起こしたり、育ちが悪くなったりします。休栽期間を長めに、5年ほどあけるようにします。同じマメ科のソラマメやインゲンなども作付けしないようにします。

もしかして病害虫!? ドクターQ

Q 注意すべき害虫は?
A アブラムシやハモグリバエなどです

　アブラムシは葉や莢に発生して、汁を吸います。多く発生すると生育が悪くなり、排泄物でネバネバしたり黒く汚れたりします。また、ウィルス病を媒介することもあります。

　ハモグリバエはハエの仲間で、白い幼虫が葉の中にもぐり、葉に白い筋を書くように食害します。ひどくなると、葉全体が白い筋だらけになって生育が悪くなります。発生したら、登録のある農薬を散布して防除します。

白い筋は、ハモグリバエの食害跡 　　ハモグリバエの成虫

夏・秋まき野菜　マメ科

ソラマメ

学　名／Vicia faba L.
分　類／マメ科ソラマメ属
原産地／地中海沿岸
別　名／トウマメ、ナツマメ

日本へは天保年間に、中国を経て渡来したといわれています。冷涼な気候を好み、強健ですが、収穫までに7〜8か月かかります。

おすすめ品種

ソラマメは、収穫の時期や莢の長さ、粒の大きさなどによっていろいろな品種があります。中早生種の「仁徳一寸（にんとくいっすん）」は、大粒で3粒入りの莢が多く、つくりやすい品種です。

失敗しないコツ！

- 連作はしない
- さび病や赤色斑点病に注意
- アブラムシに注意（モザイク病の原因）
- 成長し過ぎの株は寒害を受けるので、無理な早まきはしない
- 生育適温は15〜22℃で、冷涼な気候を好む

▼栽培カレンダー

作業手順	月	1	2	3	4	5	6	7	8	9	10	11	12
	1											土づくり	
	2					タネまき							
				追肥、土寄せ									
	3						収穫						
病害虫	害虫			アブラムシ									

■ 多発時期

Step 1　畑の準備　土づくり ➡ 畝づくり

栽培期間が長いので、土づくりが大切です。ソラマメの根には根粒菌が共生するので、肥料は少なめに施します。
畝幅60cm、株間30cmとって株数に合わせた長さに畝を立てます。

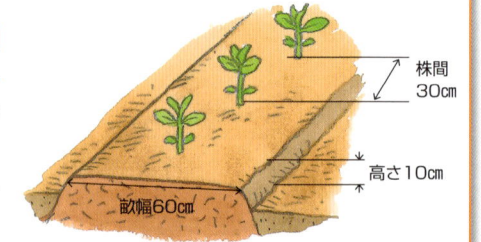

株間30cm／高さ10cm／畝幅60cm

酸性土壌を嫌うので、石灰はしっかり入れて、1〜2週間前に土づくりしておきます。肥料は長期間肥効が続く、緩効性のものが適しています。

土づくりの目安
- 酸度調整……苦土石灰　100g/㎡
- 元肥…………堆肥　2kg/㎡
- 　　　　　　配合肥料　100g/㎡

追肥
- 化成肥料　50g/㎡

1 石灰や肥料を均等にまいて、土とよく混ぜながら耕す。

2 畝幅60cm、株間30cmとって、株数に合わせた長さの畝を立てる。

ソラマメ

Step 2 タネまきとその後の管理

①タネまき ➡ ②追肥と土寄せ

タネまきは10月下旬～11月上旬に行い、無理な早まきは避けます。苗が大きくなり過ぎると寒さに弱くなり、霜害を受けます。本葉4～5枚で越冬するようにします。

中早生種で大粒の品種「仁徳一寸」のタネ。

①タネまき

タネのオハグロと呼ばれる芽と根の出てくる部分を、斜め下に向けて、刺すようにしてタネをまき、タネがちょうど隠れるくらいに土に埋めます。

コツ!

欠株対策として、隅に数粒まとめてまいておいて、欠株があったときは、それを移植するとよい。タネを10cm×10cm間隔にまとめてまく。

オハグロ　芽と根が伸びる。

1 畝中央に、株間30cmとって印をつけ、タネのお歯黒部分を、斜め下に向けてまく。

2 タネの先端が隠れる程度に土をかぶせ、軽く押さえて土になじませる。

3 鳥の食害を避けるために、カゴなどをかぶせておく。

4 角に、Uピンを挿して固定する。

②追肥と土寄せ

翌年3月頃、花が次々と咲き始めます。追肥をばらまいて、株元に土寄せします。

チェック!

整枝や誘引は放任でもかまわないが、草丈が高めになって倒れそうなときは、周囲に支柱を立ててヒモで囲んで誘引し、倒れないように押さえる。
また、枝が混み過ぎているときは、弱い枝を切り取って整理する。1株あたり7～8本の茎が立っていればよいとされる。

タネまきから3週間後の苗。

翌年の3月、花が咲き始めたら追肥を施す。

枝が混み過ぎている場合は、弱い枝を株元から切る。

花後に、小さな莢をつける。

夏・秋まき野菜　マメ科

Step 3　収穫

収穫適期になると、上を向いていた莢が、下の方へ向いて、莢は濃い緑色になり表面に光沢が出てきます。また、莢のすじが少し色づいてきます。

チェック!

開花後35〜40日が、収穫の目安。若どりやとり遅れに注意。

完熟前の莢は、まだ上向き。

収穫適期の莢は、下向きになる。

実は莢から取り出したら、すぐにゆでるのがおいしく食べるコツ。

よくある失敗とコツ Q&A

Q 秋の収穫が終わっていない場合は?
A 苗床やポットまきができます

直まきではなく、苗床やポットにまいて植えつけすることもできます。それにより、鳥対策をしやすくなります。

ソラマメは大きくなってからの定植は、活着が悪くなるので、本葉2〜3枚くらいで植えつけをします。

Q 立ち枯れを起こしました
A 連作をすると起こります

ソラマメは、エンドウと同じように連作を嫌います。連作をすると立ち枯れを起こしたり、生育が極端に悪くなります。休栽期間を3年は取るようにして、栽培途中で立ち枯れが起きた場合は、より長めにとります。

もしかして病害虫!?　ドクターQ

Q 葉についたアブラムシは?
A 農薬を散布して防除します

葉や莢に発生して、汁を吸います。比較的、春の早い時期から発生し、暖冬の年は特に多くなる傾向があります。多く発生すると生育が悪くなり、排泄物でネバネバしたり黒く汚れます。また、ウィルス病を媒介することもあるので、発生したら農薬を散布して防除します。

葉や茎について汁を吸うアブラムシ

150

イチゴ

学　名	*Fragaria × ananassa* Duchesne
分　類	バラ科オランダイチゴ属
原産地	南北アメリカ大陸
別　名	オランダイチゴ

イチゴの野生種は、石器時代にすでに採取して食用にしていたといわれるほど、人との関わりの深い野菜です。

日本へは1800年代に、オランダ人によって長崎に伝えられ、和名でオランダイチゴとも呼ばれていました。温帯地方原産なので、寒さに強く、暑さや乾燥には弱い性質があります。

おすすめ品種

家庭菜園では、露地栽培に適した「宝交早生（ほうこうわせ）」が育てやすくおすすめです。

イチゴは、ある一定期間、短い日長と低温にあわせて休眠させないと花芽分化を開始しない性質をもっています。品種によってその期間は異なるので、ハウス栽培に適した品種は露地栽培には向きません。

失敗しないコツ！

- 栽培期間が長いので、土づくりが大切
- 春になったら、追肥をしてマルチをかける
- 収穫近くなったら鳥よけが必要
- 毎年、栽培場所を変える

▼栽培カレンダー（多発時期）

作業手順	
1	土づくり（10月）／苗の植えつけ（10月）
2	追肥、マルチング（3～5月）
3	収穫（5～6月）／（苗づくり 7～10月）

病害虫	
病気	灰色カビ病（4～6月）
害虫	アブラムシ、ハダニ

Step 1　畑の準備と苗の植えつけ

①土づくり　➡　②苗の植えつけ

毎年、植えつけ場所は変えます。栽培期間が長いので、保水性、通気性を保つために有機質の完熟堆肥をたっぷり入れ、緩効性肥料を施してしっかりと耕します。畝を立てて、2列に苗を植えつけます。

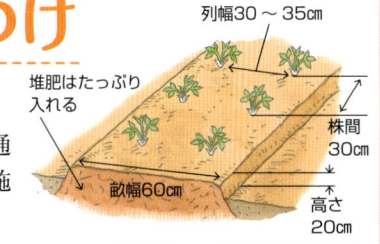

列幅30～35cm／堆肥はたっぷり入れる／株間30cm／畝幅60cm／高さ20cm

①土づくり

イチゴは肥料まけを起こしやすいので、苗を植えつける2週間前に土づくりをしておきます。

土づくりの目安

酸度調整	苦土石灰　100g/㎡
元肥	堆肥　2kg/㎡
	配合肥料　200g/㎡

追肥

化成肥料	50g/㎡

完熟堆肥をたっぷりと、肥料や苦土石灰も入れてよく耕す。

151

夏・秋まき野菜　バラ科

②苗の植えつけ

イチゴはランナーを出して株を増やしていきますが、果実のなる芽（クラウン）は、親株側ランナーと反対側につく性質があります。

露地栽培用の「宝交早生」。実は甘く、収穫期間も長い。

コツ！
苗を植えるとき、親株側ランナーを畝の内側に向けて植えると、果実が畝の外側にそろってつけることができ、収穫がしやすくなる。

1 畝をつくり、株間と列幅をとって苗を配置する。

2 植え穴を掘って、クラウン部分を埋めないように浅めにおく。

親株側ランナー / クラウン

3 土を寄せて、株元を軽く押さえて土になじませ、たっぷりと水やりする。

Step 2　翌春の管理　追肥、マルチング

休眠していた苗が、生長を始める2月下旬〜3月上旬頃に、追肥をして畝の全面にビニールマルチを敷きます。このとき、雑草や枯れた葉も取り除いて、きれいにしておきます。

畝の両わきに浅い溝を掘って、肥料50g／m²をまきます。まいた後は埋め戻さないで、そのままビニールマルチを敷きます。マルチは透明でもよいのですが、ここではアブラムシ除けに、銀色に光を反射する帯入りマルチを使用。

1 畝の周りに浅い溝を掘って、両側に肥料を均等にまく。

2 マルチシートを敷き進めながら、苗の位置を確認してカッターで穴をあける。

3 全体に敷き終わったら、ていねいに葉を引き出し、マルチシートの周りに土寄せして、しっかりと固定する。

Step 3　収穫期の管理　ネットかけ

花が咲き始めたら、鳥よけにネットをかけます。
収穫は5月上旬頃に始まり5月下旬頃まで続くので、取り残しのないように注意します。

寒冷紗かけと同様の方法で、ネットをかけます。ネットは網目の大きいものを使用して、ミツバチがイチゴの花の授粉ができるようにします。

赤くなったら順次、収穫。へたの下の部分にやや白さが残っているくらいが適期。

弓状に曲がるフレームの両端を土に挿し込んでネットで覆い、両端をUピンで固定。

152

イチゴ

よくある失敗とコツ Q&A

Q 苗づくりの方法は？
A 子苗を育てます

収穫後に苗づくりをする場合は、夏の高温時期になり害虫が発生しやすくなるので、病害虫のない苗を育てるために親株はしっかり防除します。親株からはランナーが盛んに伸び始め、子苗をつけていきます。その子苗を仮植して、育苗します。

一株から数本のランナーを伸ばして、多くの子苗ができる。

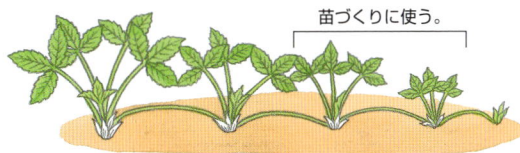

苗づくりに使う。

親株　第1子苗（太郎苗）　第2子苗（次郎苗）　第3子苗（三郎苗）

苗づくりは、大きく育ち過ぎた第1子苗を除いて、第2子苗と第3子苗をランナーをつけたままポットに植え替える。

苗が根付いたら、親株側のランナーだけ2〜3cmつけて切り離す。

親株側　子株側

親株を入手して育苗用に植えつけ、同様にランナーを出して苗取りすることもできますが、病害虫がない株を選びます。ウィルス病に感染している親株からの育苗は、感染した苗しか取れないため、生育が悪く良いイチゴが収穫できません。

数年間、代々苗を取り続けているとウィルス病に感染している場合があるので、時々苗を購入して更新することをおすすめします。

Q クリスマスに収穫するには？
A 通常の露地栽培では無理です

通常の露地イチゴは、春から初夏の収穫です。イチゴの花が咲くための花芽分化をする条件は、低温と日長の影響を受けます。露地の条件では、秋に植えたイチゴは一度休眠をして、冬の低温にあうと目を覚まし花芽をつくり、春に暖かくなると花を咲かせて実をつけます。

朝霜の降りたイチゴ

クリスマス頃に流通するイチゴは、苗を人工的に暗くして日長を短くして低い温度にあてる「短日予冷処理」呼ばれる技術やハウス栽培用の苗を用いてビニールハウスの暖かい場所で育てられています。こうすることで、イチゴが季節を勘違いしてクリスマス頃に収穫ができるようになります。

もしかして病害虫!? ドクターQ

Q 実にカビが生えて腐ってしまいました
A 灰色かび病です

灰色のかびが生えて実が腐るのは、灰色かび病と考えられます。根元のクラウン部分にも害が及ぶと、株全体が枯れることがあります。発病している実や枯れてしまった株などは、伝染源になるので取り除いて処分し、殺菌剤を散布して防除します。

Q 注意すべき害虫は？
A アブラムシやハダニ類です

春になり温度が上昇してくると、アブラムシやハダニが発生してきます。ハダニはひどく発生すると、蜘蛛の巣を張ったようになります。これらの害虫は、汁を吸うので生育が悪くなります。また、ウィルス病を媒介するので、発生したら適応する農薬を散布して防除します。

夏・秋まき野菜　ユリ科

タマネギ

学　名／*Allium cepa* L.
分　類／ユリ科ネギ属
原産地／中央アジア
別　名／ヨウネギ

日本へは江戸時代末期に伝えられ、明治時代に入って栽培されるようになりました。タマネギは、土の中にある茎が肥大した球根（りん茎）植物です。

おすすめ品種

辛系と甘系に分かれ、極早生〜晩生まで多くの品種があります。タマネギを長く貯蔵したい場合は、貯蔵に向いている中生〜晩生の品種を選びます。「O・K黄」は、とう立ちしにくく、栽培しやすい中生の品種です。

失敗しないコツ！

- とう立ちの原因になるので、無理な早まきはしない
- 有機質を多く入れ、土づくりをしっかり行う
- 追肥は、2月下旬頃までに済ませる

▼栽培カレンダー

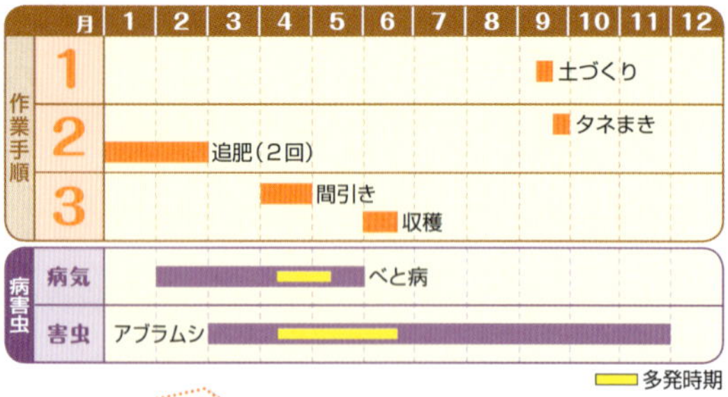

作業手順	月	1	2	3	4	5	6	7	8	9	10	11	12
作業手順	1											土づくり	
	2	追肥（2回）								タネまき			
	3			間引き			収穫						
病害虫	病気				べと病								
	害虫	アブラムシ											

■多発時期

Step 1　畑の準備　土づくり・畝づくり〜マルチング

タマネギはアルカリ性よりの土壌を好むので、石灰をしっかり入れ、緩効性肥料と有機質を多く入れておきます。
　タネまきの1〜2週間前に畝をつくり、ビニールマルチを敷きます。

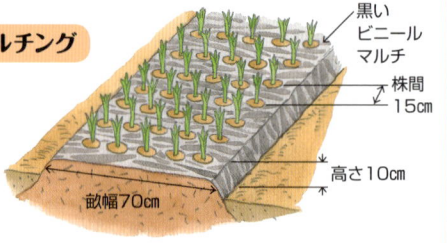

黒いビニールマルチ
株間15cm
高さ10cm
畝幅70cm

土づくりの目安

酸度調整……苦土石灰　100g/㎡
元肥…………堆肥　2kg/㎡
　　　　　　配合肥料　150g/㎡

追肥

化成肥料　50g/㎡×2回

1　畝の大きさに、石灰や肥料などを全面にまいて耕す。

2　畝幅70cm畝をつくり、土壌の乾燥と雑草防止に、15cm間隔で穴のあいた5条の黒いビニールマルチを敷く。

154

タマネギ

Step 2 タネまき

①タネまき ➡ ②追肥

タネまきが早過ぎると育ち過ぎた苗で越冬することになり、春にとう立ちします。また遅過ぎると越冬までに苗が育ちません。タネまきは、9月下旬頃の適切な時期にします。

①タネまき

タネは多めにまいて苗を育て、越冬させます。

コツ！
越冬時期の苗の大きさの目安は、茎の太さが1cm以下。

1 空き缶などで、深さ0.5～1cmの平な凹みをつくる。

2 1つの穴に5～6粒ずつ、片寄らないようにまく。

3 タネが隠れるくらいに覆土し、水をたっぷりまく。

②追肥

1月上旬～2月下旬頃の期間に、緩効性の化成肥料を1㎡あたり50gずつ、2回施しますが、最後の追肥は2月下旬頃までに終えます。

追肥を遅くして肥効が残っていたり、窒素肥料を入れ過ぎたりすると病気になりやすく、収穫後の貯蔵性も悪くなって腐れやすくなります。

肥料は、ビニールマルチの上からパラパラまいておくだけでよい。

長日になって春の暖かさが続くと、成長が盛んになって玉が肥大し始める。

Step 3 その後の管理と収穫

①間引き ➡ ②収穫 ➡ ③保存

4月頃、1つの穴に1本になるように間引きます。その後、玉が肥大して、全体的に茎が倒れて枯れてきた6月頃が収穫適期です。

①間引き

段階的に間引いてもかまいませんが、早めに1本にした方が、玉の生育は良くなります。

しっかりした苗を残し、後は間引いて、1本にする。

間引いた株は、葉タマネギとして美味。

夏・秋まき野菜　ユリ科

②収穫

茎が倒伏して1週間ほどした晴天の日に、玉が傷つかないように収穫します。収穫の遅れは、腐れやすくなります。

5月下旬、茎葉は立ってまだ生育中。

茎が枯れてきたら、茎元を持って引き抜いて収穫。

③保存

収穫後は、風通しが良く雨のかからないところに保存し、万が一、腐ったタマネギがあったら、すぐに取り出して処分します。湿気や温度が高くなる場所では、発芽が始まったり腐ったりします。

茎は切らないで、そのままネット袋などに入れ、風通しの良い場所に吊るす。

よくある失敗とコツ Q&A

Q 苗床まきはいつ？

A 直まきより早めです

タネまきは、直まきと苗床にまいて育苗して植えつける方法とがあります。育苗する場合は、移植したときに生育が少し止まるので、直まきより1～2週間ほど早めにまきます。

Q 欠株ができたら？

A 移植できます

ヨトウムシかネキリムシなどが食害することにより、ビニールマルチの穴に欠株ができることがあります。苗は移植ができるので、何本も生えているところから移植しておきます。

Q とう立ちしたら？

A 芯ができるので早めに収穫

春にとう立ちしたタマネギは芯ができてしまい良いものにならないので、早い段階で間引き収穫して食べてしまった方が良いでしょう。

Q タマネギもコンパニオンプランツ？

A 土壌病害を抑える働きが期待できます

タマネギはネギと同様に、根の周りに生息する菌（シュードモナス属）が、トマトやキュウリなどの土壌病害を起こすフザリウム菌を抑える働きがあるといわれています。コンパニオンプランツとして効果が期待できる野菜なので、輪作の中に組み込むとよいでしょう。

もしかして病害虫!? ドクターQ

Q 注意すべき病害虫は？

A べと病やアブラムシです

べと病の初期症状は、葉がぼんやりと黄色くなり、さらに進むと黄化が進み生育が遅れます。ひどく発生すると大きな被害になることも。早春から初夏にかけて発生するので、発生したら殺菌剤を散布して防除します。

アブラムシは、春に温度が上昇してくると発生します。発生したら農薬散布をして防除します。

シュンギク

学　名	Chysanthemum coronarium L.
分　類	キク科
原産地	地中海沿岸
別　名	キクナ、シンギク、フダンギク、ムジンソウ

地中海沿岸の原産で、冷涼な気候を好みます。春まきもできますが、秋まきの方が栽培は容易です。ビタミンAを多く含む栄養野菜です。

おすすめ品種

葉の形から大葉種や中葉種、小葉種があります。大葉種は葉の切れ込みが少なく、中葉種、小葉種と次第に切れ込みは多く、深くなります。中葉種の品種「中葉春菊」は、わき芽が多く出るので収穫も多く、比較的耐寒性があります。

冬越しすれば、春に花が咲く

▼栽培カレンダー

月	1	2	3	4	5	6	7	8	9	10	11	12
作業手順 1									土づくり			
作業手順 2									タネまき			
作業手順 3										収穫		
病気								べと病				
害虫								アブラムシ				
害虫								ハモグリバエ				

■ 多発時期

失敗しないコツ！

- 茎を切って収穫。わき芽が出て2～3回収穫できる
- 発芽はあまり良くないので、多めにタネをまく
- タネは好光性なので、覆土は薄めにかける

Step 1　畑の準備

土づくり → 畝づくり → マルチング

土づくりは、タネをまく1～2週間前に行います。秋は温度が下がり、生育がゆっくりになるので、土づくりをしっかり行います。ビニールマルチを使用すると地温が上がり、生育が良くなります。マルチを使用しない場合は、条間15cmくらいで、すじまきします。

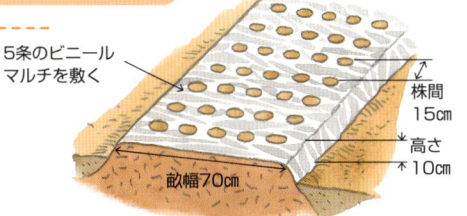

5条のビニールマルチを敷く
株間15cm
高さ10cm
畝幅70cm

土づくりの目安

- 酸度調整……苦土石灰　100g/m²
- 元肥…………堆肥　2kg/m²
- 　　　　　　　配合肥料　150g/m²

追肥

- 化成肥料　なし

1 堆肥や石灰、肥料を全面にまく。根は深く張るので、深めにしっかりと耕す。

2 畝をつくって表面を平らにならし、ビニールマルチを、畝の表面にぴったり沿って敷く。

157

夏・秋まき野菜　キク科

Step 2　タネまき

シュンギクは寒さに弱く、発芽もあまり良くないので、タネまき時期は遅れないように、タネも多めにまいておきます。

2 タネは好光性なので薄く覆土して、表面を軽くたたいてなじませ水をまく。

チェック！
タネを7～8粒まいて、3～5本発芽してくれば成功。

1 タネは、1穴にやや多めに7～8粒ずつまく。

3 寒冷紗をかけ、その後も乾燥していたら、水やりする。本葉が2～3枚育ったら、間引いて1本にしてもよい。

Step 3　収穫期の管理

丈が30cmくらいに育ったら、根元から4～5枚ほどの葉が茎に残るように、切って収穫します。残した葉のつけ根から、わき芽が伸びて収穫することができます。10月中旬から、霜の降りる頃まで収穫できます。

コツ！
温度が下がってきたら、寒さ除けに不織布などをかけて、周りに支柱を立てて洗濯バサミで固定する。

収穫するときは、1～2本伸びている茎を残すと、生育の勢いを維持できる。わき芽が伸びて、枝数も増えて収穫量も多くなる。

よくある失敗とコツ Q&A

Q 芯が枯れたようになるのは？

A 原因はカルシウム欠乏

高温時期に、芯のところが茶色く枯れたようになるのは芯枯れ症といわれ、石灰（カルシウム）欠乏によって起こります。原因は、土中にカルシウムが十分あっても乾燥して吸収できないことによります。また、窒素肥料の過剰によって、カルシウムの吸収が妨げられても起こります。肥料のやり過ぎに気をつけます。

ドクターQ もしかして病害虫！？

Q 注意すべき害虫は？

A アブラムシやべと病に注意

温度が高い時期にアブラムシが発生します。汁を吸って株を弱らせるので、発生したら農薬を散布して防除します。

べと病の最初は、葉の裏に霜のようなカビを生じ、徐々に葉が黄色くなり枯死します。繁り過ぎで風通しが悪くなり、多湿状態のときに発生しやすくなります。なるべく、茎葉が乾燥気味になるように管理します。発生したら、殺菌剤を散布して防除します。

ニンジン

学　名／*Daucus carota* L.
分　類／セリ科ニンジン属
原産地／中央アジア、アフガニスタン
別　名／胡蘿蔔（こらふく）

長根性の東洋種と、短根性の西洋種があります。近年は5寸タイプの短い西洋種が主流です。夏の暑い7月中旬に、秋冬野菜の最初のタネまきがニンジンです。

おすすめ品種

タネまきの時期によって、いろいろな品種がありますが、夏まきの「陽州五寸（ようしゅうごすん）」は、秋から冬にかけての収穫で、栽培しやすい品種です。

「陽州五寸」の花とタネ。長さは約18cmの五寸ニンジン

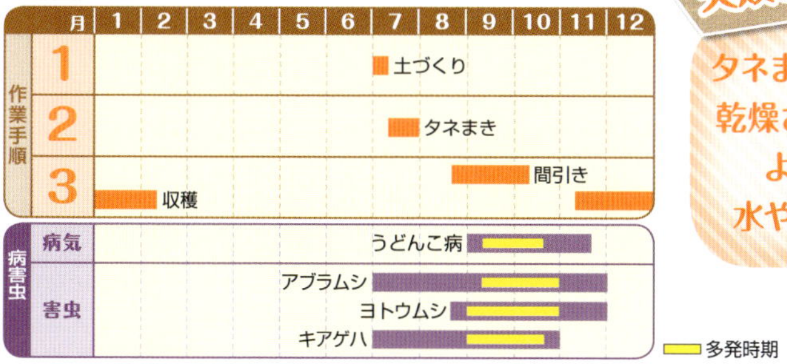

失敗しないコツ！

- タネまき後は、乾燥させないように水やりする
- 肥料の固まりができないように土は深めによく耕す
- 間引きは、遅れずにしっかりと

▼栽培カレンダー

作業手順	月	1	2	3	4	5	6	7	8	9	10	11	12
	1							土づくり					
	2							タネまき					
	3	収穫							間引き				
病害虫	病気					うどんこ病							
	害虫			アブラムシ									
				ヨトウムシ									
				キアゲハ									

■多発時期

Step 1　畑の準備　土づくり

畑の準備は7月上旬の暑い時期なので、無理な作業にならないように早めに行っておきます。タネまきの1～2週間前には、終わらせておきましょう。

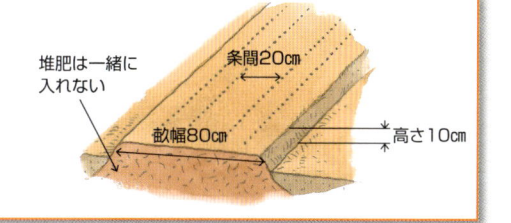

堆肥は一緒に入れない
条間20cm
畝幅80cm
高さ10cm

土づくりの目安
酸度調整……苦土石灰　100g/㎡
元肥…………配合肥料　100g/㎡

追肥
化成肥料　30g/㎡×2回

1 苦土石灰や肥料を、畝幅の全面にばらまく。

2 肥料などの固まりがあると二又になりやすいので、深くしっかりと耕す。

159

夏・秋まき野菜　セリ科

Step 2　タネまき作業
①畝づくり〜タネまき ➡ ②寒冷紗かけ

梅雨明け間近い頃ですが、まだ夕立や大雨の降る時期です。排水性の良いように、畝は10cmほどの高さでつくります。畝の表面に凹みができると大雨が降って水が溜まり、土が硬くなるので、平らにならしてからタネまきします。
乾燥防止に、タネまき後に寒冷紗をかけます。

①畝づくり〜タネまき

畝に支柱などを挿して、深さ0.5cmほどの溝を4本つくり、タネをすじまきした後、たっぷりと水やりして寒冷紗をかけます。

1 畝幅80cmの畝をつくり、表面を木切れなどで平らにならす。

2 タネを1〜2cm間隔に落として、すじまきする。

3 畝の外側の湿った土を細かくほぐしながら、薄く覆土して表面を手の平で軽くたたき、水やりする。

②寒冷紗かけ

乾燥防止に寒冷紗をかけますが、夕立に土がたたかれ、固まらないようにする効果もあります。発芽するまで、乾燥しないように水やりを続け、本葉1〜2枚くらいになったら、寒冷紗をはずします。できれば下側を開けてならした後、日中を避けて夕方に寒冷紗をはずします。

水やりは、寒冷紗を開閉しながら暑い日中を避けて行う。

コツ！ タネまき後から、たっぷりと水やりして、発芽まで乾燥させないことが重要。

Step 3　間引きから収穫までの管理
①間引き（1回目）〜追肥 ➡ ②間引き（2回目）〜追肥 ➡ ③収穫

苗が育ってきたら、2回に分けて間引き、それぞれ間引き後に追肥を施して株元に土寄せします。この頃の雑草取りも、大切な作業です。
収穫は、11月中旬〜2月上旬まで長期間可能。

①間引き（1回目）〜追肥

本葉2〜3枚に育ったら、指が1本分入る2〜3cmの間隔に間引きます。間引き後に、化成肥料30gをパラパラと上からばらまいて追肥します。
間引き菜は、香りもよく美味しく食べられます。

1 苗が密生しているときは、株元を押さえて抜く。

2 ぐらつかないように土寄せをして、肥料をまく。

ニンジン

②間引き(2回目)〜追肥

本葉5〜6枚に育ったら、握りこぶしが入る10cm以上の間隔に間引きます。間引きが足りないと、しっかりとした大きさに育ちません。間引き後に、1回目と同様に化成肥料30gを上からばらまいて追肥します。

1 しっかりした苗を見極めて、良い苗を残す。

2 間引き後は、1回目と同様に土寄せして追肥する。

間引いた苗はミニキャロットとして、美味しく食べられる。

③収穫

11月中旬頃になると、そろそろ収穫できる大きさになります。葉を持って引き上げれば、簡単に抜けます。

気温が低くなると地上部は、次第に枯れてきますが、2月頃までゆっくりと収穫できます。春に暖かくなると白根が出て、とう立ちするので収穫を終えます。

株元がしっかりと育っているものから、順に抜いて収穫する。

葉は霜にあたると、美しい紅葉が見られる。

よくある失敗とコツ Q&A

Q 発芽がバラバラなのは?
A 水分不足でしょう

タネまきの時期は、土が乾燥していることが多く水分が不足して発芽のそろいが悪くなることがよくあります。乾燥しないように、発芽するまで毎日水やりをします。毎日水やりができないときは、タネまきをしたときにたっぷりと水やりして、遮光ネットを掛けておけば、より乾燥を防げます。

遮光ネット

Q まきやすいタネはありますか? 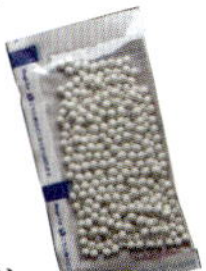
A ペレット種子です

丸い粒状に加工されたタネが、ペレット種子です。タネまきがしやすく、まく間隔を広くして間引きの作業を減らすことができますが、一度水を吸った後、乾燥するとペレットが堅くなって発芽できなくなるので注意が必要です。

Q 又ニンジンができるのはなぜ?
A 堆肥や肥料などの塊があるとできます

発芽して直根が下に伸びていくところに、未熟な堆肥や有機肥料、あるいは化学肥料の塊があると、そこで根が分かれて、又のニンジンになります。また、有機質肥料が分解するときに出るガスが原因になることもあります。堆肥を入れる場合は、完熟したものを入れ、肥料は余裕をもって早めに入れて、十分に土になじませます。

Q 割れ目が入る原因は?
A 肥大する時期のトラブルです

中心部の肥大に、外側の肥大が追いつかないために起こる現象です。元肥や追肥の多過ぎや追肥の遅れなど、生育後半に肥効が強過ぎると割れる原因になります。また、雨の多い年も割れが多くなります。

もしかして病害虫!? ドクターQ

Q 注意すべき害虫は?
A うどんこ病やキアゲハなどです

うどんこ病は、ひどくなると葉全体が黄色くなり枯れてしまうので、生育が悪くなります。

アブラムシに葉の汁を吸われたり、キアゲハやヨトウムシが多発すると地上部をほとんど食い尽くされて、生育が悪くなります。いずれも、症状にあった薬剤を散布して防除します。

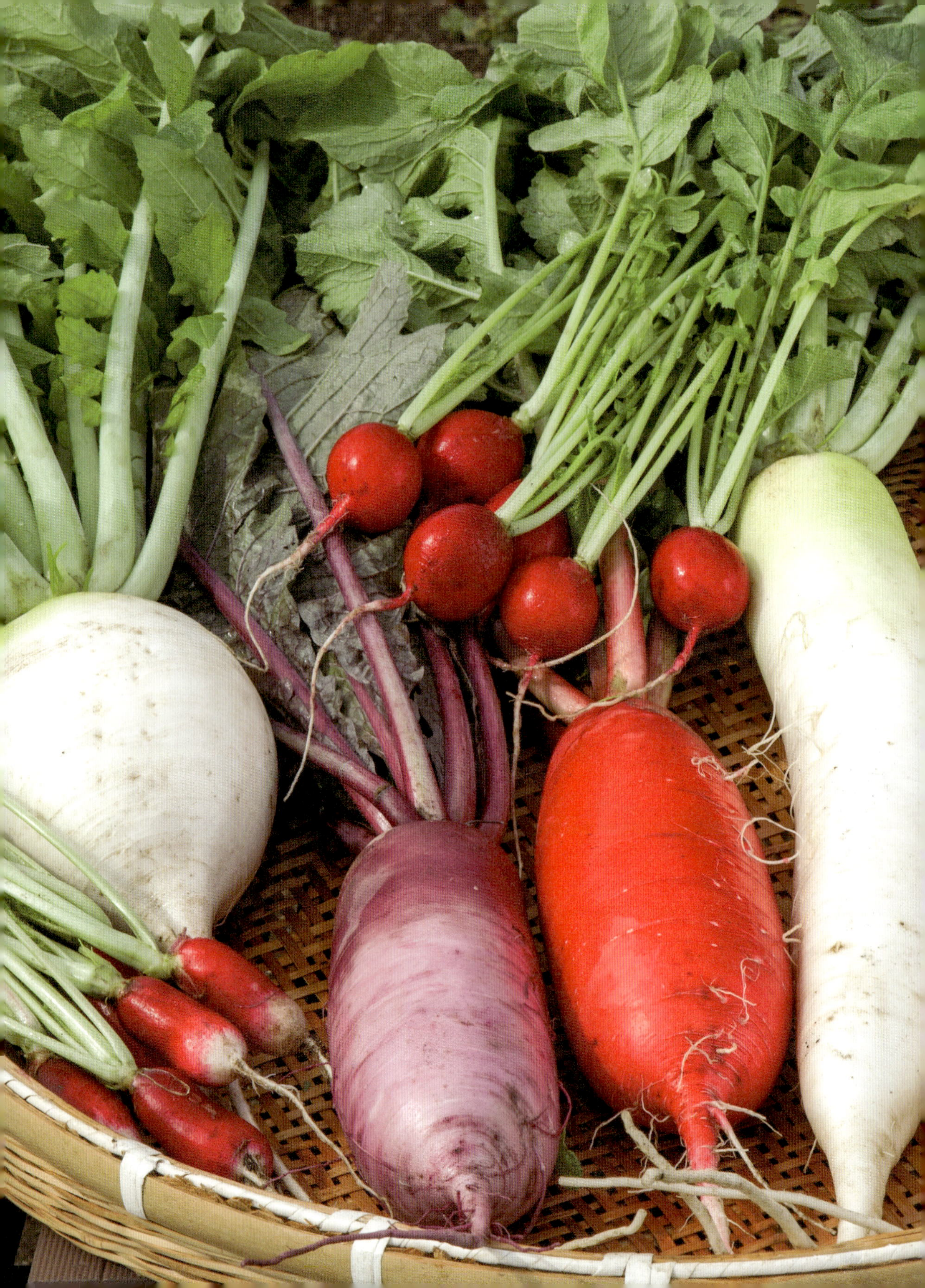

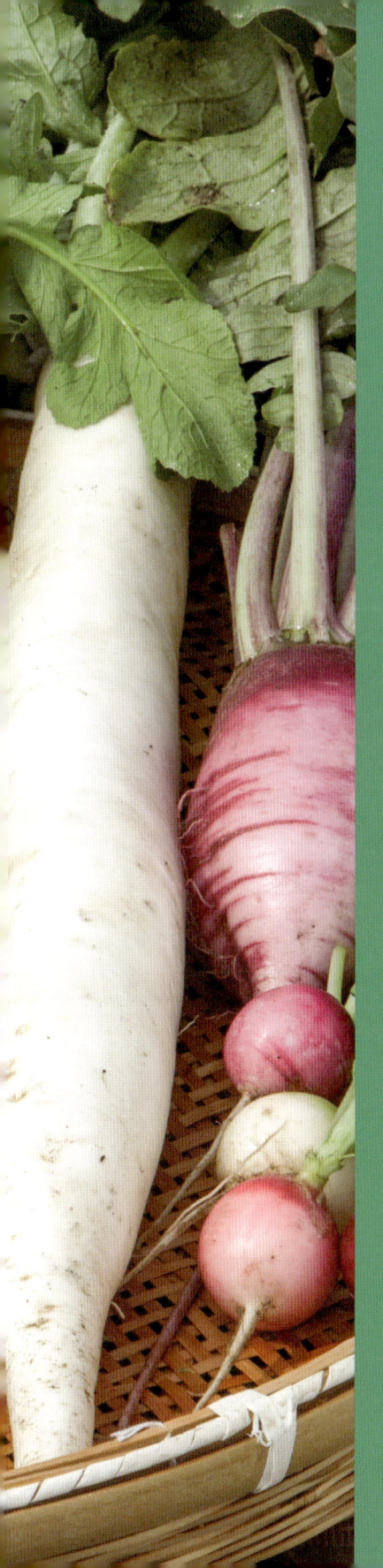

Part 3
通年まき野菜

- **アブラナ科**
  - 164……ダイコン
  - 170……ラディッシュ
  - 172……カブ
  - 175……キャベツ
  - 180……コールラビ
  - 182……ミズナ
  - 184……コマツナ
  - 186……チンゲンサイ
  - 188……ルッコラ
- **アカザ科**
  - 190……ホウレンソウ
- **キク科**
  - 192……レタス、リーフレタス

**育てておきたい香りの食材
おすすめのハーブ類**

- **シソ科（一年草）**
  - 196……シソ、バジル
- **セリ科**
  - 197……パセリ
- **シソ科（宿根草）**
  - 198……レモンバーム、タイム、ミント

通年まき野菜　アブラナ科

ダイコン

学　名／*Raphanus sativus* L.
分　類／アブラナ科ダイコン属
原産地／地中海沿岸
別　名／スズシロ、オオネ、ネジロ

春の七草の一つであるスズシロはダイコンの別名で、古来より親しまれてきた野菜です。日本は世界一の消費国で、地方には様々な品種があります。店頭には1年中白いダイコンが並びますが、その主な品種は青首系が主流。近年では、料理の多様化とともに様々なタイプのダイコンの品種が栽培されるようになっています。

おすすめ品種

春まき、夏まき、秋まきの3つのタイプがありますが、ダイコンは冷涼な気候を好み、暑さに弱いので、夏まきは高冷地の栽培に限られます。春まきは、とう立ちしにくい青首系の「天宝」や「仙水」などの品種を、また、秋まきは、耐暑性がある「夏つかさ」や「耐病総太り」、寒さに強く、遅くまでまけて煮物で美味しい「おふくろ」や丸ダイコンの「冬どり聖護院」などがあります。色鮮やかな「紅化粧」、「からいね赤」や「赤大根もみじ」などはカラフルな彩りが楽しめます。

右から「ネリマダイコン」、青首ダイコン「耐病総太り」、「紅化粧」、「赤大根もみじ」「冬どり聖護院」、「からいね赤」

失敗しないコツ！

- 肥料の固まりが残らないように、よく耕す
- 春まきは肥料を少なめに入れる
- 秋まきでは9月のシンクイムシに注意
- 春と秋はそれぞれ適切な品種を選ぶ
- タネの無理な早まきはしない

▼栽培カレンダー

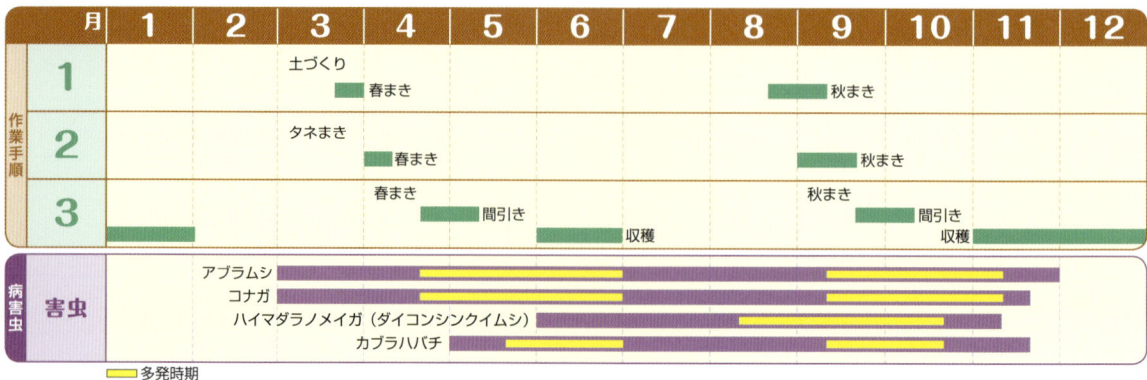

月	1	2	3	4	5	6	7	8	9	10	11	12
作業手順1			土づくり 春まき					秋まき				
作業手順2			タネまき 春まき					秋まき				
作業手順3				春まき	間引き	収穫		秋まき	間引き	収穫		

病害虫・害虫
- アブラムシ
- コナガ
- ハイマダラノメイガ（ダイコンシンクイムシ）
- カブラハバチ

多発時期

ダイコン

Step 1 畑の準備

①土づくり ➡ ②畝づくり ➡ ③マルチング

　タネまきの3週間前に土づくりを行っておきます。堆肥は、前作に多く入れて、タネまきの直前に入れなくて済むようにするのが理想です。又ダイコンの原因にもなるので、未熟堆肥の使用は避けます。土づくりの後に畝をつくって、2条のビニールマルチを敷きます。

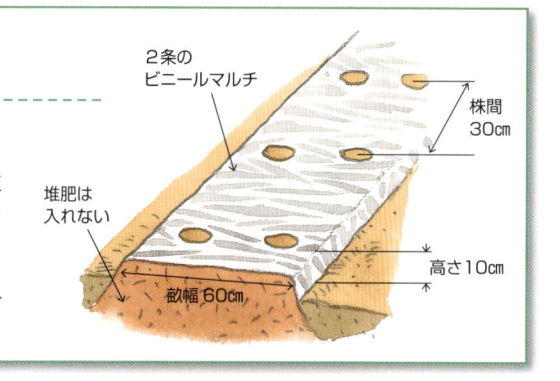

図：2条のビニールマルチ、堆肥は入れない、畝幅60cm、株間30cm、高さ10cm

①土づくり

　肥料は固まりが残らないように、しっかりと耕します。春の肥料は、秋の半分くらいにします。

土づくりの目安
酸度調整……苦土石灰　100g/㎡
元肥…………配合肥料100g/㎡(春)
　　　　　　　　　　　200g/㎡(秋)

追肥
化成肥料……50g/㎡(秋のみ)

1 畝幅と長さを測り、苦土石灰と肥料を全面にまく。

2 土の塊がないように、深さ30～40cmまでしっかりと耕す。

3 木切れなどで、耕した土の表面を平らにならす。

②畝づくり

　畝幅60cmと長さを測って畝をつくり、表面を平らにならしておきます。

1 支柱を土に押し付けて、畝立て線をつける。

2 線に添って、土を外側にかき出して畝をつくる。

3 四方をすべてかき出して、畝の完成。

③マルチング

　30cm間隔に2列に穴のあいた、2条のビニールマルチを使用します。

1 マルチの端に支柱を挿して固定し、ピンと張って敷く。

2 タネまき準備の完成。ビニールマルチによって地温が上がり、生育も早い。

通年まき野菜　アブラナ科

Step 2 タネまき作業　①タネまき ➡ ②寒冷紗かけ

　春まきは4月上旬頃、秋まきは9月上旬〜中旬にまきます。植え替えがきかないので、タネは多めにまきます。

　秋まきの無理な早まきは、温度が高過ぎる時期にタネまきをすることになるので、耐暑性のない品種は良いダイコンが収穫できません。さらに、温度が高いと害虫の被害も多くなります。一方で、遅過ぎると十分に生育しないうちに低温になり、収穫できる大きさまで育たないことがあるので、タネまき時期の遅れにも注意します。

　タネまき後に必要なら水やりをして、寒冷紗をかけます。

①タネまき

タネは、ビニールマルチの穴に、均等に散らばるようにまきます。くっついてタネまきされたものと比べて、間引きがしやすくなります。

乾燥していたら、タネまき後に水やりをします。

チェック！

又根ダイコンが心配な場合は、タネをまく前に、マルチ穴の土中に堆肥や肥料の塊、石などがないか深さ10〜15cmを手で探ってチェックしておく。

1 土を手で軽く押さえて平らにする。

2 タネが重ならないように、4〜5粒ずつまく。

3 土を細かく手でほぐして、1cm程度覆土する。

4 手で表面を軽く押さえて、乾燥していたら水やりする。

②寒冷紗かけ

タネや発芽した双葉は鳥に食べられてしまうことがあるので、鳥よけも兼ねて、タネまきが終わったら寒冷紗をかけておきます。本葉2〜3枚になったら、寒冷紗をはずしてもかまいません。

1 トンネル支柱を土にしっかりと挿し込む。

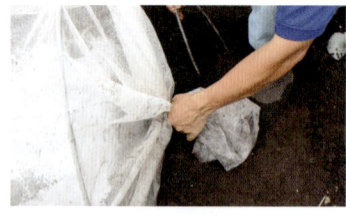

2 トンネル支柱の上に寒冷紗を掛け、寒冷紗の両端を束ねて、Uピンで地面に固定する。

3 寒冷紗の上からトンネル支柱でさらに押さえて、風に飛ばされないように、しっかりとかける。

4 完成！

ダイコン

Step 3 間引きから収穫までの管理

①間引き ▶ ②追肥 ▶ ③収穫

本葉が5～6枚になったら、寒冷紗を外して、苗1本に間引きます。間引きが終わったら、害虫防除に薬剤を1回散布しておくと安心です。

①間引き

間引きの時期になると、ダイコンの葉が絡むようになっているので、丁寧に葉をほぐすようにして抜きます。間違って全部抜けてしまうと、欠株になってしまうので注意しましょう。

チェック！ 
タネまきから1週間後の発芽の様子。 
2週間後には、本葉も2～3枚伸びてくる。

1 本葉が5～6枚になったら、間引くタイミング。

2 しっかりとした苗を1本残して、間引き、株元に土寄せして苗を安定させる。

②追肥

順調に育っていれば、追肥の必要はありません。秋に調子が悪ければ、化成肥料50g／㎡を施します。

マルチシートの外側に化成肥料をばらまいて、土にすき込む。

③収穫

収穫の適期は、根径7～8cmですが、春まきダイコンは、収穫の時期に向かって、だんだんと温度が上がり生育のスピードが上がるので、急に大きくなり食べきれないことがあります。また、高温の時期、収穫遅れで畑に長くあったダイコンは、中が黒くなって食べられないこともあります。小さめから少しずつ、早め早めの収穫をおすすめします。

秋まきダイコンは冬の間、長く収穫しないで畑においておくと、すがはいることがあります。また、春に近くなると、ダイコンはとう立ちしてくるので、その頃までには収穫を終えます。

青首ダイコン「耐病総太り」。全体の葉を束ねて、ダイコンを片手で持って真っすぐ上へ引き抜くのが折らないコツ。葉はチクチクとして痛さがあるので、軍手着用がおすすめ。

色鮮やかなベニダイコン「紅化粧」は、サラダや酢づけで美味しい。

「冬どり聖護院」は丸ダイコン。煮物に最適。

通年まき野菜　アブラナ科

よくある失敗とコツ Q&A

Step 1

Q 春まきダイコンがとう立ちしたのは？

A 無理な早まきが原因では

春のタネまきは、無理な早まきは禁物です。ダイコンはタネが水を吸って発芽に向けて動き出すと、低温にあたることで花芽分化し、暖かくなって長日になるに従ってとう立ちして花が咲きます。とう立ちしたダイコンは、芯ができて食味が悪くなります。蕾が見えてきた早い段階では、それほど芯が硬くなっていないので、早めに収穫して食べてしまいましょう。

ダイコンの品種によって、低温を感じやすいものと鈍感なものがあるので、春まきは、時期に合ったとう立ちのしにくい品種を選びます。

Q 又ダイコンができるのは？

A 直根が伸びるときに起こります

発芽して直根が下に伸びていく場所に、石などの障害物や未熟の堆肥や有機肥料、あるいは化学肥料の塊があると、そこで根が分かれます。ダイコンは、最初に細い直根が伸びて長さができ、そのあと太るので、根が分かれたら又ダイコンになります。また、有機質肥料が分解するときに出るガスが原因になることもあります。

Step 3

Q 欠株になったら？

A タネのまき直しをします

ダイコンは移植しても、又ダイコンにしかなりません。欠株が心配なときは、1か所にまくタネの数を増やしてきます。春はタネまき時期が少し遅くなっても追いつくので、まき直せるようにタネを少し残しておくことも欠株対策

右の苗は順調に生育、小さい苗は、2週間後にまき直したもの。

になります。秋まきの場合は、まく時期が遅れると十分生育しないことがあるので、欠株は早めにタネまきをして対応します。

Q 間引きのコツは？

A 2〜3段階で間引いてもOK

間引きは、ある程度、間引き菜を食べる都合に合わせて間引いてもかまいません。2〜3回に分けて、だんだんと本数を減らすように間引いていくと、何回か間引き菜を食べることができます。2〜3段階で、徐々に本数を減らした方が丁寧な間引きといえます。

もしかして病害虫!?　ドクターQ

Q 注意すべき害虫は？

A アブラナ科の共通の害虫です

カブラハバチ

温度の高い時期は、アブラナ科の共通の害虫が付くので、発生したら農薬散布をして防除します。

アブラムシは、秋まきの初期に多く発生すると、汁を吸われ生育に悪影響があります。また、ウイルス病を媒介するので、病気にかかると生育が悪くなります。

コナガは、温度の高い時期に繁殖力が高く、葉を食害します。葉も大事に食べたいときは、注意します。

ハイマダラノメイガは、ダイコンシンクイムシとも呼ばれ、芯を食害します。発芽して小さい頃に多発すると、芯の葉が食べ尽くされて、枯れてしまうことがあります。また、芯が食害されても葉が付いていれば生育はしますが、葉の形が悪くなります。

カブラハバチは黒い幼虫で、幼苗時にひどく食害されると枯れることがあります。

Q 農薬の粒剤は？

A 間引き菜は食べられません

ダイコンに使用できる粒剤の農薬の使用基準で、間引き菜を食べることができないものがあります。説明をよく読んで、該当する場合は注意しましょう。

菜園だより

地方野菜として全国的に知られる練馬育ちの練馬ダイコン

　練馬ダイコンは、江戸時代に徳川五代将軍綱吉が、尾張からタネを取り寄せてつくらせたのが始まりといわれる練馬地域の伝統野菜です。このあたりは、大根栽培に適した柔らかい土壌で、練馬ダイコンは長さ90cmくらいにも成長します。首が細く、真ん中が太い全体にスラッとしたダイコンで沢庵漬けに適しています。栽培の最盛期は、明治末から昭和初期といわれています。

　近年、地域に伝わる伝統野菜は、子供たちの食育や文化などの観点からも見直されています。食生活の変化や、作業性の問題などで大規模には生産されていませんが、「練馬大根を大切に保存していこう」という熱い思いで、現在でもつくり続けられています。

収穫時期の風物、「ダイコン干し」。

開花期に交雑しないように隔離された場所で、タネの採取が行われる。

練馬ダイコンの収穫

　練馬ダイコンは長く伸びるため、折らないように抜くにはコツがあります。練馬区では毎年、区民参加で「練馬大根引っこ抜き競技大会」が行われています。

1 脇の下で葉をはさんで、体全体を使って、真っすぐ上に引き抜く。

2 1m以上に育った練馬ダイコンの収穫。平均的な長さは70〜90cm。

伝統的な食べ方

[沢庵漬けの材料]
干ダイコン10kg（7〜8本）
糠1.1kg
塩450g〜500g
砂糖（ざらめ）300g
※塩は、保存しておく季節や好みで増減する。

1 洗って軒下などに10日間ほど吊るし、半円に曲がるくらいまで干す。

2 糠に塩、ざらめを混ぜて糠床をつくり、容器（60ℓ）にダイコンを隙間なく並べて糠床と交互に重ねる。

3 重し25kgほどを置いて、漬け汁が上がったら、少し軽くする。その後、1か月ほどで漬け上がる。

青首ダイコン（右）と、長さ1m以上に成長した練馬ダイコン（左）。

169

通年まき野菜　アブラナ科

ラディッシュ

学　名／Brassica satives L.var. sativus
分　類／アブラナ科ダイコン属
原産地／地中海沿岸、華南高地、中央アジアなど
別　名／ハツカダイコン

ダイコンの変種の一つですが、ダイコンに比べて根の大きさは1.5〜3cmと小さく、サラダの彩りや浅漬けなどに利用します。根の形は、球形や中長のものがあり、外皮も赤〜白など鮮やかです。

おすすめ品種

球形で濃い赤色の「レッドチャイム」（左）や、長卵形で紅白の「フレンチ・ブレックファスト」（中）、多彩な色の「カラフルファイブ」（右）などがおすすめです。

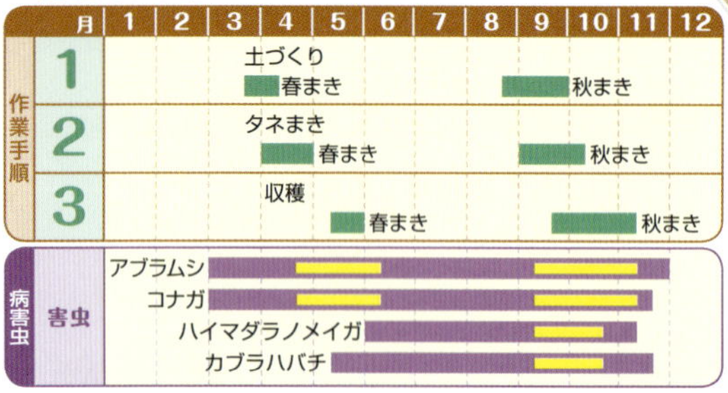

失敗しないコツ！

- 肥料の塊が残らないようによく耕す
- 春まきは肥料を少なめに入れる
- 段まきをして収穫時期を長くする
- 収穫適期が短いので、早めの収穫を

▼栽培カレンダー

	月	1	2	3	4	5	6	7	8	9	10	11	12
作業手順	1			土づくり 春まき						秋まき			
	2			タネまき 春まき						秋まき			
	3				収穫 春まき						秋まき		
病害虫	害虫	アブラムシ / コナガ / ハイマダラノメイガ / カブラハバチ

🟨＝多発時期

Step 1　畑の準備

土づくり ➡ 畝づくり

タネまきの1〜3週間前に、準備します。完熟堆肥と肥料などをまいて、塊が残らないようにしっかり耕します。春まきの肥料は、秋まきより少なめにします。

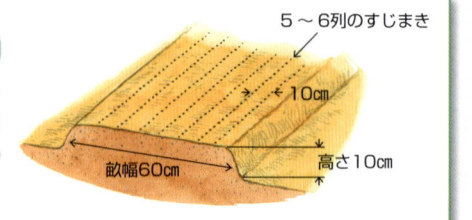

5〜6列のすじまき
10cm
畝幅60cm
高さ10cm

土づくりの目安

酸度調整……苦土石灰　100g/㎡
元肥…………堆肥　1kg/㎡
　　　　　　配合肥料100g/㎡（春）
　　　　　　　　　　150g/㎡（秋）

追肥
なし

1　堆肥や肥料を入れて、しっかりと耕す。

2　高さ10cmの畝をつくり、表面を平らにならす。

170

ラディッシュ

Step 2 タネまき作業　タネまき ➡ 寒冷紗かけ

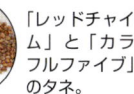

「レッドチャイム」と「カラフルファイブ」のタネ。

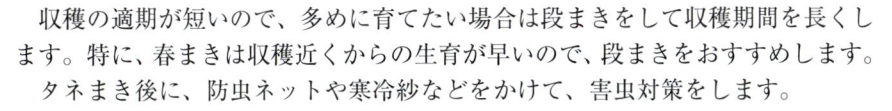

収穫の適期が短いので、多めに育てたい場合は段まきをして収穫期間を長くします。特に、春まきは収穫近くからの生育が早いので、段まきをおすすめします。タネまき後に、防虫ネットや寒冷紗などをかけて、害虫対策をします。

コツ!
春まきは、密植になると徒長気味に生育するので、間引きが少ないようにまいた方がよい。

1 支柱などで条間10㎝、深さ1㎝くらいのまきすじをつけて、1～3㎝間隔にタネをまく。

2 土をほぐしながら5㎜ほどかけて、軽く押さえて水やりをする。

3 トンネル支柱を土にしっかり挿し込み、寒冷紗をかけておく。

Step 3 間引きから収穫までの管理

本葉3～4枚の頃、間引きます。根の太さが2～3㎝になったら収穫です。収穫が遅れると、すが入ったりするので、大きなものから早め早めに間引くように収穫します。

コツ!
間引き菜も美味しく食べられるので、多めに欲しいときは、タネまきの間隔を狭く、少なくする場合は広くします。

しっかりとした苗を残して、間隔を3～4㎝に間引く。

収穫適期の「レッドチャイム」。

よくある失敗とコツ Q&A

Q 根の形がゆがんだり、裂根するのはなぜ?
A 高温や水分のバランスで起こります

高温時期は株が徒長気味に育ち、根の形が悪いものが多くなります。また、株間が狭くても起こるので、早めの間引きをして広くします。
裂根は、畑の水分が乾いているときと湿っているときの差が大きいと、多くなることがあります。また、未熟な堆肥や肥料の塊によっても、裂根することがあります。

もしかして病害虫!?　ドクターQ

Q 注意すべき病害虫は?
A ダイコンと同様です

ダイコンと同じように、アブラムシ、コナガ、カブラハバチ、ハイマダラノメイガが発生します。害虫の発生が認められたら、農薬を散布して防除します。

通年まき野菜　アブラナ科

カブ

学　名／Brassica campestris L.var. rapa.
分　類／アブラナ科アブラナ属
原産地／地中海沿岸、中央アジア
別　名／スズナ、カブラ、カブラナ

はくれい　日野菜蕪　あやめ雪

ダイコンと同様に、日本での栽培の歴史は古く、地方野菜として様々な形や大きさの品種が栽培されています。白色の小カブや大カブ、赤カブなどの多くの品種があります。その他、漬け物に利用する日野菜や野沢菜なども同じカブの仲間です。

カブは寒さに強く、暑さや乾燥に弱い性質です。春まきと秋まきが行えますが、育てやすいのは秋まきです。

おすすめ品種

小カブの「はくれい」や「スワン」は、サラダにしてもやわらかく、甘味もあって栽培しやすい品種です。大カブの聖護院カブ「京千舞(きょうせんまい)」は、生食や千枚漬けに適している品種です。赤カブ品種「恵星紅(けいせいべに)」や紫と白の色合いの「あやめ雪」や長型円筒形の「日野菜蕪」など、白カブと一緒に育てれば、食卓の彩りになります。

▼栽培カレンダー

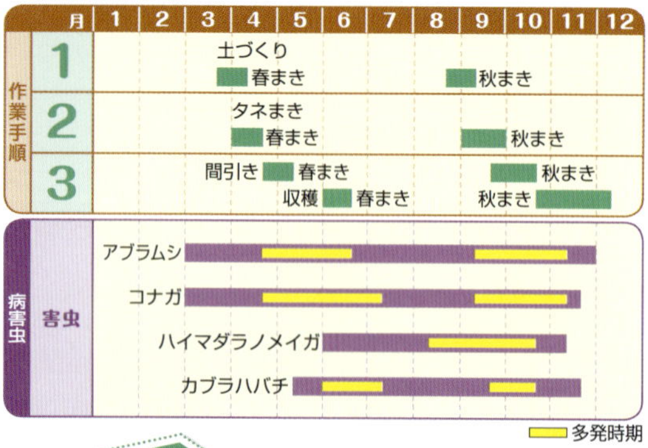

作業手順	月	1	2	3	4	5	6	7	8	9	10	11	12
	1			土づくり 春まき					秋まき				
	2			タネまき 春まき					秋まき				
	3			間引き 春まき 収穫 春まき					秋まき 秋まき				
病害虫 害虫	アブラムシ												
	コナガ												
	ハイマダラノメイガ												
	カブラハバチ												

■多発時期

失敗しないコツ！

- 根こぶ病に注意
- 間引きは早めに行う
- 未熟な堆肥は使用しない
- 無理なタネの早まきはしない
- 寒さには強いが、暑さや乾燥には弱い

Step 1　畑の準備

土づくり → 畝づくり → マルチング

土づくりは、タネまきの3週間ほど前に行います。根こぶ病の出やすい畑は、苦土石灰を少し多めにまきます。秋まきは、ビニールマルチを敷いて地温を高めておきます。

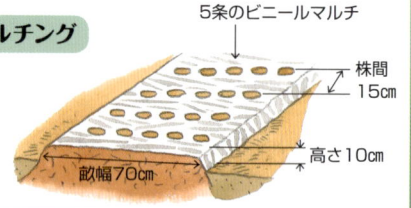

5条のビニールマルチ
株間15cm
高さ10cm
畝幅70cm

土づくりの目安

酸度調整……苦土石灰　120g/㎡
元肥…………堆肥　1kg/㎡
　　　　　　配合肥料100g/㎡(春)
　　　　　　　　　　150g/㎡(秋)

追肥

なし

1　畝幅などを測り、完熟堆肥や石灰、肥料などを全面にまいて耕す。

2　畝を立て、秋まきは、15cm間隔に穴があいた5条のビニールマルチを敷く。春まきはマルチを敷かなくてもかまわない。

カブ

Step 2 タネまき作業
タネまき ➡ 寒冷紗かけ

春まきは4月上旬～中旬に行いますが、収穫時期は高温になるので生育が早く進み、収穫適期が短くすぐに過ぎてしまいます。また、害虫の被害が多い時期なので、作付けの量は少なめに設定する方がよいでしょう。

カブは比較的涼冷な気候を好むので、秋まきは9月上旬～下旬にタネまきします。暑い時期の無理な早まきは避けますが、逆に遅くなると生育が十分でないうちに寒くなり、良いものが収穫できなくなります。

小カブ「はくれい」のタネ。

「京千舞」

コツ！ 聖護院カブのタネをまくときは、30cm間隔に穴のあいた2条のビニールマルチを使って、タネも少なくまく。

1 空き缶などの底部を押して、平らな凹みをつくる。タネが重ならないように、6～7粒ずつばらまく。

2 厚さ5mmほど、土をほぐしながら覆土して、軽く土の表面をたたく。

3 害虫予防に、タネまき後に寒冷紗をかける。

Step 3 間引きから収穫までの管理
①間引き（1回目）➡ ②間引き（2回目）➡ ③収穫

小カブは本葉が2～3枚出たら、2本に間引きます。さらに小さな小カブになる頃に1本に間引きます。

こうすることで、1つのビニールマルチの穴で1個半のカブが収穫できますが、形が悪いカブが多くなり生育もやや遅れます。形の良いカブを収穫したいときは、早めに1本に間引きをします。

①間引き（1回目）

コツ！ 聖護院カブは、元気な苗を1本残してすべて間引く。

1 本葉が3～4枚になったら、間引きのタイミング。

2 しっかりとした苗を2本残して、間引く。

菜は柔らかいので、煮浸しや和え物におすすめ。

間引いたカブ。カブはやや小さいが、葉も柔らかい。

②間引き（2回目）
3週間ほど後、ピンポン玉くらいに育ったら2回目の間引きをします。

1 カブの太り具合を見ながら、間引く。

2 ピンポン玉ほどの大きさになったら、1本に間引く。

通年まき野菜　アブラナ科

③収穫

収穫の目安は品種にもよりますが、小カブは根径4〜5cmくらいになったら収穫時です。一度には食べられないので、早めに収穫して大きくなり過ぎに注意します。

チェック！

小カブ（左）と聖護院カブ（右）
聖護院カブは、根径14〜15cmに育つと重さも4〜5kgになる。

カブは柔らかく甘さもあり、煮物や糠漬けで楽しめる。

小カブ3品種

赤カブ品種「恵星紅」

聖護院カブは、株元のビニールマルチを破って葉を束ねて抜く。聖護院カブ「京千舞」。

よくある失敗とコツ Q&A

Q 春まきカブがとう立ちしたのは？
A 無理な早まきが原因です

ダイコンと同様にカブも、春のタネまきは無理な早まきは避けます。タネが水を吸って発芽に向けて動き出すと、低温にあたることで花芽分化し、暖かくなって長日になるに従ってとう立ちして花が咲きます。とう立ちしたカブは、芯ができて食味が悪くなります。

Q きれいなカブに育たないのは？
A 株間や間引きの遅れなどです

カブは、株間が近かったり間引きが遅れたりすると、きれいな形にならず、つぶれた形になります。

また、高温や多肥によって細長いとがった形状になることもあります。

Q カブが割れるのは？
A いくつかの原因があります

生育の前半が乾燥気味で、後半で雨が多いと割れが多くなることがあります。また、肥料が多過ぎて、生育の勢いが良過ぎると割れやすくなります。

収穫の遅れでも割れることがあります。カブの適切な大きさは、品種によってそれぞれです。収穫適期を過ぎて、畑にそのままおくとある程度は大きくなりますが、食味が落ちたり割れたりします。

もしかして病害虫!?　ドクターQ

Q 根にこぶができて育たないのは？
A 根こぶ病です

食用にする根に、こぶができて根が働かなくなる根こぶ病は、カブには被害の大きい病気です。アブラナ科の野菜を連作すると菌の密度が上がって発生し、酸性で水はけの悪い土壌で出やすくなります。発生してからの対策はないので、発生が予想される場合は、予防のため、タネまきの前に根こぶ病の農薬を土壌混和します。また、土壌が酸性に傾かないように、石灰肥料をしっかり入れ、水はけの悪い畑では高畝にします。

病気の出やすい畑では、根こぶ病抵抗性の品種を選んで作付けします。品種の名前の前に、「CR」が付いています。

Q 注意すべき害虫は？
A アブラナ科共通の害虫です

ダイコンと同様に、アブラムシやシンクイムシ、カブラハバチ、コナガなどです。

カブラハバチ

温度の高い時期に害虫が多いので、発生したら農薬散布をして防除します。

キャベツ

学　名	Brassica oleracea L. var.capitata L.
分　類	アブラナ科アブラナ属
原産地	西ヨーロッパの大西洋岸や地中海沿岸
別　名	カンラン、タマナ

ヨーロッパ原産の野生キャベツが改良されて結球キャベツがつくられました。低温性野菜で、冷涼な気候を好み、暑さを嫌います。店頭では一年中出回りますが、家庭菜園では、春に苗を植えて初夏に収穫するか、秋に苗を植えて晩秋〜冬に収穫する方法がおすすめです。

おすすめ品種

「秋蒔中早生3号」（初夏収穫）や、「しずはま1号」（秋冬収穫）はやわらかく、美味しい品種です。萎黄病に強い「ＹＲ錦秋強力152」は、玉のしまりが良く、栽培も容易です。
　レッドキャベツの「レッドルーキー」は、春・夏まきができる中早生種で、サラダの彩りなどにおすすめです。

「しずはま1号」と「レッドルーキー」。手前はキャベツの仲間のコールラビ。

失敗しないコツ！

- 石灰はしっかり入れる
- 春の植えつけは、肥料は少なめ、秋は多めに
- 晩秋〜冬収穫のキャベツは根こぶ病に注意
- 8月定植後のシンクイムシ、5月と9月のヨトウムシに注意

▼栽培カレンダー

	月	1	2	3	4	5	6	7	8	9	10	11	12
秋まき〜初夏収穫	作業手順1										タネまき（トンネル育苗）		
	作業手順2		土づくり										
	作業手順3			植えつけ		収穫							
夏まき〜秋冬収穫	作業手順1						タネまき						
	作業手順2							土づくり / 植えつけ					
	作業手順3									収穫			
病害虫	病気		菌核病（春）							菌核病（秋）			
	害虫		アブラムシ / アオムシ / コナガ / ヨトウムシ / ハイマダラノメイガ（ダイコンシンクイムシ）										

多発時期

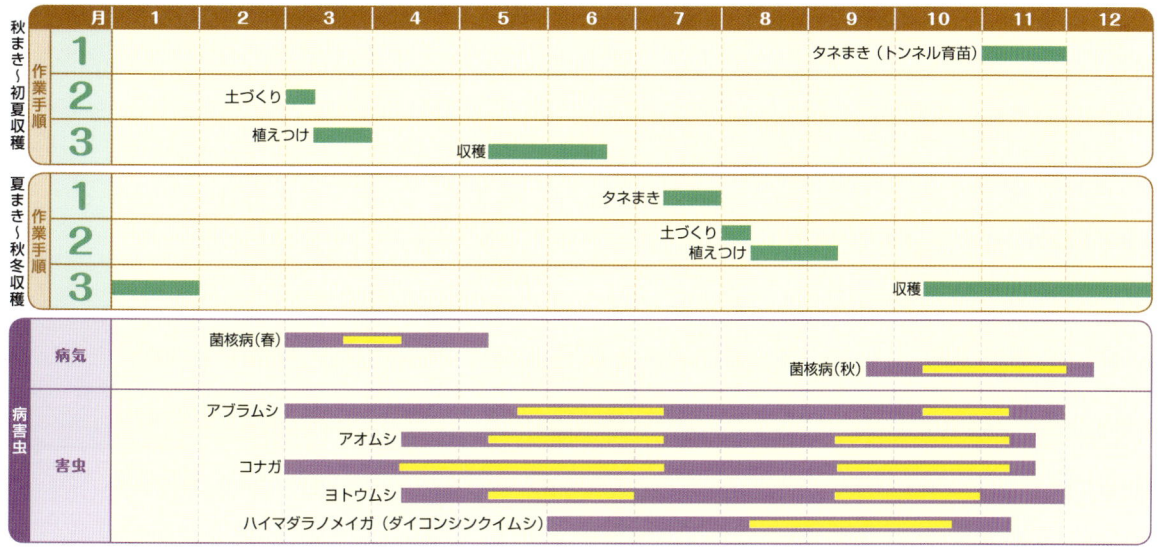

175

通年まき野菜　アブラナ科

Step 1 苗づくり

①苗床づくり ➡ ②タネまき ➡ ③寒冷紗かけ ➡ ④苗のハードニング

　秋冬植えの苗作りは、7月中下旬頃にタネまきをします。植えつけ苗になるまで4～5週間かかるので、植えつけ予定から逆算してタネまきを行います。春植えの苗づくりは、11月頃にタネまきをします。タネまき後は、季節に合わせて、ビニールや寒冷紗をかけて環境を整えます。

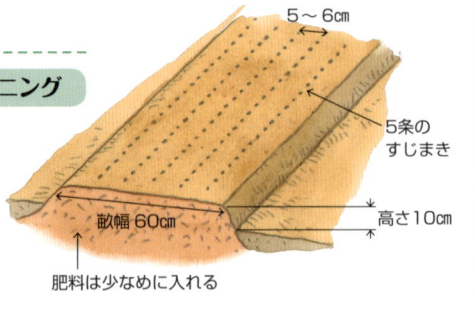

5～6cm
5条のすじまき
畝幅60cm
高さ10cm
肥料は少なめに入れる

①苗床づくり

　苗床は、根こぶ病などの土壌病害の出ない場所を選び、肥料を少なめに入れます。多肥になると徒長した苗になります。

土づくりの目安

酸度調整……苦土石灰　100g/㎡
元肥…………堆肥　1kg/㎡
　　　　　　化成肥料　100g/㎡

肥料を少なめに入れて、しっかりと耕して、平らにならす。

②タネまき

　畝幅60cm、高さ10cmの畝をつくります。畝の表面に5～6cm間隔の5列のまきすじをつけてタネをまきます。タネは光を好む好光性種子なので、覆土は薄くかけます。

「YR錦秋強力152」のタネ。

1　タネを5～6cm間隔にまき、深さは、0.5cmくらいに薄く覆土して、土の表面を軽くたたく。

2　秋～冬収穫のキャベツは、夏の時期にタネまきなのでたっぷりと水を与え、その後も乾燥していたら水やりをする。

③寒冷紗かけ

　夏まき後は、直射日光や強い雨、乾燥を防ぐために寒冷紗をかけます。
　秋まきは、保温や霜よけのために、寒冷紗やビニールのトンネルをかけます。

「葉もの半作」といわれるように、苗の善し悪しで、出来が決まる。
寒冷紗をかけて環境を保護しながら、苗を育てる。病害虫にも注意する。

④苗のハードニング

　苗を植える2～3日前に、フォークを刺して、畝を持ち上げるようにして、直根を切るハードニングをします。作業後に水をたっぷり与えておくと、発根が促されて根の量が増えて根つきがよくなります。

畝の外側から、フォークを深さ10cmくらい挿し込み、てこのように持ち上げて苗の根を切った後、水やりする。

チェック！

作業していない苗（右）は直根だけが伸びているが、作業したもの（左）は根鉢が大きく育っている。

キャベツ

Step 2 畑の準備と植えつけ

①土づくり → ②苗の準備 → ③植えつけ

　土づくりは、苗を植えつける1～2週間前に行います。苗床にたっぷりと水やりして、苗の根を切らないように掘り上げて、畑に植えつけます。夏の高温乾燥時の植えつけ後は、水やりを2～3回行います。

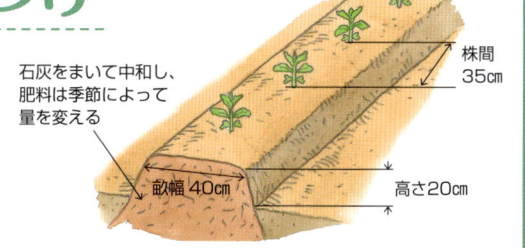

石灰をまいて中和し、肥料は季節によって量を変える
畝幅40cm　高さ20cm　株間35cm

①土づくり

　春植えと秋植えでは、肥料の量を変え、春は窒素分を少なく、秋は多めに入れます。酸性になると根こぶ病が出やすいので、石灰はしっかりと入れます。

土づくりの目安
酸度調整……苦土石灰　120g/㎡
元肥…………堆肥　2kg/㎡
　　　　　　配合肥料　100g/㎡(春)
　　　　　　　　　　　200g/㎡(秋)

追肥
化学肥料……50g/㎡(春・秋)

1　堆肥を、植えつけ場所の全面に均等にばらまく。

2　石灰と肥料をまいてしっかりと耕す。肥料の量は、植えつける季節で変える。

②苗の準備

　苗を抜く前に苗床にたっぷり水を与えて土をやわらかくし、根を傷めないようにゆっくりと引き抜き、さらに水やりをします。

1　引き抜く前に水やりして、土をやわらかくして、株元を持って抜く。

2　苗は植える前に、もう一度水を与える。

③植えつけ

　植えつけ場所に、高さ20cmの畝を立てます。秋～冬に収穫するキャベツは、根こぶ病が発生しやすいので苗の植えつけ時に殺菌剤のネビジン粉剤等を混入して予防します。
　害虫用の粒剤も、同様に使うことができます。使用時にはゴム手袋を着用しましょう。

コツ! 
苗の植えつけは、雨が多い季節に深すぎると、根もとが腐りやすいので注意する。

1　植えつけ場所に、畝を立てる。

2　畝の中央に支柱などで目印線をつけ、株間35cmとってネビジン粉剤を落とす。

3　ネビジンを土とよく混ぜ合わせる。

4　植え穴を掘って苗を入れ、土を寄せて株元を押さえて安定させる。

5　株元にできた凹みに、たっぷりと水やりする。

177

通年まき野菜　アブラナ科

Step 3 その後の管理と収穫

①追肥と土寄せ ➡ ②収穫

苗が根づいて葉が展開し始めたら、追肥を施して土寄せします。追肥することで外葉を大きく育て、良い玉をつくります。追肥のタイミングが遅くなると、結球があまくなります。

①追肥と土寄せ

畝の両側に化成肥料（または配合肥料）50g/㎡をばらまいて土と混ぜて、株元に土寄せします。

1　肥料を、株の両側に均等にばらまく。

2　土にしっかりとすき込んで、株元まで土寄せする。

②収穫

玉が肥大した頃、手で押してみて、堅くなっていたら収穫します。玉が小さくても堅い場合は、それ以上大きくならないので収穫します。

玉の外葉を広げて、茎に包丁を刺すようにして切り取り、株は抜いて早めに処分するか、茎から葉を切り離しておく。

7月にタネをまいて育てた「しずはま1号」の収穫。葉はやわらかく、食味が良い人気品種。

よくある失敗とコツ Q&A

Step 1

Q 苗づくりのポイントは？

A 季節や土壌に応じた対応が必要です

夏まきの苗づくりは、遅くなり過ぎると秋の定植も遅れ、十分に結球する前に低温になり、しっかり結球したキャベツを収穫できなくなります。

秋まきの苗づくりは、冬の低温期にビニールトンネルで保温をします。春になり温度が上昇してきたら、すそを開けて、日中の温度が上がり過ぎないように換気を行います。気温の上がり方と、生育の様子を見ながらビニールトンネルを外します。品種は、秋まきに適したとう立ちのしにくいものを選びます。

根こぶ病が心配な畑で苗づくりするときは、根こぶ対策を必ずします。根こぶ病の農薬を土に混和して、酸性に傾かないように石灰をしっかり入れて、水はけが良いところで苗づくりをします。

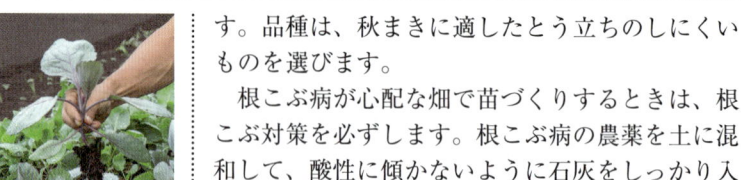

Step 2

Q 秋冬植えのタイミングは？

A 無理な早植えは避けます

秋冬植えの苗の無理な早植えは、高温で苗の植え傷みがしやすく、高温乾燥による石灰欠乏症状も出やすくなります。また、高温で害虫の多い時期なので、害虫の被害も受けやすくなり、シンクイムシの被害にあうと収穫が難しくなります。

キャベツ

Step 3
Q 春植えと秋植えの、肥料の量の違いは？
A 生育時期の違いです

夏収穫の春植えは栽培時期の温度が高く、生育条件が良いので肥料の量が少なくても生育します。特に窒素分が少ない肥料が適しています。一方で、秋冬収穫の秋植えは、温度がだんだん下がっていく時期なので、夏収穫に比べて肥料が多くなります。

春植えで肥料を入れ過ぎると、キャベツの玉が腐れやすくなったり、裂球しやすくなったりします。裂球は、収穫適期が過ぎても起こります。

ドクターQ もしかして病害虫!?

Q 根こぶ病の対応は？
A 予防の薬剤を混和します

キャベツを始めアブラナ科の野菜に発生する病気で、根にこぶができて症状が進むと根が働かなくなります。アブラナ科の連作により、畑の中の菌の密度が上がり発生します。夏から秋にかけて、高温で多雨のとき発生しやすくなります。また、秋冬収穫のキャベツでは、定植が早い方が被害も大きく、一方、春植えは発生が少なくなります。酸性の土壌や水はけの悪い畑の条件でより発生しやすくなります。

発生してからの対策は無いので予防が必要です。発生が予想される畑では、タネまきや苗の植えつけ時に根こぶ病用の薬剤を土に混和します。石灰をしっかり入れて土壌が酸性に傾かないようにし、水はけを良くするために高めの畝にします。発生のひどい畑では、アブラナ科の野菜の作付けをしばらく休栽します。

土壌の殺菌効果のあるネビジン粉剤。

植えつけ場所に、基準量の粉剤を落とす。

土としっかりと混ぜてから、苗を植える。

Q 黒っぽくなって腐ってきたのは？
A 菌核病です

白いカビのようなものを伴って腐る症状は、菌核病と思われます。症状が進むと、ネズミの糞のような黒い粒（菌核）がつきます。曇りや雨の日が多いと発生しやすくなります。菌核は伝染源になるので、発病した株は菌核ができないうちに処分し、できた場合は菌核を畑に残さないようにします。

Q 注意すべき害虫は？
A 特にシンクイムシに要注意です

ハイマダラノメイガはダイコンシンクイムシとも呼ばれ、芯を食害します。夏に植える苗に多発するので注意します。また、苗床の苗も食害されるので、防虫ネットや農薬の粒剤の使用などの対策を。

アブラムシは春植えキャベツに多く発生します。ひどく発生して玉の中に入り込むと農薬が効かないので、被害がひどくなります。

ヨトウムシやアオムシ、コナガは栽培の温度が高めの時期全般にわたり食害します。早めに発見して農薬散布により防除します。

Q 苗の芯が食害されたのは？
A 苗の植え替えをします

苗の芯をシンクイムシ（ハイマダラノメイガ）に食害されると、枝分かれして結球しそうに見える芯がいくつもできます。そのままでは小さな玉がいくつもできますが、キャベツの収穫は皆無になります。

植え替えが間に合う時期なら、苗を植え替えます。遅くなってしまったときは、次善策としていくつもある枝分かれした芯の良さそうなものを1つ残して、あとはかき取ると、ある程度の大きさのキャベツを収穫できます。

通年まき野菜　アブラナ科

コールラビ

学　名／*Brassica oleracea. var. gongylodes*
分　類／アブラナ科アブラナ属
原産地／ヨーロッパの西部や南部
別　名／キュウケイカンラン、カブカンラン、カブラハボタン

キャベツの仲間の一つで、食用にする部分は短い茎が球形に肥大したもの。ヨーロッパでは一般的な野菜です。日本へは明治の初めに渡来しましたが、あまり栽培されていませんでした。近年、注目されている野菜です。

栽培品種は極早生から極晩生まであります。

おすすめ品種

色は紫と緑色の品種がありますが、どちらも肉色は薄緑色です。早生で緑色の「グランドディーク」や、紫コールラビの「アルスター」などがおすすめです。カブと同様に、サラダや炒め物、漬物などに美味しく食べられます。

失敗しないコツ！

- 石灰はしっかり入れる
- 晩秋～冬収穫の根こぶ病に注意
- 春の植えつけは、肥料は少なめ、秋は多めに
- 8月定植後のシンクイムシ、5月と9月のヨトウムシに注意

▼栽培カレンダー

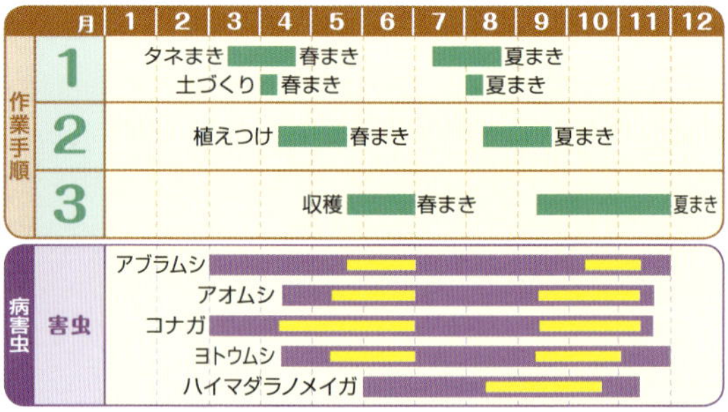

月	1	2	3	4	5	6	7	8	9	10	11	12
作業手順1	タネまき		春まき				夏まき					
	土づくり	春まき				夏まき						
作業手順2	植えつけ		春まき				夏まき					
作業手順3			収穫	春まき					夏まき			

病害虫：アブラムシ、アオムシ、コナガ、ヨトウムシ、ハイマダラノメイガ

■多発時期

Step 1　畑の準備

①土づくり ➡ ②苗の準備～植えつけ

比較的栽培期間が短いので、元肥を中心に施肥をします。土壌が酸性に傾かないように石灰をしっかり入れてしっかりと耕し、水はけを良くするために畝づくりをします。苗の植えつけ時に根こぶ病予防の薬剤を土に混和して、苗を植えつけます。

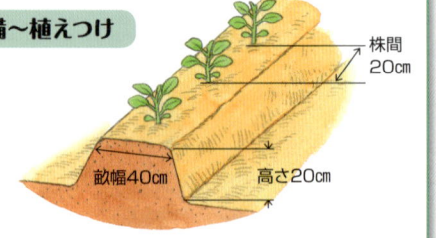

株間20cm／畝幅40cm／高さ20cm

①土づくり

土づくりの目安

酸度調整……苦土石灰　120g/㎡
元肥…………堆肥　2kg/㎡
　　　　　　配合肥料　100g/㎡（春）
　　　　　　　　　　　150g/㎡（秋）

追肥

化学肥料……50g/㎡（春・秋）

1 植えつけ場所の全面に、石灰や堆肥、肥料をまく。

2 塊のないように、しっかりと耕す。

コールラビ

②苗の準備〜植えつけ

ポット苗を準備するか、タネをまいて苗を育てます。

タネから苗を育てる場合は、キャベツと同様の手順でタネをまいて苗を育てます（176頁参照）。

1 植えつける前に水を与える。

2 植えつけ場所に、株間20cmとって植え穴を掘り、苗を植えつける。

3 株元へ水をたっぷりとまく。

Step 2　追肥と土寄せ

苗が根づいて葉が展開し始めたら、追肥を施します。肥料を株の両側にまいて、土と混ぜながら土寄せします。

チェック！
若い球からでも収穫できる。

1 肥料を、畝の両側に均等にばらまく。

2 土に肥料をしっかりとすき込んで、株元まで土を引き上げて土寄せする。

Step 3　収穫

植えつけをして1か月くらいすると収穫になります。玉の大きさが直径6〜8cmくらいの大きさで収穫します。収穫が遅れると、肥大して堅くなり繊維質が多くなります。

抜いて収穫したら、根や葉を切り落とす。

ブロッコリーに似た風味と甘味が美味。

よくある失敗とコツ Q&A　ドクターQ
もしかして病害虫!?

Q 注意すべき病害虫は？

A アブラナ科に共通の被害です

キャベツ、ブロッコリーなどと同様に、アブラムシやコナガ、ハイマダラノメイガ、根こぶ病などが発生します。害虫が発生したら、農薬を散布して防除します。秋にハイマダラノメイガに食害されると、形の悪いコールラビになります。

通年まき野菜　アブラナ科

ミズナ

学　名／*Brassica rapa* L. var. *laciniifolia*
分　類／アブラナ科アブラナ属
原産地／地中海沿岸、中央アジアから北ヨーロッパ
別　名／キョウナ

ツケナの一種で、ミズナは別名「京菜」や「千筋京菜」とも呼ばれます。葉に切れ込みのない「壬生菜」はミズナの変種とされています。

おすすめ品種

「京みぞれ」はタネまき期間が長く、小株採りに適しています。アクも少ないのでサラダでも美味しい品種です。赤紫色の鮮やかなミズナの「紅法師」は早生種でアントシアニンを多く含み、ベビーリーフから株採りまで、幅広く料理に利用できます。

「京みぞれ」

▼栽培カレンダー

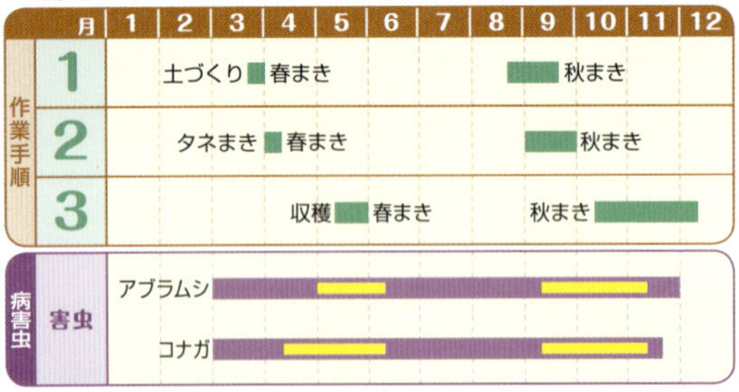

作業手順	月	1	2	3	4	5	6	7	8	9	10	11	12
1	土づくり　春まき　　　　　　秋まき
2	タネまき　春まき　　　　　　秋まき
3	収穫　春まき　　　　秋まき

| 病害虫 | アブラムシ／コナガ |

多発時期

失敗しないコツ！

- 比較的栽培は容易で、プランターなどでもできる
- 石灰を、しっかり入れる
- 小苗から間引きながら育てると、大株になる

Step 1　畑の準備

土づくり ➡ マルチング

土づくりは1～2週間前に行いますが、堆肥はさらに早めに入れておきます。酸性土壌になると、根こぶ病が出やすくなります。石灰をしっかり入れて中和し、肥料も適量入れます。多いと徒長しやすくなります。泥はね防止に、畝幅70cmで、15cm間隔の5条のビニールマルチを敷きます。

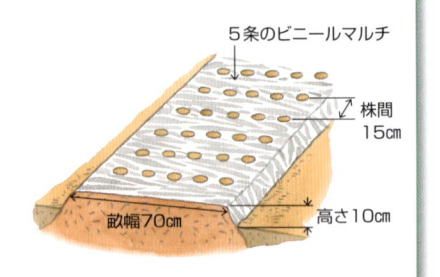

5条のビニールマルチ
株間15cm
畝幅70cm
高さ10cm

土づくりの目安

酸度調整……苦土石灰　120g/㎡
元肥…………堆肥　2kg/㎡
　　　　　　配合肥料(または化成肥料)
　　　　　　　100g/㎡(春)
　　　　　　　150g/㎡(秋)

追肥
なし

1 畝の大きさを測り、支柱を立てて目安にする。

2 石灰や肥料をまき、深く耕しておくことが大切。

3 畝を立て、ビニールマルチの表面がたるまないように平らに敷く。

ミズナ

Step 2 タネまき作業　タネまき ➡ 寒冷紗かけ

　ミズナは涼冷な気候を好む野菜です。4月上旬の春まきか、9月の秋まきの適切な時期にまくことが大切です。
　春まきで無理な早まきをすると、低温によりとう立ちして花を咲かせ、一方、まき遅れると温度が高くなって害虫が多くなり被害がひどくなります。
　秋まきの無理な早まきも温度がまだ高く、害虫の被害が多くなります。遅くなり過ぎると、十分に成長しないうちに低温になり生育が止まります。

　タネは小さく、好光性種子なので土は深くかけ過ぎないようにします。
　タネまき後に、寒冷紗をかけると発芽が揃い、防虫効果もあります。

「京みぞれ」のタネ

1 1つの穴に深さ0.5cmくらいで6～7粒のタネをまく。間引きやすいように、広く均等にタネを落とす。

2 薄く覆土して、表面を軽くたたいて、土をなじませて、水やりをする。

3 寒冷紗をかけて、乾燥時には水やりを。乾燥と暑さに弱いので、寒冷紗は効果的。

Step 3 間引きと収穫

　草丈が10cmくらいに成長したら、少しずつ間引きながら収穫していきます。春まきは成長が早いので、小さめの収穫を心がけます。1つの穴の本数を減らしながら収穫し、1本にして育てると株分かれして中株～大株になります。秋まきは、収穫の後半は霜が降りる頃。地際で株分かれして大きな株になり、寒さにあたったミズナは甘みが増します。

チェック! 草丈が10cmくらいから間引きスタート。3本くらいに間引く。間引苗は、他に植えつけても可。

1 約20日後。さらに2本に間引く。

2 全体に茎葉が増えて、一回り大きく育ったら1本に間引くと中株～大株まで収穫できる。

紫の色彩と、シャキシャキとした食感が楽しめる「紅法師」（右）。

よくある失敗とコツ Q&A

ドクターQ

Q 成長が止まったのは?
A 根こぶ病です

　抜いて根を見てこぶがついていたら根こぶ病です。アブラナ科の野菜に感染する病気で、ミズナも根こぶ病が発生します。キャベツなどの野菜と同様に、予防対策をします。

通年まき野菜　アブラナ科

コマツナ

学　名／Brassica rapa L. nothovar.
分　類／アブラナ科アブラナ属
原産地／地中海沿岸、中央アジアから北ヨーロッパ
別　名／ウグイスナ

東京の小松川付近で栽培されてきたのが名前の由来で、ツケナの一つです。寒さ暑さに比較的強く、段まきすれば継続的に収穫できます。

おすすめ品種

「浜美2号」は、萎黄病に強く、生育がゆるやかで栽培しやすい品種です。ほぼ周年栽培ができるので、春と秋のどちらでもまけます。

3月下旬に咲いた「浜美2号」の花

▼栽培カレンダー

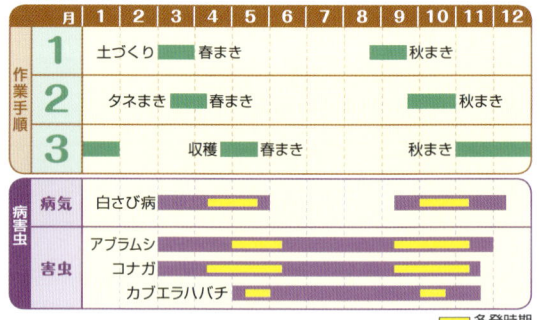

月	1	2	3	4	5	6	7	8	9	10	11	12
作業手順1		土づくり		春まき					秋まき			
作業手順2		タネまき		春まき					秋まき			
作業手順3				収穫	春まき				秋まき			

病害虫
- 病気：白さび病
- 害虫：アブラムシ、コナガ、カブエラハバチ

■多発時期

失敗しないコツ！

- 根こぶ病に注意
- 排水を良くする
- 酸性にならないように石灰をしっかり入れる

Step 1　畑の準備　土づくり ➡ 畝づくり

根を浅く張り、栽培期間が短いので連作しがちです。最初の土づくりをしっかりと行っておきます。春は生育が早いので、秋と比べて肥料は少なめにします。すじまきなので、畝幅は自由に設定できます。

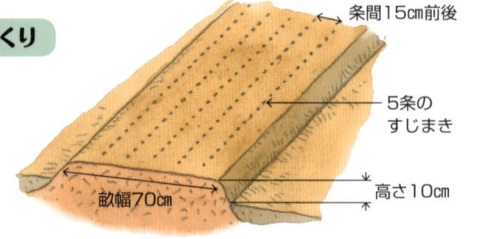

- 条間15cm前後
- 5条のすじまき
- 畝幅70cm
- 高さ10cm

土づくりの目安

酸度調整……苦土石灰　120g/㎡
元肥…………堆肥　2kg/㎡
　　　　　　配合肥料（または化成肥料）
　　　　　　　100g/㎡（春）
　　　　　　　150g/㎡（秋）

追肥

なし

1 堆肥や肥料、石灰を入れてしっかりと耕す。

2 畝線の外側に土をかき出して畝をつくり、表面を平らにならしておく。

184

コマツナ

Step 2 タネまき作業

春まきは、生育が進むにつれて温度が高くなるので、収穫近くなって急に大きくなり、食べきれなくなります。タネのまき過ぎに注意。遅くまくと害虫の多い時期の栽培になり、管理が難しくなります。

秋まきは、遅くなると栽培の後半で低温になり、収穫まで生育しないうちに成長が止まることがあります。

畝幅70cmに溝を5条つくってタネをすじまきにします。タネのまき過ぎは、細く徒長した株になるので、注意します。

1. 条間15cm前後で、深さ0.5cmくらいの溝をつくり、タネを、2〜3cm間隔にまく。

2. 土を手でもみほぐしながら、薄く覆土して、土の表面を軽くたたいて、水をまく。

コツ！
タネまきが終わったら、寒冷紗をかけておくと、乾燥を防いで発芽がそろう。
温度の高い時は害虫が多いので、生育初期は害虫対策が大切。寒冷紗や防虫ネットなどを利用して、害虫対策を行う。

Step 3 収穫

春まきで、温度が上昇しているときは生育が速くなるので、収穫適期から始めると食べきれません。このため草丈10cmくらいから収穫を始めます。秋まきで早めにまいたものは生育が早いので、こまめに収穫します。真冬に収穫するコマツナはゆっくり収穫ができ、寒さにあたっているので甘みが増します。冬に収穫する株を少し残しておくと、春にとう立ちして、ナバナとして楽しむことができます。

収穫適期は、温度の高いときは2〜3日、真冬では3〜4週間大丈夫です。年が明けると、地域によっては、鳥が葉を食べに来るので、それまでに収穫を終えるか、防鳥ネットをかけるなどの鳥対策をします。

1. 草丈が10cmくらいに育ったら、間引くように大きなものから抜く。

2. 土つきの根はハサミで切りとっておくと、後の調理が楽になる。

やわらかいうちに収穫。

よくある失敗とコツ Q&A

もしかして病害虫!? **ドクターQ**

Q 葉に白い粉状のものがつくのは？
A 白さび病でしょう

白い粉状の斑点が、最初は葉の裏につく症状は、白さび病と思われます。雨の多いときに発生しやすくなります。発生したら、殺菌剤を散布して防除します。温度の高いときは生育が早いので、農薬の使用については、収穫前使用日数に注意します。病気の出ている葉は病気の感染源になるので、収穫のとき、畑に残さないようにします。

Q 注意すべき害虫は？
A アブラナ科に発生する害虫です

葉に白い小さな斑点がついているのは、ハモグリバエの成虫が吸汁した痕。この白い斑点は、病気ではないので、食べるにはまったく問題ありません。

そのほか、アブラムシやコナガ、カブラハバチなどです。温度の高い時期に多くなります。発生したら、農薬を散布して防除します。

通年まき野菜　アブラナ科

チンゲンサイ

学　名／Brassica rapa　L. var. chinensis.
分　類／アブラナ科アブラナ属
原産地／中国
別　名／シャクシナ

中国から導入された野菜で、ツケナ類の一つです。葉の形がさじ状になるのが特徴です。チンゲンサイの茎は青軸ですが、白軸はパクチョイと呼ばれています。

カロテンやカルシウム、ナトリウムなどを多く含む栄養いっぱいの野菜です。

おすすめ品種

「青帝チンゲンサイ」は、生育旺盛な早生種です。立性で形よく育ち、タネまきのできる時期が広く、栽培しやすい品種です。

タネは小さく、まきにくいが、均等にまく

▼栽培カレンダー

月	1	2	3	4	5	6	7	8	9	10	11	12
作業手順 1			土づくり	春まき					秋まき			
作業手順 2			タネまき	春まき					秋まき			
作業手順 3				収穫	春まき				秋まき			
病害虫	アブラムシ											
	コナガ											
	カブラハバチ											

多発時期

失敗しないコツ！

- 石灰をしっかり入れる
- 間引いたものも、苗として植えつけ可能
- 高温乾燥や多肥で、生理障害が出ることがある
- 高温時期は、アブラナ科を好む害虫に注意

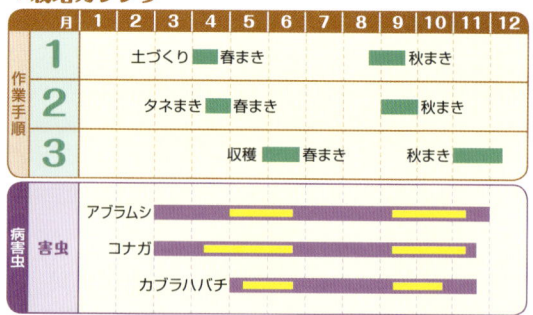

Step 1　畑の準備

土づくり〜マルチング

土づくり後に、しっかりとした株に育てるため、等間隔に穴のあいたビニールマルチを敷きます。ビニールマルチがない場合は、すじまきをして、最終的に15cm間隔に間引いて栽培する方法もできます。

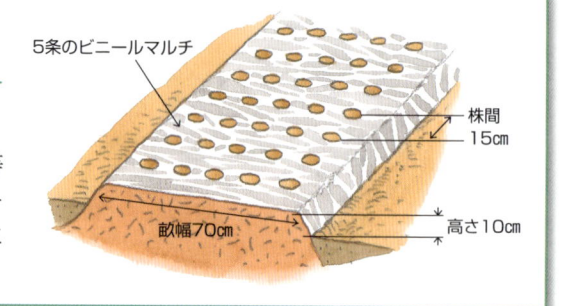

5条のビニールマルチ
株間 15cm
畝幅70cm
高さ10cm

土づくりの目安

酸度調整……苦土石灰　120g/㎡
元肥…………堆肥　2kg/㎡
　　　　　　配合肥料（または化成肥料）
　　　　　　　　100g/㎡（春）
　　　　　　　　150g/㎡（秋）

追肥

なし

1 1〜2週間前に、石灰や肥料などを入れてしっかりと耕しておく。

2 マルチなしでも栽培できるが、敷いた方が便利。

チンゲンサイ

Step 2 タネまき作業
タネまき ➡ 寒冷紗かけ

コマツナに比べると栽培期間が長く、間引き菜も食べるために、タネは多めにまきます。春まきは、無理な早まきをすると低温にあたり、とう立ちすることがあるので注意します。

コツ!
タネまき後は、乾燥させないように寒冷紗をかける。本葉2〜3枚出て苗がしっかりしたら寒冷紗をはずしてもよいが、防虫のために、間引きをする頃まで長めにかけておいてもかまわない。

1 深さ0.5cmの凹みをつくり、片寄らないように、タネを6〜7粒ずつまく。

2 土を手でもみほぐしながら薄く覆土し、軽くたたいて土をなじませる。

3 タネまき後に、たっぷりと水やりする。その後も乾燥している場合は、水やりする。

Step 3 間引きと収穫

タネをまいて3週間くらいを目安に、本葉4〜5枚になったら間引きを始めます。
1回目の間引きで2本立ちにして育て、さらに2回目の間引きで、良い方を残して1本立ちにします。しっかり育ったら収穫します。1つの穴で、1本半の収穫ができます。

コツ!
間引きしたチンゲンサイは、苗として植えつけができるので、欠株になっているところや、別の場所に余裕があれば、植えつけて収穫できる。

1回目
本葉4〜5枚くらいで、しっかりとした苗を2本残す。間引き後に苗が倒れ気味でも、成長とともに立ち上がる。

2回目
2本をミニチンゲンサイに育て、1本を収穫して残り1本にする。

収穫
株元が太り、葉肉の厚い、しっかりしたチンゲンサイに育ったら収穫。

よくある失敗とコツ Q&A

ドクターQ もしかして病害虫!?

Q 注意すべき病害虫は?

A アブラムシやアオムシ、コナガなどに注意

温度が高い時期、アブラナ科に発生する害虫がつくので、発生したら農薬散布して防除します。
また、アブラナ科を連作している畑で出やすい根こぶ病は、春まきより秋まきの方が出やすいので、心配される畑ではしっかり根こぶ病対策を行います。

約40日が収穫の目安。

通年まき野菜 アブラナ科

ルッコラ

学 名／*Eruca vesicaria* subsp.*sativa*
分 類／アブラナ科バナスズシロ属
原産地／地中海沿岸
別 名／キバナスズシロ、ロケット

イタリア名でルッコラ、英名ではロケットと呼ばれる一年草のハーブです。葉にはゴマに似た香りと、独特の辛味や苦味があります。辛味には、ダイコンやからしなどと同じ成分が含まれています。生でサラダやピザ、スープなどに利用します。

おすすめ品種

ロケットやルッコラの名前で、タネが販売されています。時期を少しずつずらしてまくと、長く収穫できます。
他の葉物と組み合わせて栽培すると、便利な野菜です。

失敗しないコツ！
- 根こぶ病に注意
- 排水を良くする
- 酸性にならないように石灰をしっかり入れる

▼栽培カレンダー

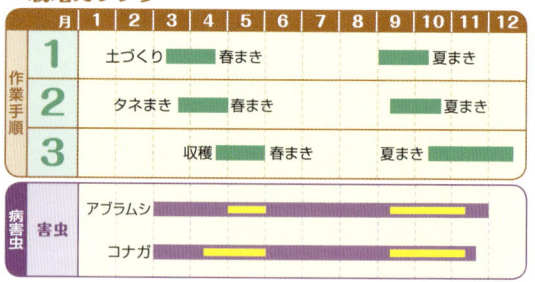

月	1	2	3	4	5	6	7	8	9	10	11	12
作業手順1			土づくり	春まき					夏まき			
作業手順2			タネまき	春まき					夏まき			
作業手順3				収穫	春まき				夏まき			
害虫	アブラムシ											
害虫	コナガ											

■多発時期

Step 1 畑の準備 　土づくり → 畝づくり

土づくりは、タネまきの1～2週間前に行っておきます。酸性土壌にならないように石灰を入れてしっかりと耕し、排水を良くするために、幅70cmの畝をつくります。すじまきなので、畝幅は自由に設定できます。

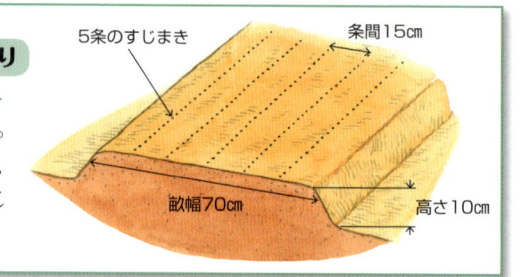

5条のすじまき／条間15cm／畝幅70cm／高さ10cm

土づくりの目安

酸度調整……苦土石灰　120g/㎡
元肥…………堆肥　2kg/㎡
　　　　　　配合肥料（または化成肥料）
　　　　　　100g/㎡（春）
　　　　　　150g/㎡（秋）

追肥

なし

1 堆肥や肥料、石灰を入れてしっかりと耕す。

2 畝幅を測り、土を外側にかき出して畝をつくる。

3 畝の表面を平らにならし、支柱などを押しつけで、まきすじをつける。

188

ルッコラ

Step 2 タネまき作業
タネまき → 寒冷紗かけ

春まきは3月下旬から、夏まきは9月中旬からを目安にします。春の早まきでは低温にあうととう立ちし、夏まきも無理に早まきすると、害虫多発の時期での栽培で、難しくなります。

タネ

コツ！
タネまきが終わったら、寒冷紗をかけておくと、乾燥を防いで発芽がそろう。
温度の高い時は害虫が多いので、生育初期は害虫対策が大切。寒冷紗や防虫ネットなどの利用は日よけになり、葉も柔らかい。

1 条間15cm前後で、深さ0.5cmくらいの溝に、タネを2～3cm間隔にまく。

2 土を手でもみほぐしながら、薄く5mmほど覆土して土の表面を軽くたたく。

3 タネまき後に、たっぷりと水やりし、発芽まで乾かさない。

Step 3 収穫

まく時期にもよりますが、タネまきをして1～2か月ほどすると収穫です。温度が高い時期は特に生育が早いので、早め早めの収穫をします。花茎が立ち上がってきたら摘芯して、伸びた若葉を収穫します。花が咲いてタネがつくと、茎葉が堅くなります。

チェック！
花は、エディブルフラワーとして利用できる。

発芽適温は15～20℃。4～7日で発芽。小さい頃から間引くように収穫してもよい。

収穫の目安は、春まきは30～40日、温度の高い時期で25～30日。

よくある失敗とコツ Q&A

ドクターQ もしかして病害虫!?

Q 小さな虫がついたのは？

A アブラムシかもしれません

アブラナ科なので、アブラムシやコナガなどの害虫がつきやすいので、寒冷紗などをかけて防除し、発生したら農薬を散布して防除します。
アブラナ科の野菜を連作すると、根こぶ病が発生するようになるので、しっかりと対策をしながら作付けするようにします。

ビタミンCを豊富に含み、風邪の予防や疲労回復によいといわれている。

189

通年まき野菜　アカザ科

ホウレンソウ

学　名／*Spinacia oleracea* L.
分　類／アカザ科ホウレンソウ属
原産地／アルメニア、イラン
別　名／スピナッチ

江戸時代初めに渡来。葉に切れ込みの多い東洋種と少ない西洋種に大別されていましたが、現在は、両方を交配した品種が主流です。

おすすめ品種

春まきは病気に強い「アクティブ」、秋まきは「パレード」や「パンドラ」などが寒さに強く育てやすい品種です。赤い葉軸のホウレンソウ「食彩」はアクが少なく生食に適しています。
ホウレンソウは長日の条件でとう立ちするので、春まきの品種はとう立ちのしにくいものを選びます。

赤軸ホウレンソウ「食彩」

失敗しないコツ！
- タネは、まく時期に合わせた品種を選ぶ
- アルカリ性よりの土壌を好む
- 夏の果菜類の後に、作付けしやすい

▼栽培カレンダー

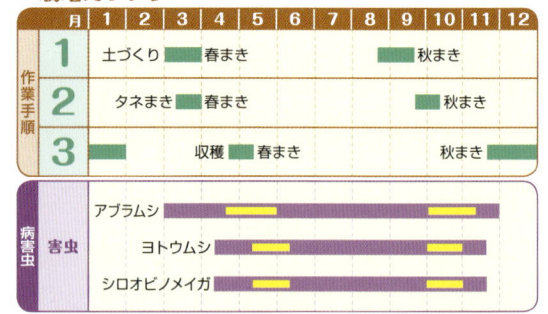

月	1	2	3	4	5	6	7	8	9	10	11	12
作業手順1		土づくり	春まき					土づくり	秋まき		
作業手順2		タネまき	春まき					タネまき	秋まき		
作業手順3			収穫	春まき					収穫	秋まき	

病害虫：アブラムシ、ヨトウムシ、シロオビノメイガ

■多発時期

Step 1　畑の準備　土づくり ➡ 畝づくり

酸性土壌を嫌うので石灰をしっかり入れて、1〜3週間前に土づくりします。
街路灯の照明があたる場所は、長日の条件となってとう立ちするので避けます。

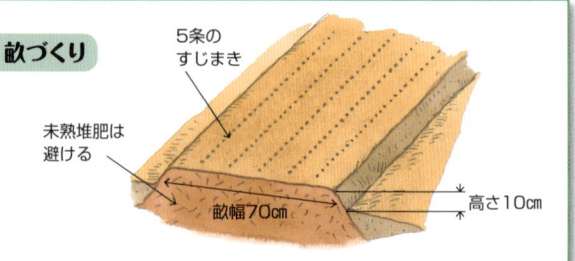

- 5条のすじまき
- 未熟堆肥は避ける
- 畝幅70cm
- 高さ10cm

土づくりの目安
- 酸度調整……苦土石灰　120g/㎡
- 元肥…………堆肥　2kg/㎡
  配合肥料（または化成肥料）
  100g/㎡（春）
  150g/㎡（秋）

追肥
なし

1 堆肥や石灰、肥料を入れてしっかりと耕す。

2 畝の大きさを測り、畝を立てて表面を平らにならす。

ホウレンソウ

Step 2 タネまき作業　タネまき → 寒冷紗かけ

　季節に適した品種を選んで、適期にタネをまきます。ホウレンソウは暑さに弱いので、春まきのタネまきが遅くなると生育の後半に温度が高くなり、収穫ができなくなります。秋まきも温度の高い時期に早まきすると、立ち枯れが多発します。夏の暑い時期での、通常の露地栽培はできません。
　タネの皮は堅いので、土に十分な湿気がないと発芽が低下するので、寒冷紗をかけて乾燥を防ぎます。

発芽適温は15〜20℃。25℃以上になると発芽が低下してきます。春まきは間隔を少しあけてまき、徒長しないようにします。
発芽するまでは乾燥しないように水やりし、発芽後は控えると根の成長が進みます。

秋まきのタネ「パレード」

1　支柱などを両手で押して、深さ0.5cmのまきすじをつくる。

2　タネを1〜2cm間隔にまき、やや厚めに覆土して、たっぷりと水やりする。

コツ！
乾燥や地温上昇を防ぎ、発芽を揃えるために寒冷紗をかけるのがコツ。発芽して生育し始めたらはずし、日にあてて育てる。

Step 3 収穫

　しっかりと育った場所から、早めに収穫します。カマで根を切り取って収穫し、黄ばんだ葉やゴミを取り除きます。

チェック！
一般的に野菜は、冬に向かって糖などを蓄積して甘みが増す。秋まきのホウレンソウも冬の寒い時期に収穫すると、低温にあたり甘みが増して美味しくなる。

1　カマで、根を切る。

2　収穫したら、黄化した葉やゴミを取る。

大きく育ったものから、間引きながら収穫をしてもよい。

よくある失敗とコツ Q&A

Q　発芽しても葉が成長しないのは？

A　酸性土壌の可能性

　土が酸性の可能性があります。ホウレンソウは酸性土壌に弱く、栽培しても小さいうちに生育が止まり、黄化して良品を収穫できないことがあります。また、発芽してすぐ立ち枯れてしまう畑では、立ち枯れ病の菌の密度が上がっていると考えられるので、休栽期間を長めにします。

もしかして病害虫!? ドクターQ

Q　注意すべき害虫は？

A　シロオビノメイガやコナダニに注意

　春まきは、温度が上がってきた収穫時期に害虫がつきます。アブラムシやヨトウムシ、シロオビノメイガなどです。
　秋まきは、比較的少なくアブラムシなどが発生します。未熟な堆肥を入れると、ケナガコナダニが芯の部分について、葉が縮れる症状が出ます。

通年まき野菜　キク科

レタス、リーフレタス

学　名／ Lactuca sativa L.
分　類／キク科アキノノゲシ属
原産地／地中海沿岸、西アジア
別　名／チシャ、チサ

ファルコン
レッドウエーブ
ガーデンレタスミックス

野山に自生するアキノノゲシと同じ仲間で、茎葉を切ると白い液を出します。レタスは結球するレタスやサラダナ、非結球のリーフレタスがあります。リーフレタスはプランター栽培もでき、外葉から葉を摘み取って収穫もできるので、長く楽しめます。

おすすめ品種

サラダレタスは、栽培しやすい極早生種の「グリーンレーク2B61」、玉レタスは病気に強く、結球性がすぐれている早生種の「ファルコン」などがあります。サニーレタス（リーフレタス）は赤色が鮮やかで葉肉が厚い「レッドウェーブ」や、5種類のリーフレタスがミックスされた「ガーデンレタスミックス」は間引き収穫したり、葉を摘み取って収穫したりと、手軽に彩りの良いサラダを楽しむことができます。

失敗しないコツ！

- 不結球種の方が、栽培しやすい
- タネの無理な早まきはしない
- 高温乾燥では発芽が悪いので、注意する
- 酸性を嫌うので、しっかり石灰を入れる
- 窒素過多は生理障害を引き起こすことがある

▼栽培カレンダー

作業手順	月	1	2	3	4	5	6	7	8	9	10	11	12
1	土づくり			（リーフレタス）					（結球レタス）			（リーフレタス）		
2	苗の植えつけ			（リーフレタス）		タネまき			（結球レタス）			（リーフレタス）		
3	収穫				（リーフレタス）					（結球レタス）			（リーフレタス）	
病害虫	アブラムシ												

■多発時期

Step 1　畑の準備

土づくり～マルチング

1～2週間前に、土づくりを行い、ビニールマルチを敷いておきます。酸性土壌を嫌うので、石灰はしっかり入れて中和し、多肥は避けます。

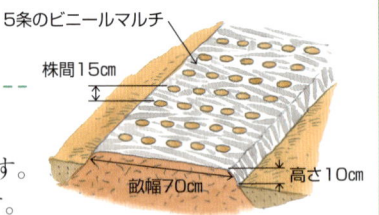

5条のビニールマルチ
株間15cm
畝幅70cm
高さ10cm

土づくりの目安
酸度調整……苦土石灰　100g/㎡
元肥…………堆肥　2kg/㎡
　　　　　　配合肥料
　　　　　　200g/㎡（結球レタス）
　　　　　　100g/㎡（リーフレタス春）
　　　　　　150g/㎡（リーフレタス秋）

1 堆肥や石灰、肥料を偏らないように、全面にまいて耕す。

2 幅70cmの畝を立て、乾燥や泥はね防止に、株間15cmの5条のビニールマルチを敷く。

レタス、リーフレタス

Step 2 タネまきとその後の管理

①タネまき～寒冷紗かけ ➡ ②苗の移植（結球レタス）➡ ③間引き（リーフレタス）

　春まきの栽培は、4月頃に苗を購入して植えつけるのが手軽です（194頁Q&A参照）。
　レタスのタネは、比較的低温の方が発芽しやすい性質で、25～30℃以上になると休眠して発芽が悪くなります。高温時のタネまきは寒冷紗をかけて遮光し、温度の上昇を抑えるようにします。発芽をそろえるために、1～2日ほど冷蔵庫の中で水に浸し、催芽してからまくと効果的です。
　8月下旬～9月中旬はまだ暑い時期なので、作業は涼しくなった夕方に行います。

①タネまき～寒冷紗かけ

　レタスのタネは、好光性の性質があるので、厚い覆土は避けます。タネを浅めにまくと乾燥しやすいので、発芽するまでは湿気が十分保たれるように寒冷紗をかけて防ぎます。高温乾燥になると発芽が悪くなるので、乾燥している場合は、寒冷紗を開けて水やりします。

1　深さ0.5cmくらいで、7～8粒のタネを均等にまく。

2　薄く覆土して土の表面を軽くたたいて、なじませる。

3　やわらかい水流で、たっぷりと水やりをして寒冷紗をかける。

②苗の移植（結球レタス）

　結球レタスは幼苗を移植して育て、結球してから収穫します。移植場所は、1～2週間前にタネまきと同様に土づくりをして畝を立て、泥はね防止に30cm間隔で3条のビニールマルチを敷いておきます。
　本葉が3～4枚になったら、1株ずつ植えつけます。

1　30cm間隔で2条のビニールマルチの真ん中に、さらに1列あけて3条にする。

2　本葉3～4枚になったら移植適期。苗を掘り上げる前に、水をかける。

3　根をなるべく傷めないように、根鉢をつけて掘り取って移植する。

4　植えつけ後に、やわらかい水流でたっぷりと水やりする。

③間引き（リーフレタス）

　非結球のリーフレタスは、小さいうちに間引きながら収穫し、15cm間隔の5条のビニールマルチの穴1つに1本になるように、間引きます。間引き菜はやわらかく、美味しく食べられます。

葉が混み合ってきたタネまきから約30日後、株元を持って1本に間引く。

「ガーデンレタスミックス」もベビーレタスとして適宜に間引きながら収穫する。

193

通年まき野菜　キク科

Step 3　収穫

結球レタスは、完全に結球するより8分くらいの方がやわらかく食味が良いので、早めに収穫します。外葉と玉の間を広げて、包丁で切ります。

リーフレタスは、外側の葉を数枚ずつちぎって育てながら収穫するか、株全体の根元を切って収穫します。

●結球レタス
玉になった部分を持って、外葉を下げて包丁で切って収穫する。

●リーフレタス
地際に包丁を入れて、株ごと切り取るか、大きな外側の葉を、数枚ずつ取る。取り過ぎると、株が弱るので注意。

「ガーデンレタスミックス」も株から抜き取るか、葉を切り取って収穫。

よくある失敗とコツ Q&A

Q 春まきの栽培は難しいですか？

A 家庭菜園ではやや難しくなります

農家の結球レタスの栽培は、1～2月頃タネをまいてビニールハウスやトンネルで育苗します。2～3月頃に本葉4～5枚で定植して、ビニールマルチとビニールトンネルで保温しながら育てます。

温度が上昇してきたら、日中はビニールトンネルの裾を上げて換気をして温度が上がり過ぎないように管理します。収穫は4月下旬～5月中旬です。

リーフレタスも、遅めのタネまきから始めると、収穫までに温度が上昇してしまい、栽培が難しくなります。このため、春は、栽培しやすいリーフレタス苗を、4月頃に購入して栽培することをおすすめします。

Q 8～9月のタネまきのポイントは？

A 適期のタネまきが大切

レタスは高温、長日条件で花芽分化するので、夏の暑いうちに無理に早まきをすると、とう立ちすることがあります。また、温度が高いとタネの発芽が悪くなります。一方で、タネまきが遅くなると、結球レタスでは十分に結球しないうちに低温になり、生育が止まります。適期にタネをまき、発芽が良くないので多めにまくようにします。

ドクターQ　もしかして病害虫!?

Q 注意すべき害虫は？

A アブラムシです

温度が高めの時期に、アブラムシが発生します。アブラムシは、ウィルス病を媒介します。発生したら、農薬を散布して防除します。また、防虫ネットをかけて栽培することも、アブラムシを防ぐ効果があります。

育てておきたい香りの食材
おすすめのハーブ類

あまり多くは必要ないものの、薬味や添え物、料理のアクセントに重宝するのがハーブ類です。

夏の季節料理に定番のシソやバジル、冷たい飲み物づくりにレモンバームやミント、肉や魚の香りづけにタイムなど、畑のワンコーナーで育てておきたいおすすめのハーブ類です。

畑のハーブコーナー

一年草

シソ
学　名／ Perilla fruteseens var.crispa
分　類／シソ科シソ属
原産地／ヒマラヤ、ビルマ、中国中南部
別　名／ウヌエ、ノラエ

バジル
学　名／ Ocimum basilicum
分　類／シソ科メボウキ属
原産地／インド、熱帯アジア
別　名／メボウキ、バジリコ

パセリ
学　名／ Petroselinum crispum
分　類／セリ科オランダゼリ属
原産地／地中海沿岸
別　名／オランダゼリ

宿根草

レモンバーム
学　名／ Melissa officinalis
分　類／シソ科セイヨウヤマハッカ属
原産地／ヨーロッパ南部
別　名／セイヨウヤマハッカ

タイム
学　名／ Thymus vulgaris
分　類／シソ科イブキジャコウソウ属
原産地／地中海沿岸
別　名／イブキジャコウソウ

ミント
学　名／ Mentha spicata
分　類／シソ科ハッカ属
原産地／不明
別　名／ミドリハッカ、オランダハッカ

一年草 シソ、バジル

シソは古くから栽培され、芽ジソや葉ジソ、穂ジソなどと呼び分けられて、日本料理には欠かせない野菜です。

バジルは葉に独特な香りをもち、イタリア料理の定番野菜のひとつ。どちらもシソ科で栽培はしやすく、フレッシュハーブとして楽しめます。

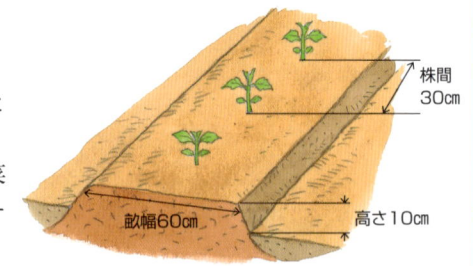

畝幅60cm／高さ10cm／株間30cm

苗の入手

信頼できる種苗店などで苗を購入するか、苗床やセルトレーにタネをまきます。タネの発芽適温は25〜30℃なので4月中旬〜5月中旬、暖かくなってからまきます。タネは好光性なので覆土は浅くし、本葉2〜3枚育ったらポットに植え替えて育てます。

シソ セルトレーにタネをまいたシソの幼苗

バジル タネまきから3週間後のバジルの幼苗

畑の準備と植えつけ

日当りと風通しの良い場所で、土づくりをして植えつけます。

プランターなどの、容器栽培もできます。

土づくりの目安

酸度調整	苦土石灰　100g/㎡
元肥	堆肥　2kg/㎡
	配合肥料　150g/㎡

追肥

化成肥料……30g/㎡×3〜4回

1 バケツの水の中に入れ、根鉢にたっぷり水を含ませる。

2 株元を持って、根鉢を崩さないように、ポットを外す。

3 2本植えのポット苗は、1本ずつに手で分ける。

4 植え穴に入れて土寄せし、株元を軽く押さえる。

その後の管理と収穫

バジルは、植えつけ後に摘芯すると、枝数が増えます。

草丈が30〜40cmくらいになったら、先端の葉を数枚残しながら、葉を摘み取って収穫を始めます。

シソは晩夏頃から花ジソが収穫できます。バジルは花の蕾が出てきたら、摘み取ります。

シソ 大きい葉から順番に葉を摘み取る。

バジル 葉を摘むか、茎から収穫し、花は株を弱めるので取っておく。

ハーブ類

パセリ

パセリは、ニンジンと同じセリ科の野菜で、冷涼な気候を好みます。寒さには強いのですが、暑さにはやや弱い性質です。縮葉種のモスカールドパセリを一般的にパセリと呼び、平葉種はイタリアンパセリやフレンチパセリと呼ばれています。

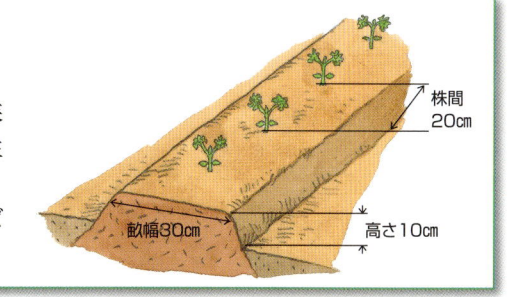

株間20cm／畝幅30cm／高さ10cm

苗の入手

タネまきはシソ、バジルと同様に、4月中旬～下旬の気温が上昇してからまき、苗を育てます。ポットに、直まきしてもかまいません。また、植える本数が少ないときは、5月上旬頃、ポット苗を購入します。

セルトレーにまいたパセリの幼苗

縮れ葉種のパセリ（モスカールドパセリ）

平葉種のイタリアンパセリ

土づくり～苗の植えつけ

土づくりはシソ、バジルに準じます。植えつけは、上部の作付け図に準じます。

その後の管理と収穫

収穫は適宜、茎から摘み取りますが、取り過ぎると株が弱るので、常に10枚以上残すようにします。ときどき、化成肥料を追肥します。

パセリ（モスカールドパセリ）

イタリアンパセリ

よくある失敗とコツ Q&A

Q 翌年も収穫できないのですか？

A 翌春にはとう立ちして終了

上手に管理すれば、秋まで収穫できます。寒い地方でなければ、生育が止まりますが冬越しさせることができます。翌年の春になると葉が再び展開して、若干収穫することができますが、とう立ちしてきます。同じ場所で長期間植えていると、根も老化するので、古い株の栽培は終了します。

もしかして病害虫!? ドクターQ

Q 注意すべき病害虫は？

A うどんこ病やアブラムシ、キアゲハの幼虫です

高温多湿の時期は、うどんこ病が発生しやすくなります。殺菌剤を散布して防除します。

キアゲハの幼虫で大きいものは、数日で1株くらい食害してしまうので、注意して観察します。幼虫は、農薬を使用しなくても捕殺して防ぐことができます。

うどんこ病

キアゲハの幼虫

197

宿根草 レモンバーム、タイム、ミント

全てシソ科の宿根草で、冬越しすれば翌年も栽培できます。レモンバームは全草にレモンの香りがあり、生葉を刻んでサラダに入れたり、お茶にしたりして利用します。タイムは殺菌、防腐効果があり、肉や魚料理に用います。ミントにはいろいろな種類がありますが、ペパーミントより香りが優しい、スペアミントがおすすめです。レモンバームと同様に、料理やお茶で楽しめます。

畑の準備

日当りと風通しの良い場所で、堆肥や肥料をまいて土づくりをします。

土づくりの目安
酸度調整……苦土石灰　100g/㎡
元肥…………堆肥　2kg/㎡
配合肥料　150g/㎡

追肥
化成肥料……30g/㎡×3〜4回

苗の植えつけ

4月下旬〜5月中旬に気温が上昇したら、ポット苗を購入して、植えつけます。株間30〜50cmとって植えつけますが、特にミントは地上茎や地下茎を伸ばして繁殖するので、株間は50cm以上あけて植えるか、または地中に仕切り板などを設置しておきます。

収穫

株がしっかりとして枝数が増えたら、適宜に摘み取って収穫を始めます。タイムやミントを保存する場合は風通しの良い場所で乾燥させますが、レモンバームは乾燥すると香りがなくなります。

その後の管理

3年に一度、掘り上げて株分けや、挿し木をして株の更新をします。

レモンバーム 
全草にレモンの香りがあり、草丈40〜50cmにこんもりと茂る。

タイム 
常緑の小低木で、草丈は20〜40cm。地面を覆うように伸びる。

ミント 
草丈30〜100cmほど伸び、甘い香りがある。

レモンバーム 
植えつけから秋頃まで収穫できる。初夏にシソに似た白い花を咲かせるが、株が弱るので蕾が見え始めたら、1/3ほど茎から切り取り、追肥を施す。

タイム
ほぼ周年、枝先を摘んで収穫できる。初夏に小さな花を咲かせるので、花後に1/3ほど刈り込み、追肥を施す。

ミント
葉や茎ごと切って収穫。夏〜秋に、穂状の花を咲かせるので花後に刈り取る。晩秋には地上部は枯れて、地下茎で越冬する。

Part 4

野菜づくりの基本作業

野菜づくりの基本作業① 土づくり

元気な野菜をつくる
土づくり

野菜づくりの1年が始まる早春に、まず行うのが大切な土づくりです。土づくりの基本は良質な堆肥を入れること。次に土の酸性度や、土に含まれる肥料成分をバランスよく適切に保つこと。良い土づくりができれば、野菜づくりの半分は成功したといえます。土づくりは続けることで、良い土になっていきます。

● よい土の5つのポイント ●

- 水はけと通気性が良い
- 水もちが良い
- 土の酸度が適正である
- 肥料分がバランスよく含まれる
- 病原菌がいない

① 土起こし

土づくりのスタートは、春の作付けの1～2か月前の土起こし。深さ30cm程度、土を掘り起こして天地を入れ替えて「寒ざらし」を行います。土を柔らかくし、寒さにあてて病原菌や害虫を減らす目的で行います。

スコップで深く掘り起こして、そのまま寒さにさらす。

② 土の酸度を測る

畑の状態を適切に保ち野菜を育てるには、土の酸度を知ることが大切です。土が酸性に、あるいはアルカリ性に傾き過ぎると野菜はよく育たなくなり、障害が出たりします。土の酸度を測定し、土の状態に合わせて石灰の量を加減します。

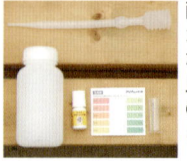

酸度の測定液がホームセンターなどで購入でき、比較的簡単に土の酸度を知ることができる。

（住化タケダ園芸）

1 表面の土を10cmくらい除いて、その下の土を畑の全体から5か所以上とり、よく混ぜる。

2 よく混ぜた土を、ポリ容器などに入れる。

3 規定の割合で水を入れ容器をよく振って、水と土を混ぜ合わせる。（この場合は、土1：水2の割合）

4 容器をしばらく置いて、澄んだ上澄み液を試験管に入れる。

5 測定液をたらしてふたをして振り、上澄み液と混ぜる。

6 比色表と液の色を比べ、酸度を測定する。

③ 土壌改良

春の作付けが近くなったら、堆肥と石灰をまいて耕して畑の準備をします。土を良くするために、良質な完熟堆肥を1年間に1㎡あたり2kgを目安に、また、酸度を適切に保つために石灰を作付けごと年2回、1㎡あたり100gを目安に入れます。

1 堆肥を畑土の表面に均等にばらまく。

2 石灰は、春と秋の作付けごとにまく。

3 均等にまき終わったら、スコップで30cmくらい深く掘って全体をよく混ぜる。

おがくずを牛糞と混ぜて発酵させた堆肥。堆肥の種類は多い。

苦土（マグネシウム）が入った粒状の石灰。粉状のものもある。

よくある疑問とコツ Q&A

Q 畑土の酸度はどのくらい？

A 弱酸性が適切

土の酸度は、pHという数値で表します。pH7が中性で、数字が少なくなると酸性、多くなるとアルカリ性になります。（3がある方が酸性と覚えます。）畑土の酸度は、pH6前後（弱酸性）が適切な値です。酸性に傾き過ぎると生育が悪くなったり、アルカリ性に傾き過ぎると微量要素欠乏になったりします。

ジャガイモは、他の野菜から比べると酸性側を好みます。また、ホウレンソウやタマネギは、比較すると、適正酸度がアルカリ性側にあります。

Q 堆肥を入れる理由は？

A 水もちや水はけを良くするため

堆肥を入れると、土の中に腐植という成分が増えて、土の間に隙間のある団粒構造になります。できた隙間に空気が入って、水はけ水もちも良くなります。また、堆肥や有機質肥料を入れることで、土の中で良い働きをする菌の種類や量が殖え、病原菌だけが殖えなくなるので病気が出にくくなり、健康な野菜を育てます。

●野菜の適正な土壌酸度（pH）

トマト	6～6.5	サツマイモ	5.5～6
ナス	6～6.5	サトイモ	5～7
キュウリ	5.5～7.2	キャベツ	5.5～6.5
カボチャ	5.6～6.8	ハクサイ	6～6.5
エンドウ	6.5～7	コマツナ	5.5～6.5
エダマメ	6～6.5	レタス	6～6.5
ダイコン	6～6.5	ホウレンソウ	6.3～7
ニンジン	5.5～6.5	タマネギ	6.3～7.8
ジャガイモ	5～5.5	ネギ	6～7

Q 石灰にも種類がある？

A 目的に合わせて使用します

苦土石灰の他にも、有機石灰や過リン酸石灰などがあります。有機石灰は貝殻を砕いた天然素材で、有機栽培に適しています。主成分は炭酸カルシウム。酸性を中和するための石灰成分の一つで、ゆっくりと効果が出るので、早めに土に混ぜておきます。

過リン酸石灰は、リンと石灰（カルシウム）の補給に使われる肥料です。果菜類などの元肥に、リン酸成分を多く入れたいときに有効です。

有機石灰　　過リン酸石灰

野菜づくりの基本作業② 肥料の種類と施し方

［肥料の種類と施し方］

野菜を育てるために欠かすことのできないものが、窒素、リン酸、カリウムの3つの主要な要素です。肥料には要素の割合の異なるいろいろな種類があり、それぞれの特性を生かした使い方をします。肥料は野菜ごとに適切な量があり、多く与えれば、たくさんの収穫ができるわけではありません。

よくある疑問とコツ Q&A

Q 肥料の量の目安は？

A まく前に、肥料成分の割合を確認！

肥料の袋や容器には、肥料成分の含まれる割合が書かれています。

例えば、10％の窒素が含まれる肥料を100gまくと、10gの窒素成分を畑に入れたことになります。野菜の種類によってまく肥料の量は違いますが、肥料成分の割合によってもまく量が変わります。窒素、リン酸、カリウムの成分は、それぞれ1㎡あたり、およそ10〜30gが目安です。肥料成分の割合を確認して、肥料の与え過ぎを避けましょう。

リン酸
花や実の成長に重要な役割をもつ。リン酸が欠乏すると実やタネは肥大せず、植物は衰える。

果菜

窒素
枝葉を成長させるために重要な役割をもつ。与え過ぎると枝葉の生育は旺盛になるが軟弱になる。

葉菜

カリウム
根を成長させるのに重要な役割をもち、いろいろな生理作用を調節する。

根菜

① 肥料の種類

肥料は、化学肥料と有機質肥料、有機配合肥料の3種類に大きく分かれます。

化学肥料は速効性で、追肥や短期間の栽培に向いています。

有機質肥料は、微生物により分解されてからゆっくりと効果が出るので、元肥に向いています。また、土壌の微生物を増やす効果もあります。

有機配合肥料は、有機質と化学肥料の両方の特徴を生かした混合肥料です。これらの肥料は、用途に応じて使い分けます。

化学肥料

化成肥料
化学肥料成分を混ぜて、造粒したもの。

無機配合肥料
各成分の化学肥料（単肥）を混ぜたもの。

IB化成
肥効がゆっくりしている緩効性肥料。

ポット苗の生育にも、数粒土の表面に入れると効果的。

液体肥料
速効性肥料で、水に溶かして使用する。

有機質肥料

けいふん
鶏のふんを乾燥させた肥料。リン酸やカリウムが多い。

米ぬか
有効な有機質肥料となる。

有機配合肥料

有機質と化学肥料を混ぜたもので、それぞれの肥料の長所を生かしている。

油かすや骨粉などの有機質肥料に、化学肥料が配合されたものが多い。

② 施し方

タネをまいたり、苗を植えたりする前に入れる肥料が元肥です。通常は1〜3週間前に施します。
生育の途中で、肥料を追加するのが追肥です。

元肥

元肥は、長期間肥効が続くように有機質が含まれている、あるいは緩効性の化学肥料が適しています。通常は、肥料や堆肥を全面にまいて、よく耕す方法で入れますが、野菜の種類によっては、溝にまとめて置く方法などもあります。

ジャガイモなどは溝にまとめて置く。

肥料を全面に均等にまいて、しっかりと耕して混ぜる。

追肥

追肥は、速効性がある化学肥料や液肥などが適しています。
野菜の生育の状況に応じて、追肥の量や時期、頻度などを加減して行います。

株元から30cmくらい離れた場所に溝を掘って、肥料をまいて埋め戻す。

野菜づくりの基本作業③　畝づくり

畝づくり
水はけを良くする

畝は、野菜が根を伸ばしていく土中の水はけを良い状態に保つためにつくります。

タネのまき床や、苗の植えつけ場所の周りが下がっていると、水が流れ込んで成長を妨げます。特に、水はけの良い状態を好む野菜は、畝の高さを高めにつくります。

あると便利な道具

メジャー
長いメジャーは作付け場所を決めるときに、短いものは株間を決めるときなどに利用。

支柱・割りばし
作付け場所を測って、短い支柱や割りばしを立てておくと目印になり畝をつくりやすい。

レーキ
畑を耕したあと、表面を平らにならす。畝の表面は、木切れなどを使うと平らにしやすい。

1 高畝づくり

キャベツやサツマイモなどは、高畝をつくって植えつけます。土を高めに盛り上げることで、水はけが良くなります。さらに土の表面積が大きくなることで酸素が多く入り、日当りも多くなって地温が上がる効果があります。畝の中にある野菜の根は張りが良くなり、生育が順調に進みます。畝の高さは、野菜の種類や畑の水はけの様子で調節します。

1 メジャーで畝を立てる長さを測り、目印に支柱を両端に1本ずつ立てる。

2 作付けする野菜に合わせて、元肥を施して耕したあと、支柱を立てた畝の中央へ外側から土をすくいながら寄せ上げる。

3 高さ20cm～40cmの畝を立て中央をかまぼこ型にならして完成。

② 平畝づくり

タネのまき床は平畝をつくって、周りの水はけを良くしておきます。まき床を地面よりやや高めることで、雨が降って水が溜まり、その場所の土が固まって発芽が悪くなるといったことを防ぎます。また、発芽後の成長も、水はけの良い場所の方が順調に育ちます。

平畝に直まきする葉物野菜などは、高さ10cm程度が基本。

1 メジャーで畝幅と畝の長さを測り、目印に支柱を四方に立てる。

2 元肥を施して平らにならし、別の支柱を土に押しつけて畝線をつける。

3 畝線に沿って、土を内側にかき上げて（低くする場合は外側にかき出す）高さ10cm程度の畝をつくる。

4 畝の表面を平らにならす。

コツ！ 畝の表面は、木切れなどを使ってさらに平らにならしておくことで、タネの発芽が揃う。

よくある疑問とコツ Q&A

Q 畝をつくる方向は？

A 日当りを考慮しましょう

畝をつくる方向は、日当たりを考慮して野菜の草丈に合わせて決めます。キャベツやジャガイモなど、低い野菜は問題ありませんが、トウモロコシやトマト、キュウリのように高く成長するものは、できれば南北方向に畝をつくります。

例えば、トマトなどで東西方向に畝をつくった場合、南側のトマトの日当りが良くても北側の日当りは悪くなり、表と裏ができてしまいます。一方、南北方向に畝をつくれば、午前中と午後の半分ずつ、それぞれの側に日が当たるので、均等に成長することができます。

日当りの表裏ができない畝づくりが、元気な野菜をつくる。

205

野菜づくりの基本作業④　マルチング

[生育を良くする マルチング]

土の表面を資材で覆うことをマルチングといいます。ビニール素材で覆うビニールマルチングが多く行われています。その目的は地温を上げる、土の乾燥や雨の泥はね防止、雑草を防ぐなど、生育を良くする効果があります。ビニールマルチには、地温を上げない種類もあります。

1 ビニールマルチの種類

ビニールマルチには、幅や材質、色、穴の有無、穴の数や間隔など、いろいろな種類や規格のものがあります。最近では、ビニールの材質が自然に戻る生分解性のものもあります。

栽培する野菜や効果を上げたい目的に合わせて、適切なものを選んで使用します。

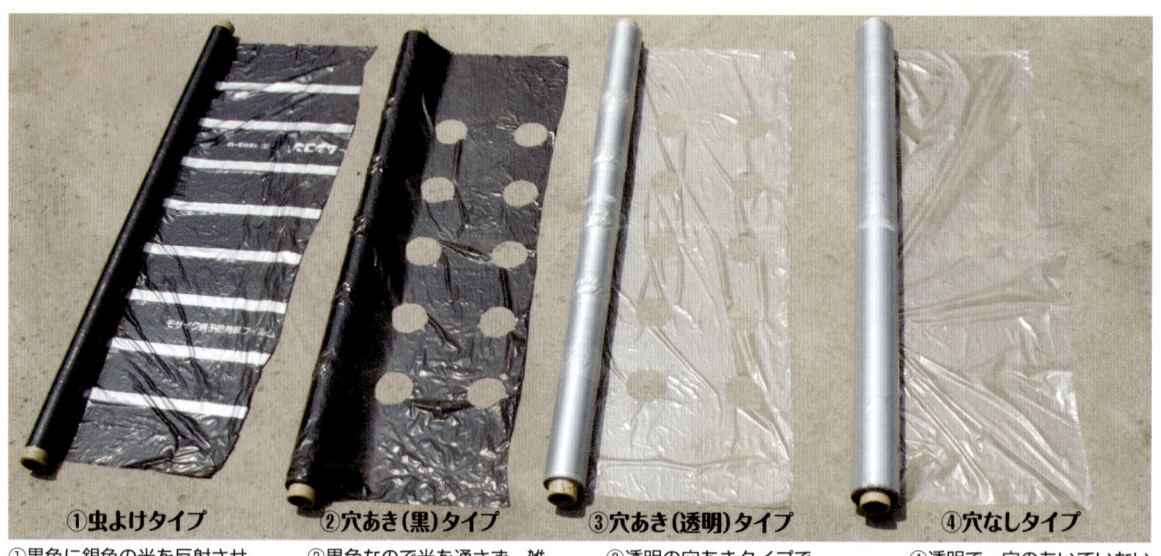

①虫よけタイプ
①黒色に銀色の光を反射させる帯が入っている。アブラムシなどが光を嫌うので、忌避させる効果がある。

②穴あき(黒)タイプ
②黒色なので光を通さず、雑草を生やさない効果がある。地温を上げる効果は、透明のものよりは落ちる。

③穴あき(透明)タイプ
③透明の穴あきタイプで、一般的に使用されるもの。穴のあき方には、間隔の違ういろいろなものがある。

④穴なしタイプ
④透明で、穴のあいていないもの。それぞれの野菜の株間に合わせて、自由に穴あけできる。

穴あきマルチは、株間に合わせて選ぶ。

黒いマルチは雑草防止になり、イチゴの実の汚れを防ぐ。

よくある疑問とコツ Q&A

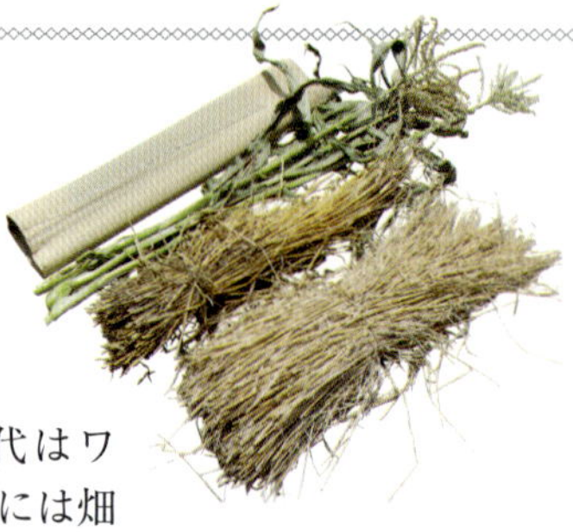

Q ビニールシートがない場合は?

A 天然素材を利用します

ビニールのない時代はワラなどを敷き、使用後には畑の中に有機質として入れていました。現在、ワラは入手しにくい素材ですが、収穫の終わったトウモロコシの茎葉を乾燥させて、ワラと同様に利用できます。

② マルチシートの敷き方

上手な敷き方のポイントは、土の表面にシートがぴったり付くように土の表面を平らにして、風に逆らわない方向から敷き始めます。シートの周りを埋めるときは、ピンと張った状態に引っ張りながら、隙間のできないように埋めます。

1 畝の目印線（畝づくり参照）に沿って、土を外側にかき出し、幅60cmの平畝をつくる。

2 畝の端に目印に立てておいた支柱を挿して、両端を固定する。

3 土の表面にぴったりと付くように、マルチシートを敷いていく。

4 途中の数か所に土を寄せて、仮止めしながら敷いていくのがポイント。

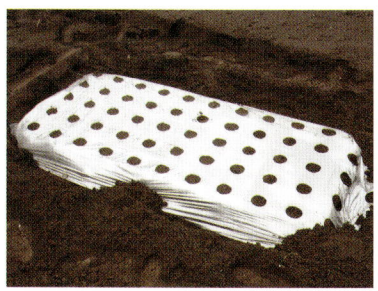

5 畝の端まできたらカッターナイフで切って、両端に土を寄せて飛ばされないようにする。

6 マルチシートの端を足で踏んでピンと張りながら、土を寄せて埋める。

7 完成。畝が高過ぎると、埋める部分が足りなくなり、風ではがれやすくなる。

ネギの植えつけ時に使用したワラ（左）とトウモロコシの茎葉（右）。

スイカの小果には古い畳表（左）を、つる下にはワラを使用（上）。

Q 穴あきシートがない場合は？

A 便利な穴あけ器具があります

穴あき加工がしてあるビニールマルチは便利ですが、目的に合った穴数のビニールシートがない場合は、穴のあいてないビニールシートを購入して敷き、必要に応じた穴数を専用器具であけても利用できます。

器具の先端は鋸状なので、ビニールに差し込むだけで切り取れる。

野菜づくりの基本作業⑤　タネの知識

知っておきたい
タネの知識

　種苗店のタネコーナーの前で、どれをまこうかと考えるのはとても楽しいものですが、「野菜づくりはタネ選びからすでに始まっている」、といっても過言ではありません。同じ種類の野菜でも、いろいろな品種があります。タネをまく時期に合わせた品種選びが大切です。

1 袋の見方

タネ袋の表裏には、袋に入っているタネの品種や特徴、タネの適切なまき時、栽培のコツなど、いろいろな情報が書かれています。

袋の表

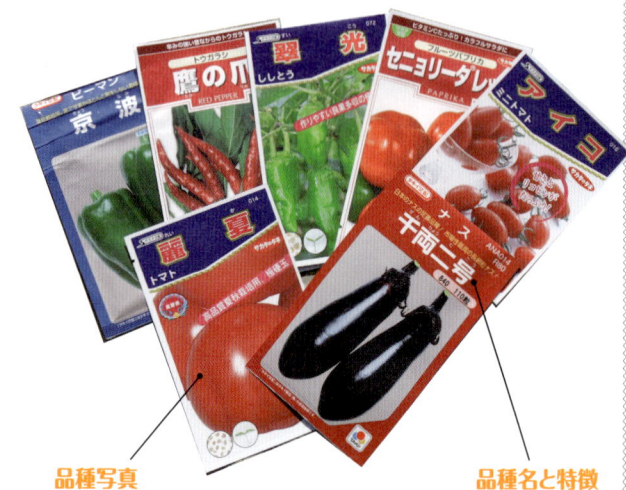

品種写真
収穫時の特徴が、写真からイメージできる。

品種名と特徴
品種の特徴と、早生（わせ）や晩生（おくて）など、収穫までの期間を系統で表示。来年度の品種選定のために、品種のでき具合を記録しておくとよい。

袋の裏

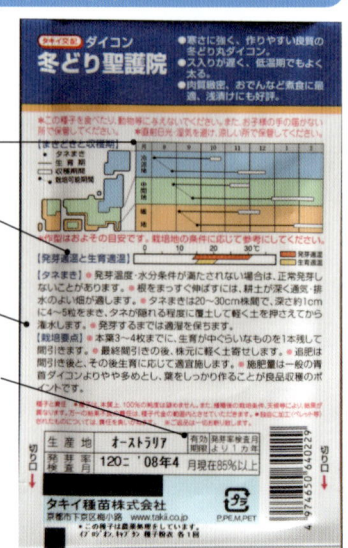

栽培カレンダー

発芽適温と生育適温

栽培のポイント

有効年月
一般的に有効年月の過ぎたタネは、発芽率が著しく落ちるが、アブラナ科のタネは、２年くらいは、比較的落ちない。

（タキイ種苗）

よくある疑問とコツ Q&A

Q タネの着色はなんのため？

A 病気予防です

　タネは細菌やウィルスなどに感染したり、病気が伝染したりすることがあります。これを防ぐために、殺菌剤をタネに粉衣させるなどの着色処理がされています。

　例えばタネ袋に「チウラム、キャプタン処理済み」とあれば、２種類の殺菌剤が使用されて、タネは鮮やかな色に着色されているはずです。こうすることで、殺菌剤が使用されていることがはっきりわかり、間違って動物に食べさせてしまうということも防ぐことができます。

「冬どり聖護院」タネ

ソラマメ　ホウレンソウ
トウモロコシ　キュウリ

2 発芽に必要な3要素

発芽に必要なものは水分、温度、酸素の3要素です。特に水分は不可欠です。発芽が悪ければ、どんなに栽培管理が良くても、良い成果は得られません。良い条件を整え、良い発芽をさせることが栽培の成功につながります。

水分　温度　酸素

タネは、まき時にまくのが基本。

3 まき時と発芽温度

タネまきは、地温ができるだけ発芽に適切な温度の時期に行います。トマトやキュウリなど、発芽最適温度が高い野菜は、温床を使用して苗を育ててから畑に苗を植えつけます。

● 直まき

種類	発芽最適温度
トウモロコシ	22〜30℃
インゲン	18〜23℃
エダマメ	25〜30℃
ダイコン	15〜27℃
ニンジン	15〜23℃
タマネギ	17〜25℃

種類	発芽最適温度
レタス	15〜20℃
ハクサイ	20〜25℃
ホウレンソウ	15〜20℃
ソラマメ	15〜23℃
エンドウ	15〜25℃

（発芽最適温度　参考　タキイ最前線）

● 苗を育てて植えつける

種類	発芽最適温度	苗の生育期間
トマト	23〜30℃	約2か月
ナス	20〜30℃	約2か月
ピーマン	23〜30℃	約2か月
キュウリ	23〜30℃	約1か月
スイカ	25〜30℃	約1か月
カボチャ	25〜30℃	約1か月
キャベツ	15〜20℃	約1か月（夏まき）
ブロッコリー	15〜25℃	約1か月（夏まき）
ネギ	15〜25℃	約4か月（春まき）

（発芽最適温度　参考　タキイ最前線）

苗づくりは温床で、乾かさないように管理。

4 タネの採取と保存

固定種の野菜のタネは採取して、翌年、タネをまいて栽培することができます。

完熟したタネを採取して天日で乾燥させ、密封できる缶などに入れて保存します。採取するタネは、同じ科の野菜など、交配しそうなものは近くで育てないようにします。

交配種の場合は、採取したタネをまくと、ほとんど同じ形質が出ません。

ゴーヤのタネ。

オクラは莢が茶色になったら採取。

209

野菜づくりの基本作業⑥ タネまき

畑へ直まきする
タネまき

　タネのまき方には、すじまき、点まき、ばらまきがあります。また、野菜の種類によって、タネをまく数や間隔、覆土の深さなどが異なります。

　タネのまき方次第で、発芽率やその後の間引き作業、収穫量にも大きく関わってくるので、丁寧にまくことが大切です。

1 すじまき

　支柱などを地面に押し当てて列状の溝をつくり、タネを等間隔に落としてまくまき方です。すじまきはコマツナ、ホウレンソウ、ニンジンなどで行いますが、溝と溝の間隔は野菜によって変えます。

1 支柱を地面に押し当てて、幅1cm前後のまきすじをつくる。

2 まきすじの深さや条間は、野菜の種類で決める。

3 タネの間隔が均等になるように、1粒ずつ落とす。

4 覆土の土は、湿気のある土をとる。

5 手で土をもみほぐすように、細かくしながらかける。

6 乾かないように土の表面を軽くたたいて、タネを土となじませる。

7 水はなるべく細かい水流で、たっぷりとかける。

② 点まき

タネを数粒ずつ、等間隔にまく方法です。円形の凹みをつくり、数粒ずつタネをまきます。点まきは、トウモロコシやダイコン、インゲン、タマネギなどで行います。

1 深さが均一になるように、空き缶などを利用して凹みをつくる。発芽を揃えるために有効。

2 円の凹みに、タネが偏らないようにまく。タネの数は、まく野菜の種類によって変わる。

3 マルチシートの外側の湿った土を握り、もみほぐすように覆土する。

4 土の表面を軽くたたき、土となじませる。強くたたき過ぎると、土の表面が固くなるので注意。

5 柔らかい水流で、たっぷりと水やりする。ジョウロのハス口は、穴の細かいものが好ましい。

よくある疑問とコツ Q&A

Q タネをまく深さはどのくらい？
A タネの厚さの2〜3倍が基本

小さいタネ〜大きいタネまで0.5cm〜1.5cmくらいの深さが基本です。しかし、発芽に光が必要な好光性種子は、やや浅めに0.5〜1cmくらいまでの深さでまきます。好光性種子はゴボウ、シソ、ニンジン、シュンギク、レタス、カブなどです。また、乾燥期のタネまきは、土の表面の水分が不足するので、やや深めにまきます。

ゴボウ / シソ / ニンジン / シュンギク

Q 点まきのタネの数はどのくらい？
A 野菜の種類で変えます

間引きをして1本にする野菜は、強くて確実な芽が出るものほど、タネの数は少なくまきます。

トウモロコシは、発芽率は良い。苗の移植もできる。

ダイコンは移植ができないので、多めにまいてよい苗を残す。

レタスは発芽率が悪いので、多めにまく。

Q マルチシートを敷かない場合の点まきは？
A メジャーで株間を測ります

インゲンやオクラなど、地温も上がりビニールマルチを敷く必要のないタネまきは、マルチ穴と同じように等間隔にメジャーで測り、円形の凹みをつくってタネまきします。

メジャーをあてて、等間隔に缶などで凹みをつくる。

野菜づくりの基本作業⑦　苗づくり

タネから育てる
苗づくり

トマトやキュウリなどの苗をタネから育てるには、時間と手間がかかり難しいことから、種苗店で購入するのが一般的です。しかし、タネさえ入手できれば自由に品種を選ぶことのできるメリットもあり、苗を育てる楽しさを味わうことができます。

●準備するもの

新聞紙／ジョウロ／容器／シャベル／ラベル／タネ／用土

① 容器

果菜類は、育苗箱にまとめてタネをまいて、さらにポットへ鉢上げして定植できる苗の大きさまで育てていましたが、現在では、育苗箱に代わって、育苗容器のセルトレーが多く使用されています。

セルトレーは1マスずつにタネをまくので、間隔を均等にでき、苗の育ちをそろえることができ、根を傷めずにポットへの移植もできます。

タネまきの容器
セルトレーは材質がプラスチック。セルトレーにタネをまいてビニールポットに移植して苗を育てる。

② 用土

用土は、タネまきや育苗用に市販されている培養土が便利です。ピートモスなどを原料に肥料成分なども加えられた、水はけや保水性のある専用用土です。また、使いやすい細かさになっているので、セルトレーにタネまきする場合はおすすめです。

「スーパーセルトップV」　「スーパーミックスA」

③ 容器まきのタネの種類

発芽温度が高く、苗の生育期間のかかるナス科のトマトやナスなどは、2月下旬〜3月下旬にタネまきをスタートします。

ウリ科のキュウリやスイカ、カボチャなどは、ナス科より育苗に日数がかからないため、3月下旬〜4月中旬にスタートします。

ナス科の野菜

ウリ科の野菜

④ まき床づくり

　セルトレーの1枚の穴の数は、72穴、128穴、220穴など、プロの育苗用として数種類があります（写真は72穴使用）。育てたい苗の数に合わせてセルトレーを準備します。
　少数のタネまきの場合は、ハサミで切って、1枚を小さく分けて使うとよいでしょう。

1 セルトレーの上に、用土を多めに盛る。

2 用土を手で平らにならしながら、穴の中に埋めていく。

3 四隅にも、用土が均等に入るようにしっかりと入れる。

4 タネの種類と、まいた日付をテープなどに書いて貼る。

少数のタネまき

セルトレーを、ハサミで必要な数に切り分けて使用。用土はタネまきの直前に入れる。

⑤ タネのまき方

　トマトやナス、ピーマンなど、ナス科のタネは小さくてまきづらいのですが、その後の移植の作業をしやすくするため、セルトレーの1つの穴に1本の苗になるように、1粒ずつタネをまきます。

1 マスの中心に、指で軽く凹みをつける。

2 それぞれの凹みに、タネを1粒ずつ落としていく。タネはトマト。ナス科のタネは全体に平たく小さい。

3 タネがまき終わったら、用土をパラパラと少し多めにまいて、軽く押さえて落ちつかせる。

⑥ 水やり管理

　朝に1回、たっぷりと水やりすれば、ほとんど大丈夫です。水を何度もやり過ぎないようにしますが、土の量が少ないので乾燥し過ぎにも注意します。発芽するまで、セルトレーの上から新聞紙をかぶせておくと、乾燥を防いで発芽をそろえることができます。

芽が出始めたら、すぐに新聞紙をはずす。遅れると、徒長した苗になるので注意。

野菜づくりの基本作業⑦　苗づくり

7 温度管理

　農家では苗を育てる温床設備があり、加温して苗づくりをしています。それに代わる方法として、透明な衣装ケースが利用できます。衣装ケースの管理は、昼間は日の当たる場所に置いてケースの中の温度を上げ（上がり過ぎるようなら蓋を開けて換気する）、夜は屋内に入れて、霜に当たらないようにします。曇りや雨の日は温度を上げることができないので、屋内のできるだけ明るい場所（暗いと徒長する）に置きます。温度を知るために、最高最低温度計をそばに置いておきます。

発芽後の水切れには要注意

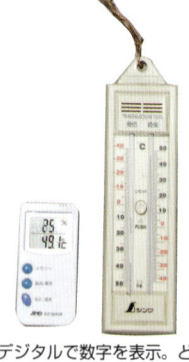

左はデジタルで数字を表示。どちらも最高最低温度計。

衣装ケースの利用

8 移植して苗を育てる

　本葉が2～3枚になったら、ポットへ植え替えます。用意したポット用土に肥料分が入っていない場合は、用土に混ぜておくか、移植後にIB化成などを土の表面に2～3粒くらいを置肥します。病害虫に注意しながら苗を育てます。

1 タネまきから温床で管理して、移植の適期をむかえた3月下旬のトマトの苗。

2 移植用の3号ポットを準備して、用土を入れる。

3 株元を持ってゆっくりと抜き上げる。

4 苗が沈み過ぎないように少し持ち上げて用土を足す。

5 株元を軽く押さえて、用土を落ちつかせる。

6 IB化成肥料を、2～3粒株元から離して置き、やわらかい水流で、たっぷりと水やりする。

よくある疑問とコツ Q&A

Q 移植の適期はいつごろ?

A 根鉢ができているくらいです

　セルトレーからそっと苗を抜いてみて、やわらかく根鉢ができているくらいが、移植を行う適期です。根鉢が真っ白になってしまうくらい根が回っているのは、適期を過ぎています。

苗の株元をそっと持ち上げて、やわらかく根鉢ができている状態が適期。

Q セルトレーのおすすめな利用はありますか?

A 豆類の苗づくりに使います

　エダマメなどのマメ類は、芽が出てすぐに鳥の食害にあったり、早春にまく場合は地温が低めで発芽が悪くなったりします。セルトレーで育苗して、畑に苗を植える方法もあります。

野菜づくりの基本作業⑧　苗の植えつけ

［苗選びから始まる　苗の植えつけ］

　果菜類の出来は、苗の良し悪しで、決まることがあります。できるだけ良い苗を植えたいものです。苗を購入する場合は、信頼できる種苗店やＪＡ直売所などで相談し、地元に合ったものを選ぶのがおすすめです。
　苗の植えつけは、それぞれの野菜の適期に合わせて行います。

市販接木苗と実生苗

　スイカのつる割やナスの半身萎凋病などの土壌病害は、根から菌が侵入して発病します。その対策として病気に強い植物の台木に接木してある接木苗を選びます。土壌病害の出やすい畑や、前年にどんな野菜を栽培したか不明で土の状態がよくわからない市民農園などでは、接木苗がおすすめです。
　土づくりや輪作がしっかり行われ、病気の出にくい畑では、実生苗で十分に栽培できます。

●良い苗の選び方●

- 葉色がよく、病斑がない
- 品種名がしっかりしているもの
- アブラムシなどの害虫がいない
- 新芽がしっかりとしている
- 節間が間延びしていない

市販接木苗
種苗店などで販売されている接木のスイカ苗。値段は実生苗より高いが、土壌病害に強いというメリットを考えると納得できる。

実生苗
タネをまいて、ポットに植え替えて育苗した実生のスイカ苗。品種選びから始める楽しさもある。もちろん実生苗も販売店で購入できる。

●植えつけの5つのポイント●

- ポットごと水につけて水を含ませる 
- 植え穴は、根鉢の深さに合わせて掘る 
- 接ぎ木苗は、接いだ部分を土に埋めない 
- 株元を軽く押さえて土になじませる 
- 折れやすい苗は支柱に固定する

野菜づくりの基本作業⑨ 寒冷紗・不織布

目的に合った 寒冷紗・不織布の利用

寒冷紗には白地や黒地のものがあり、様々な目的に利用します。野菜づくりでは白地のものを保温や保湿、防寒や防風、遮光など、生育環境を保護するために利用します。タネまきから収穫までの間、適切な時期に目的に合わせて使用します。そのほか、不織布も保温や保湿などに利用します。

1 種類と利用法

寒冷紗や不織布は、暑い時期の日光や乾燥を防ぎ、強い雨や風を和らげます。また、寒い時期は、保温や霜よけの効果もあります。防虫や鳥よけのためにかけることもできます。

白い布生地性の寒冷紗（写真左）と薄い紙製の不織布（写真右）。

寒冷紗
一般的に多く使用されている寒冷紗は白色で、目合1mm、幅180cm。防虫、防寒、遮光などの効果が平均的にある。高温乾燥時のタネまきなどでは、乾燥を防ぐために黒色で遮光率の高いものを選ぶ。また、防虫効果が必要なときは、目合が小さく虫が侵入しにくい「防虫ネット」を使用する。

不織布
べたがけに使用する不織布は、幅90cmのものが使いやすい。トンネルがけする場合は、より幅の広い180cmのものを使用する。防虫、防鳥効果や保温効果による生育の促進などが期待できる。

寒冷紗の利用例

乾燥を防ぐ
真夏のニンジンのタネまき後、乾燥を防ぐために利用。

寒さを防ぐ
エンドウの寒さ予防に利用。寒冷紗は遮光するので、天気の良い日は直射日光を当てる。

不織布の利用例

霜を防ぐ シュンギクが霜で傷むのを防ぐために、四隅に支柱を立てて不織布を固定。

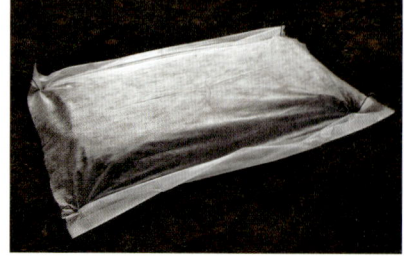

乾燥を防ぐ
真夏のニンジンのタネまき後、乾燥を防ぐために利用。

2 寒冷紗のかけ方

なるべく大きな空間ができるように弓状に曲がるトンネル支柱を用いて、寒冷紗をトンネル状にかけます。風ではがされないようにピンと張り、両端をＵピンでしっかりと固定します。

1 支柱は弾力性があるので、はねないように両端を持って同時に土に挿し込む。

2 90㎝くらいの間隔で支柱を挿し込んで、同じ高さに調節する。

3 両端のバランスを見て、支柱の上に寒冷紗をかける。

4 片方ずつ端を束ねるようにまとめ、Ｕピンに1回まいて足で踏み、しっかり固定する。

5 上から支柱を1本、やや深めに挿し込んでおくと風に飛ばされにくい。

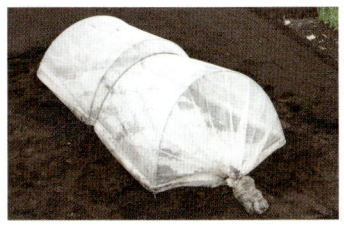

6 飛ばされる心配があるときは、寒冷紗の周りに土寄せする。

3 寒冷紗を外すタイミング

タネまき後にかけた寒冷紗は、発芽して苗がしっかり育った頃に外します。外す目安は、季節にもよりますが、本葉が1〜2枚になったら大丈夫でしょう。かけっぱなしにすると遮光されて葉が柔らかく長く伸びて株が軟弱になってしまいます。

寒冷紗を外すときは、下側を30㎝くらい上げて風を通して2〜3日慣らしてから、寒冷紗を取るようにします。

よくある疑問とコツ Q&A

Q 寒冷紗とビニールマルチ、どちらを使えば良いですか？

A 栽培状況に合わせて特性を生かす

寒冷紗の効果はこの項目で述べた通りですが、また、ビニールマルチも、地温を上げて湿度を保ち、生育を良くする効果があります。これら2つの資材は、1種類だけの使用ではなく、栽培状況に合わせてそれぞれの特性を生かして併用することでより相乗効果が期待できます。他にべたがけ資材やビニール資材なども同様です。

Q Ｕピンがないときは？

A ハンガーを再利用

ワイヤー製のハンガーを利用して、引っかけ部分を切り取り、1か所を切り離すと、Ｕピン2本ができます。

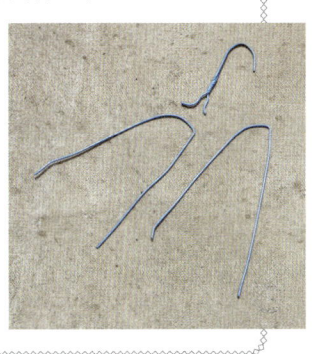

野菜づくりの基本作業⑩　支柱の立て方

[野菜に合わせた 支柱の立て方]

草丈が高く成長するトマトやつる性のキュウリやインゲン、茎が折れやすいナスやピーマンなどの野菜は、支柱を立てて誘引します。

支柱の利用は、地面を這わせるのに比べて、立体的に効率的に空間を使うことになり、収穫量や品質を向上させるメリットがあります。

1 支柱の種類

支柱の用途は、大きく分けて2つあります。1つは、トマトやキュウリなど、いろいろな野菜を誘引、固定するためのものです。2つめは、野菜に、寒冷紗などをトンネル状に被覆するために、半円の形に挿して使用するトンネル用の支柱です。

誘引、固定用の支柱は長さや太さ、材質など、いろいろな種類があります。栽培する野菜によって使い分けますが、支柱の長さは240㎝、180㎝、120㎝の3種類くらいを準備しておくと便利です。

長さ240㎝×太さ20㎜
トマトやキュウリ、インゲンなど、高さが必要な野菜に使用する。

長さ180㎝×太さ16㎜
ズッキーニなど、中間の高さの野菜に使用します。また、120㎝の支柱の代わりにも使える。

長さ120㎝×太さ10㎜
ナスやピーマン、シシトウ、トウガラシなど、比較的低めの野菜に使用する。

2 支柱の利用法

野菜の種類によって、支柱の利用の仕方はいろいろあります。支柱と支柱の間隔なども野菜に合わせて設定します。

支柱を挿し込む深さは、30～40㎝くらいです。抜くときは、太めの支柱でも意外と曲がりやすいので、前後左右に動かさないでまっすぐ上に抜くようにします。

支柱は地面に深さ30～40㎝程度、しっかりと差し込むことで強度が増す。

チェック！

支柱には上と下がある
支柱の両端を比べて見ると、尖っている方と、丸くなっている方があり、尖っている方を下にして地面に挿し込む。

よくある疑問とコツ Q&A

Q トンネル用の支柱にも種類がありますか？

A 2つのタイプがあります

トンネル用の支柱は、弾力のある真っ直ぐな支柱を半円に曲げて挿すものと、最初から半円状に作られている2つのタイプがあります。

弾力のある支柱は半円状のものより、片付けるときに他の真っ直ぐな支柱と一緒にかさばらないで収納できるところが便利です。しかし、弾力があるため、支柱を抜くとピンと跳ねるので、小さな子供と一緒に家庭菜園を楽しんでいるときなど、作業時には周りを十分注意します。

面立てづくり

つるありインゲンなどに利用。縦横の支柱（240cm）の他に、斜めに筋交いを1本立てると強さが増す。

1 支柱をまっすぐ地面に挿し込む。

2 横に支柱を一本渡して交差部分を麻ヒモでしっかりと結ぶ。

3 斜めに一本筋交いを挿し込む。

生育中のつるありインゲン。

合掌づくり

トマトやキュウリなどに利用。左右から支柱（240cm）を交差させて立て、横に1本（180cm）渡して組む強固なつくり。

1 苗を植えつける側へ、支柱を斜めに挿し込む。

2 頭上で交差するように反対側にも支柱を斜めに挿し込む。

3 交差した部分に、横に1本渡して、しっかりとヒモで固定する。

4 完成した合掌づくり。

合掌づくりは、台風などの強風にも倒れにくい。

野菜づくりの基本作業⑩　支柱の立て方

1本仕立て

何にでも利用できる。他の仕立て方に比べ、やや支柱（240㎝、180㎝）が倒れやすいので、深めに支柱を挿しておく。

支柱240㎝で仕立てたメロン。小玉スイカやミニカボチャも同様の仕立てで栽培できる。

ピーマン、シシトウなどの支えに支柱120㎝を使用。

3本仕立て

ナスなど、主枝3本を支柱（120㎝）に誘引して立ち上げるための方法。枝が混み合わず、日差しが株全体に当たる。

1　支柱を斜めに30㎝ほど挿し込む。

2　株元で交差するように3本立てる。

3　交差した部分を、ヒモでしっかり結んで完成。

●結びヒモの作り方

① ダンボール板に（支柱用は幅50㎝、誘引用は幅25㎝）麻ヒモを巻きつける。

② 巻きつけたヒモを軽くまとめて結ぶ。

③ 束ねたヒモの1か所を切りはなす。

④ 結びヒモ（支柱用は100㎝、誘引用は50㎝）の束が出来上がり。

●支柱を縛る結び方

① ヒモを、たすきがけ（×の形）にかける。

② 前後ともに×印になる。

③ 2重にかけて、ヒモを締める。

④ ヒモを結んで完了。

Part 5

生育中の管理

生育中の管理　間引き

[間引き]

　タネまきは基本的に多めにまいて、複数育った苗のなかから良いものを残す間引きを行います。

　間引きによって、育ちの良い苗にそろえることができ、また、複数まくことで欠株になることを防ぐことができます。

● 間引きのポイント ●

- 混み合っている部分
- 葉の形が悪い
- 全体が貧弱な苗
- 病虫の害を受けている

① 間引きのタイミング

　ほとんどの野菜で本葉5枚前後になれば、1本にしても十分に育ちますが、早めに1回目で本数を減らし、2回目で1本にするというように複数の段階で行う方法もあります。

すじまきしたニンジン。複数回に分けて間引いて株間をとっていく。

マルチ穴に点まきしたレタス。株間は変わらないので、混み合ったら間引く。

② すじまきの間引き

1回目（ニンジン）

本葉2～3枚で、密集した部分を2～3cmの株間（指1本分）に間引く。

間引き菜は柔らかく、炒め物などに利用。

2回目

本葉5～6枚で、10cmくらい（げんこつが入る幅）に間引いて収穫まで育てる。

ミニキャロットとして、りっぱな収穫になる。

● 株間の目安

分類	野菜	株間
根菜類	ダイコン	30cm前後
	カブ	15cm前後
	ニンジン	10cm前後
	ゴボウ	10cm前後
葉菜類	ハクサイ	35cm前後
	ミズナ	15cm前後
	コマツナ	間引きしないで収穫
	チンゲンサイ	15cm前後
	ホウレンソウ	間引きしないで収穫
	レタス	20cm前後

③ マルチングの間引き

ビニールマルチ栽培の場合は、穴の間隔で株間が決まっているので、複数のタネをまいて間引きで穴に1本にします。

チンゲンサイ / **カブ**

1回目 
- 本葉3〜4枚で、5〜6本の苗のなかから元気な苗2本を残して間引く。 
- 本葉3〜4枚くらいで、元気な苗2本を残して間引く。

2回目 
- ある程度育ったら、2本のうち1本を収穫。残りの1本を適当な大きさまで育てる。 
- ピンポン球くらいに育ったら、1本は収穫して1本は残し、直径5〜6cmまで育てる。

収穫

④ タネを多めにまいてリスクを減らす

タネを多くまくことは、発芽した苗のなかから、良い苗を選んで生育をそろえることができます。また、移植のできない野菜は、多くまいておくことで、発芽不良や病害虫により欠株になる可能性を減らすことができます。

- 発芽の容易なトウモロコシは2粒まいて元気な苗を1本残してハサミで切る。
- 移植のきかないダイコンは、多めにタネをまいて、1本に間引く。 

⑤ 間引き苗の移植

発芽不良などで欠株になった場所に、植え替えができるものは、移植をしておきます。

- トウモロコシで欠株になった場所へ移植。
- レタスやチンゲンサイ、ハクサイなどで可能。根を傷めないように、土ごと掘り上げる。 

よくある疑問とコツ Q&A

Q 間引き菜は食べられますか?

A 葉はとても柔らかく、ほとんどの野菜で食べられます

間引き野菜は、店頭では買うことのできない、家庭菜園だからこそ味わえる美味しさです。

カブやニンジンなど、2回目の間引きを早めに行えば、残したものが早くよく育ちますが、やや遅めに間引くとミニカブやミニキャロットとして楽しむことができます。

Q 間引きのコツは?

A よく観察することが大切です

病害虫の発生がないか、例えば、ダイコンの間引きでは、ダイコンシンクイムシに芯が食害されていないか確認します。また、すじまきした間引きでは、適切な株間に合わなくても、できるだけ良い苗を優先して残します。

生育中の管理　水やり・追肥と土寄せ

[水やり]

　畑での水やりは、高温乾燥時のタネまきや苗植えなどの特別なとき以外は、ほとんど必要ありません。野菜の根は水分を適度に吸い上げますが、水のやり過ぎによる害に注意しましょう。

高温乾燥時の水やり

　高温乾燥時の苗の植えつけやタネまきは、苗の活着や発芽のために水やりが必要です。

　また、ナス、キュウリ、サトイモなど、夏に乾燥が続く場合は、水やりすることで生育を助け、収穫量を増やすことができます。

夏の苗植えのキャベツなどは、植えつけ後にたっぷりと水やりする。

夏の乾燥している時期は、ナスなど潅水することで、収穫量が増える。

よくある疑問とコツ Q&A

Q 水のやり過ぎは、なぜよくないの?
A 土中の空気が減少します

　水は土にしみ込みながら、土を固まらせます。根も呼吸をしているので、土の隙間に空気の多く入っている状態がよいのですが、土が固まると空気が減少します。

　また、水のやり過ぎで常に土が湿っていると、空気が減って根が呼吸できず、根腐れしやすくなります。

[追肥と土寄せ]

　生育の途中の段階で、生育を良好にするために追肥と土寄せは必要です。

　肥料切れによる生育不良を防ぐ、収穫量を増やすなど、野菜の状況に合わせて行う大切な作業です。

1 追肥を施すタイミング

　野菜の種類によって、方法やタイミングがあります。肥料切れを防ぐために定期的に行うもの、ある生育の時期に1回行うものなどがあります。

栽培期間の長いトマト、キュウリなどは、定期的に追肥を行う。

エダマメなど、肥料が少なくてよいものには追肥は必要ない。

2 施し方

①溝を掘って埋め戻す

　果菜類などは通路部分に浅い溝を掘り、肥料をまいて埋め戻します。通路は、作業で土が踏み固められているので、この作業で土を柔らかくするとともに、除草の効果もあります。

固くなった通路を軽く耕し、株元から30cmくらい離れた場所に溝を掘って、肥料をまいて埋め戻す。

②ばらまいてすき込む

キャベツやブロッコリーなどは、列の間に肥料をまいて土にすき込むように混ぜる方法で行います。このとき、同時に株元に土を引き上げて畝を立てる土寄せ作業を行います。

追肥・土寄せの作業は、土を柔らかくして、除草効果もあります。

肥料は、葉にかからないようにまく。肥料の種類によって、葉やけするので注意。

列の間に肥料をばらまき、土にすき込みながら株元に土寄せする。

③ 土寄せ

畝の間の土を株元に引き寄せる作業で、いろいろな目的で行います。追肥の覆土、排水性を高める、株が倒れるのを防ぐ、ネギの軟白化などがあります。

●ジャガイモ

生育に合わせ、土寄せを行い、畝を立てていく。

土寄せが足りないと、ジャガイモが土の表面に出て日が当たり、緑化した部分は堅くなる。

●サトイモ

子イモができる頃に追肥と土寄せを行い、畝立てをする。

土寄せが足りないとイモの肥大が悪くなり、良いイモにならない。

●ラッカセイ

花後に伸びる子房柄が土の中に入りやすいように、土寄せする。

子房柄は土の中に伸びて、先端に莢をつける。

●ネギ

ネギは溝に植えつけて、生育に合わせて少しずつ土寄せする。一気に土に埋めてしまうと生育不良を起こして良いネギにはならない。

土寄せされた土の中にある部分が白くなる。追肥も同時に行い、最終的には高畝にする。

生育中の管理　中耕と除草

[中耕と除草]

土をやわらかくして根をよく張らせる中耕と、畑をきれいに保つ除草作業は、野菜づくりに行う大切な管理作業です。特に、夏の暑い時期の雑草の成長は盛んです。タネを実らせない、早めの作業が大切です。

① 中耕の目的

①固くなった土の通気性と水はけを良くする

土は、雨や作業のために踏んで次第に固まるので、再び耕す中耕を行います。中耕した土は、すき間の多い空気の入りやすい土に戻り、通気性や水はけが良くなり、根の成長を促します。

踏み固められた土を柔らかく耕して、株元に土を土寄せする。雨上がりに、水たまりができている場合は排水性が悪くなっている。

②養分の吸収を良くする

中耕によって、表面にある根を切り、下層の根が伸びて養分や水分の吸収を良くし、乾燥に強くなります。

③雑草の発生を防ぐ

土の表面を削ることで、生えている小さな雑草の根を切って枯らすことができます。雑草が大きく育たないうちに行うのがコツです。また、晴れているときのほうがよく枯れるので、除草の効果が確実です。

中耕はホーなどを利用すれば浅く土の表面を削ることができ、野菜の根を傷めることもない。

② 除草は早めに、こまめに行う

雑草は、作物の生育を妨害したり、病害虫の発生元になったりします。「除草は小さなうちに」が鉄則です。大きくなっての除草は作物の根を傷めたり、タネができると、こぼれダネで、さらに雑草を増やし除草作業が大変になったりします。

ニンジンの中に生えた雑草。除草が遅れると、ニンジンが負ける。秋の雑草は、小さくてもタネができるので、きちんと除草する。

③ 雑草防止にマルチング利用

土の表面を黒色のビニールマルチで覆うと、雑草を防ぐことができます。黒色のビニールマルチは、光を通さないので、その下は雑草が生えません。
また、ワラなどのマルチング資材を敷いても、防草効果があります。

タマネギの苗床に黒色のビニールマルチを使用（左）。スイカにはワラを敷き詰めて夏草の雑草防止（右）。

よくある疑問とコツ Q&A

Q 中耕と除草は、どのくらい必要？

A 中耕は追肥を兼ねて、除草はこまめに

通常、中耕は適当な時期に追肥を兼ねて1回行います。中耕は根が浅く伸びる野菜では根を切ってしまう作業なので、生育の後半には行いませんが、トマトやキュウリなどの追肥は、複数回行うので後半の追肥は、浅めに溝を掘ります。また、土の表面を削るだけの除草は、根を切ることはないので、何回でも行うことができます。

［わき芽かきと摘芯］

果菜類は植えつけ後に放任すると、先端だけ伸びるものやわき芽を盛んに出して茎を伸ばすものなど様々です。わき芽かきと摘芯の作業を組み合わせて行う整枝作業は大切です。

1 わき芽かき

トマトやキュウリなどは、わき芽を放任すると、枝葉が多くなり過ぎ、重なった下葉には日が当たりません。風通しも悪く、病害虫の発生を招いて良い収穫は望めません。わき芽かきは、枝葉の数を制限し、良い実を収穫するために必要な作業です。

● トマト

植えつけ後に放任されたトマト。このままでは、良い実の収穫はない。

小さいうちなら、指でつまんで曲げれば、簡単に折れて取ることができる。

わき芽が伸び過ぎて、主枝とわき芽が見分けにくいが、花房のある方が主枝。手で持っているのはわき芽。大きくなった場合は、清潔なハサミで切る。

● ナス

ナスも不要なわき芽はかき取って、仕立てる。

● シシトウ

一番花の下から伸びたわき芽は全てかき取る。

2 摘芯

茎の先端を切って伸び過ぎを抑え、わき芽を出させるために行う作業が摘芯です。
スイカやカボチャなどでは、生育の初期につるの先端を摘芯して早く側枝が伸びて実をつけやすくするために、摘芯を行います。

● **スイカ、カボチャ**

スイカ（上）やカボチャ（下）は摘芯によって、側枝の発生が早くなる。

● **キュウリ**

キュウリのわき芽は葉を2枚残して摘芯する。

生育中の管理　誘引と摘葉

[誘引と摘葉]

草丈の高く伸びる野菜は、株全体に日が当たるように、成長に合わせて支柱に誘引していきます。また、不要な葉を摘み取り、風通しや日当りを良くする摘葉も行います。

1 誘引

トマトやキュウリなど、成長に合わせて、支柱にヒモで縛って固定する誘引が必要です。茎は余裕をもって縛り、茎が太くなったときにくびれて折れたりしないようにします。また、花房がヒモに当たっていると落花の原因になるので、近くを縛るのは避けます。

①結び方
麻ヒモは、50cmくらいに切って準備しておくと便利です（220頁参照）。

1 ヒモの両端を持って輪をつくる。

2 支柱にヒモを回して、ヒモの端を輪にくぐらせる。

3 ヒモの端を引っ張って、支柱に固定する。

4 茎を支柱に、ゆったりと余裕をもたせて結ぶ。

②誘引のタイミング

トマトやキュウリなどは、気温の上昇とともに成長が活発になるので、1週間に1回ずつ、誘引作業が必要です。

茎が伸びたら縛るという作業を繰り返し、支柱に固定していきます。支柱に縛ったとき、葉の向きが不自然でも、自然に適当な向きに変わります。

● トマト

1 植えつけ後に、苗が倒れないようにゆったりと支柱に固定する。

2 花房の近くを避けた場所を、ヒモで固定する。

3 茎が伸びたら縛る作業を繰り返す。縛る回数は何回でもよい。

2 摘葉

葉は光合成をする大切な役目をしていますが、葉が黄変して古くなってきた下葉は摘み取ります。古くなった葉は病気がつきやすく、摘葉することで風通しも良くなります。一方、実のそばにある葉は、実に養分を送る働きをしているので大切です。

● ナス

古く傷んだ葉は取ってもかまわないが、取り過ぎると樹勢が弱くなる。

摘葉した後は、わき芽が伸びて若い葉が茂り、樹勢も戻る。

[収穫]

野菜づくりで、最も楽しい作業が収穫です。美味しく野菜を食べるために、野菜の収穫適期に合わせ、遅れないように収穫します。果菜類では、早めの収穫が、たくさん獲るコツでもあります。

1 収穫適期

それぞれの野菜に、美味しく食べられる収穫適期があります。収穫適期は、野菜が十分に育っている状態で、多くの野菜で若め、早めが柔らかく美味しく食べられます。反対に、完熟させた方が、甘くなって美味しさが増すものもあります。

●春野菜

春は気温の上昇とともに、葉物野菜は一気に成長するので、早め早めの収穫が美味しく食べるコツ。

果菜のソラマメやイチゴも春の収穫。

●夏野菜

夏野菜は実の成長も早い。遅れると肥大して固くなるものもある。7月中旬に収穫した野菜。

●秋・冬野菜

秋・冬野菜は気温の低下とともにゆっくりと育ち、甘味を増す。11月下旬に収穫した野菜。

生育中の管理　収穫

2 品種によって違う収穫期

同じ野菜でも、品種によって収穫時期が違う場合もあります。特にミニサイズなど、品種によって、収穫適期の大きさがあります。味が落ちないうちに収穫します。
タネ袋に標準的な大きさや収穫時期などが書いてあるので、参考にしましょう。

カリフラワーの普通サイズ「バロック」（右）とミニサイズ「美星」（左）収穫の目安は、「バロック」で約900g、「美星」約350g。

3 収穫の遅れ

収穫が遅れると、味が悪くなったりするだけでなく、株に負担をかけて、その後の収穫量が落ちることもあります。

●キュウリ
大きくなり過ぎたキュウリ。2〜3日に1回は要チェック。

●トウモロコシ
収穫適期を過ぎて、実に張りがなくなったトウモロコシ。

●ピーマン
取り遅れたピーマン。赤く色づくまでおくと株への負担は大きい。

●ズッキーニ
大きくなり過ぎたズッキーニ（左）と収穫サイズ（右）。

●ゴーヤ
収穫適期を過ぎると黄色く色づき、タネが実る。

●キャベツ
キャベツは、暖かい時期に収穫適期を過ぎると裂球する。

●オクラ
育ち過ぎたオクラは繊維質が堅くなり、食用には不向き。

④ おいしく食べる おすすめの収穫時期

多くの野菜は、早めの収穫がおすすめです。特に葉菜類は、若いうちに収穫するとやわらかく、美味しく食べることができます。秋まきのホウレンソウなどは、寒さにあわせると甘さが増します。
果菜類のトマトやカボチャは、完熟してから収穫した方が美味しく食べられます。

完熟
トマト類は、赤くなるまで完熟させての収穫が美味しく食べられます。市場出荷のトマトは青めでの収穫なので、完熟トマトは家庭菜園ならではのもの。

早どり
葉菜類は、店頭に並ぶ大きさよりも小さいうちに収穫する早どりの方が、やわらかくて美味しく食べられます。

リーフレタス　　ホウレンソウ

寒さにあわせる
冬の野菜は、凍らないようにするために、糖分をためて水分を減らすので甘みが増します。冬のホウレンソウなど、寒さにあった野菜は美味しくなります。

⑤ おいしさを保つ野菜の保存

収穫したら早く調理する
野菜は収穫すると味が落ちていきます。特に、トウモロコシやエダマメなどは、すぐに調理することで、おいしさを落とさないで食べられます。

トウモロコシは、収穫から数時間以内に調理した方がよい。

エダマメも鮮度が大切。時間とともに風味や糖度が下がる。

紙に包む
根野菜は水洗いしないで新聞紙などで包んでおくと、湿気を一定に保って水分の蒸散を抑え、さらに呼吸もできるので鮮度が保てます。葉菜類は、湿気を維持するために新聞紙を水で濡らしておきます。

冷蔵庫保存
野菜は、低温の方が呼吸を抑えて鮮度を維持できます。冷蔵庫への保存は生育中と同じ姿勢に置くと、ストレスを与えません。イモ類などは低温に弱いので、常温が適しています。

常温、冷暗所での保存
サツマイモ
ジャガイモ
サトイモ
カボチャ（まるごと）
ショウガ
タマネギ

冷蔵庫での保存
キャベツ
ブロッコリー
キュウリ
トマト
ピーマン
コマツナ
ホウレンソウ
シュンギク
ダイコン
ニンジン
インゲン
アスパラガス

生育中の管理　鳥や病害虫の防ぎ方

［鳥や病害虫の防ぎ方］

野菜づくりは、できるだけ農薬をかけないように心がけたいものです。病害虫にかかる前の予防や、早期発見で元気な野菜を育てましょう。

● 薬剤をかけないための5つのポイント ●

- 野菜を健康的に、しっかり育てる
- 害虫を寄せ付けない工夫
- 鳥の被害を防ぐ工夫
- 病気を出にくくする対策
- よく観察して早期発見する

① 野菜を、健康的にしっかり育てる

天地返し
病害虫の害を受けやすい場所は、冬の寒い時期に、底土と表土を入れ替える天地返しをすると、表土にいた病原菌や害虫を土中深く沈めて減らすことができます。

スコップを深く挿し込み、掘り上げた土を、隣のスペースに移す。できるだけ深く掘り下げて、表土を沈める。

適期に適量の施肥
肥料切れになると株が弱り、逆に肥料過多でも過剰に茂って風通しが悪く、どちらも病害虫がつきやすくなります。適切な時期に適量を施すことが大切です。

密植は避けて、株間をとる
苗を過剰に密植すると、日照不足になって苗は徒長気味になり、軟弱な株になります。必要な株間をとって植えつけたり、間引いたりして元気な苗に育てます。

② 害虫を寄せ付けない工夫

寒冷紗や防虫ネットの利用
害虫の多く発生する時期は、寒冷紗や防虫ネットなどの資材を利用すれば、害虫の侵入を防いで被害を受けにくくできます。

光反射のマルチシートを使う
アブラムシを寄せにくくするには、銀色の帯の入った光反射のマルチシートが効果的。透明のビニールマルチも光反射の効果があります。

捕殺用の容器や、粘着テープを使う
ハスモンヨトウを捕殺するフェロモントラップは、メスの蛾が出すフェロモンでオスをおびき寄せて捕殺する専用容器。アブラムシなどは黄色い色を好むので、黄色の粘着テープで捕殺します。

バンカープランツで、天敵を増やす
ナスやサトイモのそばに、イネ科のソルゴーをまいておくと、ソルゴーにアブラムシがきて、さらにアブラムシをエサにする天敵が増え、結果的にナスやサトイモのアブラムシを減らすことができます。

③ 鳥の被害を防ぐ工夫

タネまき後

豆（エダマメ、インゲン、ラッカセイなど）やトウモロコシのタネは、土の中に入っていても鳥が突いて食べてしまうことがあるので、寒冷紗をかけたり、カゴで覆うなどの対策をします。また、こういった対策ができないときは、タネに鳥の忌避剤をまぶしてまく方法もあります。

発芽時期

エダマメやインゲンなど、土の中から出てきた豆類の双葉は、ほぼすべて鳥に突かれてしまい、被害にあった芽は折れて、収穫は見込めません。必ず、寒冷紗をかけるなどの対策が必要。双葉の次に出る初生葉がしっかり開く頃になれば、寒冷紗などは外してもかまいません。

実の被害

トウモロコシやトマトなどの収穫時期、鳥の食害を受けることがあります。カラスなどの鳥が多い地域では、鳥対策が必要。水糸を張ったり、寒冷紗や防鳥ネットをかけたりして被害を防ぎます。

冬の葉菜類

秋冬野菜の収穫が進んで、冬の後半になると残っている葉菜類の葉を鳥が食べます。キャベツやハクサイ、コマツナ、ブロッコリーの葉など、被害がひどくなると収穫ができないので、寒冷紗をべたがけしたり、防鳥ネットを張ったりして対策を行います。

④ 病気を出にくくする

根こぶ病は、酸性土壌で出やすいので、石灰で中和しますが、ジャガイモのそうか病は、アルカリ性になると出やすいので石灰を入れ過ぎないようにします。

堆肥を入れてやわらかい水はけの良い土にする

完熟堆肥を入れて、水はけの良い土にします。未熟の堆肥を入れると、病害虫の発生を助ける場合があるので避けます。

過湿に弱い野菜は、高畝にする

高畝で、過湿により出やすい病気を出にくくする効果があります。アブラナ科の根こぶ病や、ナスの青枯れ病は、土壌水分過多で病気が多くなります。

マルチ栽培や敷きワラなどをする

泥はねにより病原菌が葉について、病気が出やすくなるので、マルチシートや敷きワラを敷いて発生を防ぎます。

病気に抵抗性のある品種や接木苗を選ぶ

タネ袋にYRと書かれていのは、萎黄病抵抗性の品種で、キャベツなどの抵抗性品種があります。CRは、根こぶ病抵抗性の品種でハクサイやカブなどにあります。ナスやキュウリなどは、接ぎ木苗を利用すると、病気の発生が少なくなります。

雑草はこまめに除草する

雑草は、病害虫の生息場所になる場合があるので、除草します。

⑤ よく観察する

葉裏や苗の芯の部分などもよく観察すれば、病気や害虫の発生を早期に発見することができます。
早期発見は被害を最小限に抑え、薬剤をかけるタイミングも知ることができます。

縮れている葉には、アブラムシがいる。

穴があいてフンがあるときは、虫の侵入に気をつける。

生育中の管理　薬剤散布で、病害虫を防ぐ

［薬剤散布で病害虫を防ぐ］

病気や害虫の被害は、大きくなると収穫できないこともあります。収穫までの期間があるうちは、早めに薬剤散布をして発生しにくくしておき、収穫が近くなったらなるべく使用しないようにします。

① 準備するもの

噴霧器、バケツ、ろうと、計量器、計量カップ、ピペット、計量スプーン

② 薬剤を選ぶ

農薬は、いくつかの野菜に共通に使えるものであったり、同じ科の野菜は、病害虫が共通であったりします。農薬を準備する場合は、大きく3グループに分けて考えると便利です。
該当しないものは、235〜236頁の表を参考にしてください。

果菜類用
他と比べて、病気が多く発生するので、殺菌剤が必要。害虫は、アブラムシやダニなどが多く発生する。

殺菌剤／銅剤（Zボルドー水和剤など）、カリグリーン水溶剤、ダコニールFL、ベンレート水和剤など
殺虫剤／アディオン乳剤、アグロスリン乳剤、モスピラン水溶剤、アファーム乳剤など

アブラナ科用
ほとんど共通の害虫がつき、アオムシと同類（鱗翅目）の虫やアブラムシがつく。根こぶ病にかかる。
殺虫剤／BT剤（トアローCTなど）、アファーム乳剤など、モスピラン水溶剤、アグロスリン乳剤、アディオン乳剤など
殺菌剤／ネビジン粉剤など

トウモロコシ、マメ類用
アオムシと同類のものが、房や莢に入る。また、アブラムシもつく。
殺虫剤／アグロスリン乳剤、アファーム乳剤など

③ 希釈液のつくり方

① 散布液の水を準備して、半分の水を別のバケツに移して水洗い用にする。

液体、水溶液（乳剤） 
② ピペットや計量スプーンで規定の原液をとり、バケツの水に落とす。
③ 使用したピペットは水洗い用に分けた水で洗い、その液も薄めたバケツに戻す。

粉剤 
② 計量器に計量カップを乗せて規定量の重さを測り、水を入れて箸などで溶かしてバケツに入れる。 
③ 使用した計量カップは水洗い用に分けた水で洗い、その水も薄めたバケツに戻す。

④ ろうとを使って、噴霧器に散布液を入れる。

④ 薬剤を使用する場合の注意

① ビンや箱の注意書きに、かけてよい野菜かどうか、希釈倍率などをよく確認する。
② 収穫前の日数、回数も基準で決められているので必ず守る。
③ 散布時は手袋とマスクをつけ、風向きも考えて自分自身や隣の野菜にかからないようにする。
④ 農薬は、幼児の手の届かない冷暗所に保管する。

⑤ 被害を受けやすい病気と害虫&対応薬剤

病名と症状

うどんこ病

根こぶ病

モザイク病

べと病

半身萎凋病

菌核病

病気リストと農薬

科名	野菜名	病気名	薬剤名
ナス科	トマト、ミニトマト	灰色カビ	ロブラール水和剤、アミスター20フロアブル
		葉カビ	トリフミン水和剤、ダコニール1000
	ナス	うどんこ病	アミスター20フロアブル、トリフミン水和剤、ダコニール1000
		半身萎凋病	ベンレート水和剤
ウリ科	キュウリ	べと病	アミスター20フロアブル、銅剤（Zボルドー水和剤など）、ダコニール1000
		うどんこ病	ポリオキシンAL水和剤、カリグリーン水溶剤、トリフミン水和剤
	ゴーヤ	べと病	銅剤（Zボルドー水和剤など）、アミスター20フロアブル、ダコニール1000
		うどんこ病	カリグリーン水溶剤、ダコニール1000
	カボチャ、ミニカボチャ	べと病	銅剤（Zボルドー水和剤など）、ダコニール1000
		うどんこ病	カリグリーン水溶剤、トリフミン水和剤、ダコニール1000
	ズッキーニ	うどんこ病	カリグリーン水溶剤、アミスター20フロアブル
	スイカ	うどんこ病	カリグリーン水溶剤、カスミンボルドー水和剤
	メロン	べと病	銅剤（Zボルドー水和剤など）、アミスター20フロアブル、ダコニール1000
		うどんこ病	トリフミン水和剤、カリグリーン水溶剤、ダコニール1000
マメ科	ラッカセイ	汚斑病	ベンレート水和剤
ユリ科	ネギ	さび病	アミスター20フロアブル
	アスパラガス	茎枯れ病	アミスター20フロアブル、銅剤（Zボルドー水和剤など）、ダコニール1000
キク科	ゴボウ	うどんこ病	トリフミン水和剤、カリグリーン水溶剤
セリ科	パセリ	うどんこ病	カリグリーン水溶剤、トリフミン水和剤
アブラナ科	ブロッコリー、茎ブロッコリー	根こぶ病	ネビジン粉剤
	カリフラワー、ロマネスコ	根こぶ病	ネビジン粉剤
	ハクサイ、ミニハクサイ	根こぶ病	ネビジン粉剤
	ナバナ	根こぶ病	ネビジン粉剤
バラ科	イチゴ	灰色カビ	ロブラール水和剤、ポリオキシンAL水和剤
ユリ科	タマネギ	べと病	ダコニール1000、アミスター20フロアブル、銅剤（Zボルドー水和剤など）
キク科	シュンギク	べと病	銅剤（Zボルドー水和剤など）
セリ科	ニンジン	うどんこ病	カリグリーン水溶剤、トリフミン水和剤
アブラナ科	カブ	根こぶ病	ネビジン粉剤
	キャベツ	菌核病	ロブラール水和剤、ベンレート水和剤、アミスター20フロアブル
		根こぶ病	ネビジン粉剤
	ミズナ（含む 非結球アブラナ科）	根こぶ病	ネビジン粉剤
	コマツナ（含む 非結球アブラナ科）	白さび病	アミスター20フロアブル
		根こぶ病	ネビジン粉剤
	チンゲンサイ（含む 非結球アブラナ科）	根こぶ病	ネビジン粉剤
	ルッコラ（非結球アブラナ科）	根こぶ病	ネビジン粉剤

害虫リストと農薬

科名	野菜名	害虫名	薬剤名
ナス科	トマト、ミニトマト	アブラムシ	モスピラン水溶剤、アディオン乳剤、オルトラン水和剤
		オオタバコガ	アファーム乳剤、BT剤（エスマルクDFなど）、アグロスリン乳剤
	ナス	アブラムシ	モスピラン水溶剤、アディオン乳剤、オルトラン水和剤
		ダニ	アファーム乳剤、コテツフロアブル
		アザミウマ	アファーム乳剤、モスピラン水溶剤
		テントウムシダマシ	モスピラン水溶剤、コテツフロアブル
	ピーマン、パプリカ	アブラムシ	アディオン乳剤、モスピラン水溶剤
		オオタバコガ	アファーム乳剤、BT剤（エスマルクDFなど）
	シシトウ、トウガラシ	アブラムシ	アディオン乳剤、モスピラン水溶剤
		オオタバコガ	アファーム乳剤、BT剤（エスマルクDFなど）
	ジャガイモ	アブラムシ	モスピラン水溶剤、アディオン乳剤、ハチハチ乳剤
		ヨトウムシ	オルトラン水和剤
		テントウムシダマシ	アディオン乳剤、オルトラン水和剤
ウリ科	キュウリ	アブラムシ	モスピラン水溶剤、アディオン乳剤
		ダニ	コテツフロアブル、サンクリスタル乳剤
		アザミウマ	アファーム乳剤、コテツフロアブル、モスピラン水溶剤
	ゴーヤ	アブラムシ	モスピラン水溶剤、アディオン乳剤
	カボチャ、ミニカボチャ	アブラムシ	モスピラン水溶剤、アディオン乳剤
	ズッキーニ	アブラムシ	アディオン乳剤、アルバリン顆粒水溶剤
	スイカ	アブラムシ	モスピラン水溶剤、アディオン乳剤、ハチハチ乳剤
	メロン	アブラムシ	モスピラン水溶剤、アディオン乳剤
		ダニ	コロマイト水和剤、マブリック水和剤20
		アザミウマ	アファーム乳剤、アルバリン顆粒水溶剤
マメ科	インゲン（つるあり、つるなし）	アブラムシ	モスピラン水溶剤、アディオン乳剤、アグロスリン乳剤
		コガネムシ	マラソン乳剤
		カメムシ	スミチオン乳剤
	シカクマメ（豆類（未成熟））	アブラムシ	モスピラン水溶剤、アディオン乳剤
	エダマメ	アブラムシ	モスピラン水溶剤、アディオン乳剤
		シロイチモジマダラメイガ	トレボン乳剤、スミチオン乳剤
		カメムシ	トレボン乳剤、アルバリン顆粒水溶剤、アグロスリン乳剤
	ラッカセイ	アブラムシ	トレボン乳剤、スミチオン乳剤
イネ科	トウモロコシ	アブラムシ	モスピラン水溶剤、アグロスリン乳剤
		アワノメイガ	BT剤（エスマルクDFなど）、アグロスリン乳剤、トレボン乳剤
		アワヨトウ	アグロスリン乳剤、トレボン乳剤
アオイ科	オクラ	アブラムシ	モスピラン水溶剤、アディオン乳剤、アルバリン顆粒水溶剤
ゴマ科	ゴマ（豆類（種実））	アブラムシ	トレボン乳剤、スミチオン乳剤
ユリ科	ネギ	アブラムシ	アグロスリン乳剤、スミチオン乳剤
		ハモグリバエ	アグロスリン乳剤、アファーム乳剤
		アザミウマ	アグロスリン乳剤、モスピラン水溶剤
		ヨトウムシ	アグロスリン乳剤、アファーム乳剤
	ニラ	アブラムシ	モスピラン水溶剤、アルバリン顆粒水溶剤
	アスパラガス	ヨトウムシ	アディオン乳剤、コテツフロアブル、アファーム乳剤

害虫と症状

科名	野菜名	害虫名	薬剤名
キク科	ゴボウ	アブラムシ	アディオン乳剤、アグロスリン乳剤、マラソン乳剤
セリ科	パセリ	アブラムシ	モスピラン水溶剤、サンクリスタル乳剤、テルスター水溶剤
		キアゲハ	BT剤（ゼンターリ顆粒水和剤など）
サトイモ科	サトイモ	アブラムシ	アディオン乳剤
		ヨトウムシ	アディオン乳剤、コテツフロアブル
ショウガ科	ショウガ	ヨトウムシ	トレボン乳剤、アファーム乳剤
ヒルガオ科	サツマイモ	ヨトウムシ（ナカジロシタバ）	アファーム乳剤、コテツフロアブル、トレボン乳剤
		ナカジロシタバ	トレボン乳剤、アグロスリン水和剤
		エビガラスズメ	アグロスリン水和剤
		コガネムシ（幼虫）	ダイアジノン粒剤
	クウシンサイ	ヨトウムシ（ナカジロシタバ）	BT剤（トアローCTなど）
シナノキ科	モロヘイヤ	コガネムシ（成虫）	スミチオン乳剤
		ハダニ	コロマイト乳剤
シソ科	シソ	アブラムシ	アディオン乳剤、モスピラン水溶剤
		ハダニ	コロマイト乳剤、サンクリスタル乳剤
	バジル	アブラムシ	アグロスリン乳剤、モスピラン水溶剤
		ハダニ	コロマイト乳剤、サンクリスタル乳剤
アブラナ科	ブロッコリー	アブラムシ	アルバリン顆粒水溶剤、アディオン乳剤、ハチハチ乳剤
		アオムシ	BT剤（エスマルクDFなど）、アファーム乳剤
		コナガ	BT剤（エスマルクDFなど）、コテツフロアブル、ハチハチ乳剤
		ヨトウムシ	コテツフロアブル、オルトラン水和剤
		ハイマダラノメイガ	モスピラン粒剤
	茎ブロッコリー	アブラムシ	モスピラン水溶剤
		アオムシ	アディオン乳剤、コテツフロアブル、ノーモルト乳剤
		コナガ	BT剤（エスマルクDFなど）
		ハイマダラノメイガ	BT剤（チューンアップ顆粒水和剤など）
	カリフラワー、ロマネスコ	アブラムシ	アディオン乳剤、モスピラン水溶剤
		アオムシ	アファーム乳剤、コテツフロアブル、BT剤（エスマルクDFなど）
		コナガ	アファーム乳剤、コテツフロアブル、BT剤（エスマルクDFなど）
		ヨトウムシ	ジェイエース水溶剤
		ハイマダラノメイガ	BT剤（チューンアップ顆粒水和剤など）
	メキャベツ プチベール	アブラムシ	モスピラン水溶剤
		コナガ	BT剤（エスマルクDFなど）、フェニックス顆粒水和剤
		ハイマダラノメイガ	BT剤（チューンアップ顆粒水和剤など）
		ヨトウムシ	アファーム乳剤、コテツフロアブル
	ハクサイ ミニハクサイ	アブラムシ	アディオン乳剤、オルトラン水和剤
		アオムシ	アファーム乳剤、BT剤（エスマルクDFなど）、コテツフロアブル
		コナガ	アファーム乳剤、BT剤（エスマルクDFなど）
		ヨトウムシ	アファーム乳剤、オルトラン水和剤
		ハイマダラノメイガ	ハチハチ乳剤、モスピラン粒剤
	ナバナ	アブラムシ	アルバリン顆粒水溶剤、サンクリスタル乳剤
		アオムシ	アファーム乳剤、BT剤（エスマルクDFなど）
		コナガ	アファーム乳剤、BT剤（エスマルクDFなど）
マメ科	エンドウ	アブラムシ	モスピラン水溶剤、アルバリン顆粒水溶剤
		ハモグリバエ	アディオン乳剤、アルバリン顆粒水溶剤
	ソラマメ	アブラムシ	アディオン乳剤、スミチオン乳剤
バラ科	イチゴ	アブラムシ	アディオン乳剤、モスピラン水溶剤
		ハダニ	アファーム乳剤、コテツフロアブル
ユリ科	タマネギ	アブラムシ	マラソン乳剤
キク科	シュンギク	アブラムシ	アディオン乳剤、アルバリン顆粒水溶剤
		ハモグリバエ	カスケード乳剤、アファーム乳剤
セリ科	ニンジン	アブラムシ	アルバリン顆粒水溶剤、マラソン乳剤
		ヨトウムシ	アグロスリン乳剤、BT剤（エスマルクDFなど）
		キアゲハ	マラソン乳剤
アブラナ科	ダイコン	アブラムシ	アグロスリン水和剤、ハチハチ乳剤、オルトラン水和剤
		コナガ	BT剤（エスマルクDFなど）、アファーム乳剤、フェニックス顆粒水和剤
		ハイマダラノメイガ	ハチハチ乳剤、フェニックス顆粒水和剤、カスケード乳剤
		カブラハバチ	オルトラン水和剤
	ラディッシュ	アブラムシ	モスピラン水溶剤、オルトラン水和剤
		コナガ	BT剤（エスマルクDFなど）、フェニックス顆粒水和剤
		ハイマダラノメイガ	カスケード乳剤、フェニックス顆粒水和剤
		カブラハバチ	オルトラン水和剤
	カブ	アブラムシ	アルバリン顆粒水溶剤、マラソン乳剤
		コナガ	BT剤（エスマルクDFなど）、アファーム乳剤、ハチハチ乳剤
		ハイマダラノメイガ	BT剤（エスマルクDFなど）、ハチハチ乳剤
		カブラハバチ	ハチハチ乳剤、マラソン乳剤
	キャベツ	アブラムシ	アディオン乳剤、オルトラン水和剤、アルバリン顆粒水溶剤
		アオムシ	コテツフロアブル、アディオン乳剤
		コナガ	BT剤（エスマルクDFなど）、アファーム乳剤、コテツフロアブル
		ヨトウムシ	アディオン乳剤、コテツフロアブル、アファーム乳剤
		ハイマダラノメイガ	コテツフロアブル、アファーム乳剤
	ミズナ（含む 非結球アブラナ科）	アブラムシ	アルバリン顆粒水溶剤、アディオン乳剤
		コナガ	BT剤（エスマルクDFなど）、アファーム乳剤
	コールラビ（野菜類）	アブラムシ	サンクリスタル乳剤
		コナガ	BT剤（エスマルクDFなど）
		ヨトウムシ	BT剤（チューンアップ顆粒水和剤など）
	コマツナ（含む 非結球アブラナ科）	アブラムシ	アグロスリン乳剤、アルバリン顆粒水溶剤、BT剤（エスマルクDFなど）
		コナガ	アファーム乳剤、BT剤（エスマルクDFなど）、コテツフロアブル
		カブラハバチ	モスピラン水溶剤
	チンゲンサイ（含む 非結球アブラナ科）	アブラムシ	アグロスリン乳剤、アルバリン顆粒水溶剤
		コナガ	BT剤（エスマルクDFなど）、コテツフロアブル
		カブラハバチ	モスピラン水溶剤
	ルッコラ（非結球アブラナ科）	アブラムシ	アルバリン顆粒水溶剤、モスピラン水溶剤
		コナガ	アファーム乳剤、BT剤（エスマルクDFなど）
アカザ科	ホウレンソウ	アブラムシ	アルバリン顆粒水溶剤、モスピラン水溶剤、アディオン乳剤
		ヨトウムシ	アファーム乳剤、アグロスリン乳剤
		シロオビノメイガ	カスケード乳剤
キク科	レタス	アブラムシ	アグロスリン水溶剤、モスピラン乳剤
	リーフレタス	アブラムシ	アグロスリン水溶剤、モスピラン乳剤

※農薬の対応は、この表を作成した時点のもので、使用できなくなる場合があります。農薬のビンや箱などに載っている説明をよく読んで使用して下さい。
※表に載っている農薬以外にも、使用できる農薬が多くあります。
※販売店によっては扱っていないものもあるので、対応している他の農薬について販売店と相談して購入して下さい。

園芸用語

あ

移植
野菜の苗を、植えてある場所から別の場所へ植え替えること。植え替えは時期や天候を見ながらタイミングのよい時に行う。

一番花
植物が成長を始めて、最初に咲く花。

晩生
開花期や収穫期の早さを表す早晩性のひとつで、遅いものをいう。早いものは早生、中間を中生、特に早いものは極早生、特に遅いものは極晩生という。

か

株間
株の中心から、隣の株の中心までの距離。

寒冷紗
遮光や防風、保温、防鳥などに利用される資材。編み目状の布地のものは利用目的によって遮光率の異なるいろいろなタイプがある。

切り戻し
大きくなりすぎた株や、伸び過ぎた茎を株元近くまで短く切ること。株の若返りや新しい芽を伸ばして開花を促す。

苦土石灰
マグネシウムを含む石灰岩からつくられた肥料のひとつで、土壌の酸性の中和やカルシウム補給の働きもある。

好光性種子
光によって発芽が促進される種子。種子が光を感じないと発芽しないので厚い覆土は禁物。

根粒菌
植物の根に共生して、こぶ状のものをつくる菌。空気中の窒素を養分に変えて生育を助ける。

さ

酸度調整
土が酸性に傾くと生育が悪くなるので、苦土石灰等をまいて中和すること。植物は中性から弱酸性を好むものが多いが、酸性を好むものもある。

直まき
畑や花壇に、タネを直接まくこと。

宿根草
多年草とほぼ同じ意味で使われるが、冬に地上部が枯れて、地下に根や地下茎を残すものを特に宿根草と呼ぶこともある。

生育適温
植物が生育しやすい温度。植物の原産地や生育過程によって異なるが、栽培する植物の生育適温、最低や最高温度を知ることで栽培しやすくなる。

整枝
草姿や樹形を美しく整えること。整姿とも呼ぶ。野菜や果樹では、結実を増やすために茎や枝を切っておくことも整枝と呼ばれる。

センチュウ
センチュウの種類は約50万種いるといわれ、その多くが土壌に生息し、植物に寄生して害をもたらすものがある。地下部に寄生する代表的なものに、ネコブセンチュウ類やネグサレセンチュウ類などがある。

促成栽培
開花や生育の条件に合う管理をして、早く収穫する栽培方法。

た

耐寒性
0℃以下の環境でも枯れない性質。

長日植物
日の長さが、ある長さより長くなると花芽をつける植物。ホウレンソウやレタスなど。

直根性
タネをまいて最初に伸びた主根が、枝分かれをほとんどしないで真っすぐに伸びる性質。

土寄せ
畑の畝の間の土を、株元に引き寄せること。排水性が良くなり、株が倒れるのを防ぐ。

つるぼけ
つる性植物で、栄養が偏って茎葉ばかり茂り、着花しなかったり、収穫が不良になったりする。

とう立ち
植物がある一定期間低温にあたった後、日長が長くなるなどの条件により、急速に花茎を伸ばすこと。

土壌改良
土の通気性、保水性、保肥力など、土壌の状態を改善するために、腐葉土や堆肥などを入れて行う。

徒長
光不足や密植した状態などで、普通の生育より弱々しく細長く伸びること。

な

軟白化
栽培途中で、食用にする部分に光を当てないで退色させること。根深ネギやアスパラガス、ウドなどが一般的によく知られる。

根鉢
主要な根を包んでいる土を含めた全体の形。本来は樹木の移植で、掘り上げられる状態をいうが、ポット苗などのポットを外した状態のものも呼ばれることが多い。

は

バンカープランツ
天敵温存植物。害虫の天敵となる益虫を増やすために植え、害虫の害を軽減する目的で利用される植物。バンカープランツには、ソルゴーやヨモギ、エンバクなどがある。

肥料やけ
高濃度の肥料が、茎葉や根にふれて、葉の先端が枯れたり、しおれたりする障害。肥料あたりともいう。

ま

巻きひげ
葉や茎の一部がひげのように変形してつる状になったもの。つる性植物に多く見られるもので、他のものに巻きついて体を支える。エンドウやゴーヤなどに見られる。

マルチング
土壌の表面をビニールや敷きワラなどで被覆すること。水分の蒸散や地温の上昇、雑草防止など、目的によって素材が選ばれる。

元肥
植物を植え込む前に施す肥料。その後の成長に合わせて、必要になる肥料は追肥として施される。

や

誘引
つるや茎、枝などを、支柱などにバランスよく誘導すること。風通しや光の確保など、植物の生育に支障のないように行う作業。

ら

ランナー
茎の一部から枝状のほふくする茎を伸ばし、茎の節から根や枝を出すもの。イチゴやオリヅルランなどに見られる。

連作障害
同じ場所に同一の種類の作物を繰り返して作付けすることによって、生育不良を起こしたり、病気が出やすくなったりすること。

237

植物名索引

ア
- アカナス ······························· 18
- アキノノゲシ ·························· 192
- アサガオ ······························ 120
- アサガオナ ···························· 124
- アザミ ································ 112
- アスパラガス ············ 9,10,109〜111,133,231,235
- アブラナ ······························ 142
- 甘トウガラシ ··························· 36
- アメリカネリ ··························· 98
- イタリアンブロッコリー ················· 133
- イチゴ ·············· 9,11,12,151〜153,206,229,235,236
- イブキジャコウソウ ··················· 195
- インゲン ············ 7,8,10,78〜83,147,209,211,218,219,231,233,235
- インゲンマメ ··························· 78
- ウグイスナ ···························· 184
- ウヌエ ································ 195
- ウリズン ······························· 83
- エダマメ ············· 7,10,12,84〜87,201,209,214,224,231,233,235
- エンサイ ····························· 124
- エンドウ ········· 7,9,12,100,144〜147,150,201,209,216,236
- オオネ ································ 164
- オカレンコン ··························· 98
- オクラ ··············· 7〜10,13,98,99,209,211,230,235
- オランダイチゴ ························ 151
- オランダキジカクシ ··················· 109
- オランダゼリ ·························· 195
- オランダハッカ ························ 195

カ
- カブ ················· 6,7,9,10,12,172〜174,211,222,223,233,235,236
- カブカンラン ·························· 180
- カブラ ································ 172
- カブラナ ······························ 172
- カブラハボタン ························ 180
- カボチャ ············· 7,8,10,58〜63,64,201,209,212,220,227,231,235
- カライモ ····························· 120
- カラウリ ······························· 46
- カリフラワー ·········· 7,9,10,12,130〜132,133,135,137,230,235,236
- カンコン ····························· 124
- カンショ ····························· 120
- カンラン ····························· 175
- キ ···································· 102
- キクナ ································ 157
- キヌサヤ ····························· 144
- キバナスズシロ ························ 188
- キャベツ ············ 7〜9,12,97,130,131,135,136,175〜181,183,201,204,205,209,224,225,230,231,233,235,236
- キュウケイカンラン ··················· 180
- キュウリ ············· 7,8,10,46〜53,97,105,156,201,205,208,209,212,218,219,224,226〜228,230,231,233,235
- キョウナ ····························· 182
- クウシンサイ ············· 8〜10,13,124〜126,236
- 茎ブロッコリー ················· 12,133,235,236
- クリ ···································· 58
- グリーンピース ························ 144
- クレノハジカミ ························ 118
- ケヤキ ································ 147
- ゴーヤ ················· 7,10,12,54〜57,209,230,235
- コールラビ ················· 12,180〜181,236
- ゴボウ ················· 7,10,13,112〜113,211,222,235,236
- ゴマ ··························· 10,13,100,101,235
- 胡麻子 ······························· 100
- コマツナ ············· 7〜9,12,34,87,101,184〜185,201,210,222,231,233,235,236
- コモチカンラン ························ 136
- 胡蘿蔔（こらふく） ···················· 159
- ゴンボ ································ 112

サ
- サツマイモ ·········· 7,9,10,13,97,120〜123,125,201,204,231,236
- サトイモ ············· 7〜10,114〜117,201,224,225,231,232,236
- サヤエンドウ ·························· 144
- サンドマメ ····························· 78
- シカクマメ ···················· 13,83,147,235
- シシトウ ················ 7,10,12,36〜40,218,220,227,235
- シソ ··························· 10,195,196,211,236
- ジャガイモ ··········· 7,10,11,41〜45,201,203,205,225,231,233,235
- ジャガタライモ ························· 41
- シャクシナ ···························· 186
- シュンギク ············ 9,11,12,157〜158,211,216,231,235,236
- ショウガ ················· 8〜10,118〜119,231,236
- 聖護院カブ ···················· 12,172,174
- シンギク ······························ 157
- スイカ ············ 7,8,10,68〜72,74,76,207,209,212,215,220,226,227,235
- スズシロ ····························· 164
- スズナ ······························· 172
- ズッキーニ ············ 10,12,64〜67,218,230,235
- スナップエンドウ ······················ 144
- スピナッチ ···························· 190
- 西洋カボチャ ··························· 58
- セイヨウヤマハッカ ··················· 195
- ソラマメ ··········· 7〜9,11,12,100,147,148〜150,208,209,229,236
- ソルゴー ························ 117,232

タ
- ダイコン ············ 7〜10,12,164〜169,171,172,174,201,209,211,222,223,231,236
- ダイズ ································ 84

238

タイム	195,198	ハナナ	142
タイモ	114	ハナヤサイ	130
タイワンツナソ	126	パプリカ	10,36〜40,235
タマナ	175	バレイショ	36
タマネギ	7,9,12,154〜156,201,209,211,226,231,235,236	バンショウ	36
チサ	192	ピーナッツ	88
チシャ	192	ピーマン	7,8,10,36〜40,209,213,218,220,230,231,235
チンゲンサイ	7,9,12,186,187,222,223,235,236	ヒトモジ	102
つるなしカボチャ	64,65	ヒメカンラン	136
ツルナスビ	18	フタモジ	106
ツルレイシ	54	フダンギク	157
トウガキ	18	プチベール	12,136〜137,236
トウガラシ	10,36〜40,218,235	プリンスメロン	73〜76
トウキビ	92	ブロッコリー	7,9,12,97,133〜135,137,181, 209,225,231,233,235,236
トウナス	58	ベニダイコン	12,167
トウマメ	148	ペポカボチャ	58,64
トウモロコシ	8,10,12,34,84,92〜97,205,208,209, 211,223,230,233,235	ホウレンソウ	8,12,13,34,101,190〜191,201, 208,209,210,222,231,236
トマト	7,8,10,12,18〜27,105,156,201,205,209,212, 213,214,218,219,224,226〜228,231,235		

ナ

ナス	7,8,10,12,28〜35,97,99,201,209,212,213, 215,218,220,224,227,228,232,233,235	マツバウド	109
ナスビ	28	ミズナ	7,9,10,12,182〜183,222,235,236
ナタネ	142	ミドリハッカ	195
ナツマメ	148	ミドリハナヤサイ	133
ナバナ	12,142〜143,235,236	ミニカボチャ	62,235
ナンキン	58	ミニトマト	10,18〜27,235
ナンキンマメ	88	ミニハクサイ	12,138〜141,235,236
ナンバン	36	ミラ	106
ナンバンキビ	92	ミント	195,198
ニガウリ	54	ムジンソウ	157
日本カボチャ	58	メキャベツ	12,136〜137,236
ニラ	7,9,10,12,106〜108,235	メボウキ	195
ニンジン	9,11,12,159〜161,197,201,209,210,211, 216,222,223,226,231,235,236	メロン	7,10,73〜77,220,235
ネギ	7,9〜11,97,102〜105,106,201,207,209,225,235	モロヘイヤ	7〜10,13,124,126〜127,236
ネジロ	164		

ヤ

ネブカ	102	ユウガオ	72
ノラエ	195	ヨウサイ	124
		ヨウネギ	154

ハ

ラ

ハクサイ	6,9,12,138〜141,143,201,209,222,223,233,235,236	ラッカセイ	7〜10,88〜91,225,233,235
ハジカミ	118	ラディッシュ	12,170〜171,236
バジリコ	195	リーフレタス	12,192〜194,231
バジル	10,195,196,236	リュウキュウイモ	120
パセリ	10,195,197,235,236	ルッコラ	12,186〜189,235,236
ハタイモ	114	レイシ	54
ハツカダイコン	170	レタス	9,11,12,192〜194,201,209,211,222,223,236
ハナカンラン	130	レッドキャベツ	12,175
		レモンバーム	195,198
		ロケット	188

239

著者紹介

五十嵐 透 (いがらし とおる)

1960年（昭和35年）、江戸時代より続く農家に生まれる。会社勤めを経験した後、1987年（昭和62年）農家を継いで、農業に従事する。キャベツを主体に生産していたが、1995年（平成8年）より練馬区で始まった農業体験農園に興味を持ち、1999年（平成11年）に「イガさんの畑」という農園名で、農業体験農園を開園する。現在、農園を利用されている方に野菜づくりを教えるとともに、直売の野菜も生産している。

カバーデザイン	釣巻デザイン室
本文デザイン	橋本千鶴
イラスト	角 愼作
撮影	小形又男、五十嵐透
撮影協力	白石好孝、五十嵐宏、加藤正明
編集協力	河内孝子（有限会社えんじぇる舎）
編集担当	齋藤友里（ナツメ出版企画株式会社）

＜参考資料＞

『農業技術事典』『野菜の施肥と栽培　果菜編』『野菜の施肥と栽培　根茎菜・芽物編』『野菜の施肥と栽培　葉菜・マメ類編』『野菜の生態と作型』『野菜の発育と栽培』（農山漁村文化協会）／『果菜栽培技術マニュアル』『根菜栽培技術マニュアル』『葉菜栽培技術マニュアル』『野菜栽培技術データ集』（誠文堂新光社）／『野菜病害の見分け方』（全国農村教育協会）／『病害虫防除指針』（東京都植物防疫協会）／『野菜病害の診断技術』『野菜の害虫防除対策』『タキイ最前線』（タキイ種苗）／「園芸植物大事典」（小学館）／「園芸大百科事典」（講談社）

本書に関するお問い合わせは、書名・発行日・該当ページを明記の上、下記のいずれかの方法にてお送りください。電話でのお問い合わせはお受けしておりません。

・ナツメ社webサイトの問い合わせフォーム
　https://www.natsume.co.jp/contact
・FAX（03-3291-1305）
・郵送（下記、ナツメ出版企画株式会社宛て）

なお、回答までに日にちをいただく場合があります。正誤のお問い合わせ以外の書籍内容に関する解説・個別の相談は行っておりません。あらかじめご了承ください。

おいしく育てる野菜づくり　失敗しないコツと対策

2016年3月8日　初版発行
2025年5月1日　第20刷発行

著　者　五十嵐 透（いがらし とおる）　　　　　© Igarashi Toru, 2016
発行者　田村 正隆

発行所　株式会社ナツメ社
　　　　東京都千代田区神田神保町1-52　ナツメ社ビル1F（〒101-0051）
　　　　電話　03（3291）1257（代表）　FAX 03（3291）5761
　　　　振替　00130-1-58661
制　作　ナツメ出版企画株式会社
　　　　東京都千代田区神田神保町1-52　ナツメ社ビル3F（〒101-0051）
　　　　電話　03（3295）3921（代表）
印刷所　TOPPANクロレ株式会社

ISBN978-4-8163-5998-9　　　　　　　　　　　　　　Printed in Japan

＜定価はカバーに表示してあります＞
＜乱丁・落丁本はお取り替えします＞
本書の一部または全部を著作権法で定められている範囲を超え、ナツメ出版企画株式会社に無断で複写、複製、転載、データファイル化することを禁じます。

ナツメ社Webサイト
https://www.natsume.co.jp
書籍の最新情報（正誤情報を含む）はナツメ社Webサイトをご覧ください。